高等教育学前教育专业规划教材

学前教育评价

XUEQIAN JIAOYU PINGJIA

◎ 胡云聪 申健强 李容香 主编
◎ 谭恒 黄玉娇 吕佳佳 副主编

人民邮电出版社
北 京

图书在版编目（CIP）数据

学前教育评价 / 胡云聪，申健强，李容香主编． --
北京：人民邮电出版社，2015.6（2024.2重印）
高等教育学前教育专业规划教材
ISBN 978-7-115-39336-4

Ⅰ．①学… Ⅱ．①胡… ②申… ③李… Ⅲ．①学前教
育－教育评估－高等学校－教材 Ⅳ．①G610

中国版本图书馆CIP数据核字(2015)第125783号

内 容 提 要

全书分为两大部分，共十章。第一部分介绍了学前教育评价的理论基础，包括学前教育评价的基本理论、学前教育评价的一般过程、学前教育评价的方法技术和学前教育评价模式述评。第二部分着重于引领读者进入学前教育评价的实施过程，包括学前教育课程评价的实施、学前教师工作评价的实施、学前儿童发展评价的实施、幼儿园教育活动评价的实施、幼儿园保育工作评价的实施以及学前教育环境评价的实施。

本书可以作为全日制学前教育专业本科生、大专生，成人教育本科生、大专生的教材使用，也可以作为各类学前教育机构的培训资料。

◆ 主　　编　胡云聪　申健强　李容香
　　副主编　谭　恒　黄玉娇　吕佳佳
　　责任编辑　刘　琦
　　责任印制　杨林杰

◆ 人民邮电出版社出版发行　　北京市丰台区成寿寺路11号
　邮编　100164　　电子邮件　315@ptpress.com.cn
　网址　http://www.ptpress.com.cn
　固安县铭成印刷有限公司印刷

◆ 开本：787×1092　1/16
　印张：12.5　　　　　　　　2015 年 6 月第 1 版
　字数：361 千字　　　　　　2024 年 2 月河北第 10 次印刷

定价：29.80 元
读者服务热线：(010)81055256　印装质量热线：(010)81055316
反盗版热线：(010)81055315
广告经营许可证：京东市监广登字20170147号

前言 / Foreword

　　学前教育评价就是对学前教育进行价值判断，是提高学前教育质量、促进学前儿童发展、促进幼儿教师专业成长、促进学前教育改革以及刺激家长进步的有效方式。随着我国学前教育的普及，随着"十二五"期间学前教育方针的制定与政策的落实，随着学前教育需求的日益丰富及城镇和农村学前教育事业的快速发展，对学前教育进行合理而有效的评价将更加迫切。

　　本书借鉴与参考了霍力岩、鄢超云、胡惠闵、王坚红等前辈专家的优秀作品，可以说本书是站在巨人的肩膀上完成的。全书分为两篇，共 10 章。第一篇介绍了学前教育评价的理论基础，包括学前教育评价的基本理论、学前教育评价的一般过程、学前教育评价的方法技术和学前教育评价模式述评。第二篇重引领读者进入学前教育评价的实施过程，包括学前教育课程评价的实施、学前教师工作评价的实施、学前儿童发展评价的实施、幼儿园教育活动评价的实施、幼儿园保育工作评价的实施以及学前教育环境评价的实施。

　　本书的编写自成体系，编者参考了近十年来的最新文献资料，力求能反映学前教育评价的最新进展。在编写过程中，编者们力求做到内容丰富，层次清楚，简洁流畅。此外，书中还提供了丰富的拓展阅读材料，既便于读者利用课余时间进行系统的学习，又能使读者了解到学前教育评价的最新动态与进展。

　　本书的第一章、第五章由胡云聪编写；第十章由申健强教授编写；第六章及所有供分析的案例由李容香编写；第四章、第九章由谭恒编写；第三章、第八章由黄玉娇编写；第二章、第七章由吕佳佳编写。全书由胡云聪和李容香统稿，申健强教授校对和勘误。

　　最后，衷心感谢编写中所参考的有关书籍和资料的原作者！

　　限于编者学术水平有限，书中难免有错误与不妥之处，敬请读者批评指正。

胡云聪

2015 年 3 月于贵州遵义

目 录 / Contents

第一篇 理论基础

5

第二篇　评价实施

6

7

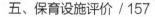

10 | 第十章　学前教育环境评价 / 166

第一篇

理论基础

　　教育评价在教育活动中起着非常重要的作用。小到学生成长中的每一个细节及对每一个教学知识点的掌握，大到教育政策、教育目标、教育方案、教育过程及教育效果的制定与达成，无不需要经过教育评价的检验。在学前教育领域，评价也具有同样重要的价值和意义。学前教育评价事关学前儿童的发展、幼儿教师的专业成长及幼儿园的管理与发展，甚至关系到学前教育事业的得失与成败。

　　作为未来的学前教育工作者，应该具备一定的学前教育评价理论功底，这就需要对学前教育评价理论进行全面的学习和研讨，进而得到深入的理解，如此才能在未来的学前教育和管理工作中，做到高瞻远瞩，得心应手。

　　本篇分为4章，主要介绍学前教育评价的基本理论、学前教育评价的一般过程、学前教育评价的方法技术及学前教育评价模式述评。介绍这些内容有两个方面的意义：一是帮助学前教育工作者更客观、更专业、更深刻地认识学前教育评价的地位和作用；二是为学前教育工作者奠定一定的学前教育评价的理论基础。

第一章 学前教育评价的基本理论

✓ 目标导航

📖 知识目标

（1）了解教育评价的源起与发展、概念及内容。

（2）理解学前教育评价的界定及其与教育评价的关系。

（3）熟悉学前教育评价的要素与类型、功能与原则。

（4）明晰学前教育评价指标体系的内涵与构建途径。

✍ 能力目标

（1）能针对一定的评价对象选择恰当的评价方式。

（2）能初步构建某一学前教育目标的评价指标体系。

学前教育评价是教育评价中的一个分支，是教育评价的重要组成部分。自从学前教育从教育活动中独立出来，成为重要的一部分后，就受到人类的极大重视。相应地，为检验学前教育的实施、过程及成效，推进学前教育的改革与发展，学前教育评价也应运而生。学前教育评价的萌芽可追溯到 1905 年法国心理学家比纳和西蒙为儿童编制的"比纳-西蒙智力量表"。此后，经各国教育家的改革与发展，历经百年，学前教育评价的理论及实践得以不断丰富和完善。

第一节 学前教育评价的概念

学前教育评价的产生与发展离不开教育评价，因此对其了解也应从教育评价开始。站在教育评价的高度，才能更好地把握学前教育评价的本质内涵。

🍃 一、教育评价概述

（一）教育评价的源起及发展

原始社会时期，人们要将生存技能、生活习俗、原始的宗教及艺术传授给下一代，需要依靠教育活动，也需要分析及评价下一代的掌握情况，以便调整教育方式，巩固教育成果。可以说，自从人类有了教育，就播下了教育评价的种子。

确切地说，教育评价是随着测量和测验的发展而不断发展并渐趋成熟的。而最早的测验始于公元前2200 年的中国。当时，就是通过"能力测验"的方式来考核和任命官员的。随后，经过奴隶社会和封建社会漫长的时代变迁，到了公元 606 年的隋朝，中国开始实行科举考试，采取贴经、墨义、策问及诗赋等方式测试考生，教育测量和测验便得到了很好的发展，并进而影响到欧美各国。

在此基础上,英国剑桥大学和美国麻省波士顿市教委会分别于 1702 年和 1845 年开始用笔试的方法考查学生。尽管测验技术得到了进一步的发展，但由于测验评分易受主观因素的影响，很难保证评分的客观性。所以，19世纪末至20世纪初，欧美的一些学者开始在学校中进行改革。其中，1864年英国的费舍（G. Fisher）编著了《量表集》；1895～1905年，美国的莱斯（J.M.Rice）博士编制了算术、拼音、语言等测验量表；1904年，美国的桑代克（E.L.Thorndike）编著了《心理与社会测量》及各种测量量表；法国的比纳和西蒙则在1905年编制了著名的"比纳-西蒙智力量表"。从此，教育测量与测验走上了科学化的道路，为教育评价的产生奠定了基础。

1929年，美国的经济危机波及教育界，促使教育学家进行课程改革。以泰勒（R.W.Tyler）为首的评价委员会首次提出"教育评价"（Educational evaluation）这个术语，试图研究一套符合新课程要求的教育评价方法。自此，教育评价正式产生。之后，在短短几十年的时间里，经各国教育家的不断发展和完善，教育评价日趋成熟，并于20世纪末成为独立学科。

我国自20世纪上半叶就不断引进教育评价的理念及方法，20世纪80年代起经过长时间的借鉴与摸索，以及无数教育家的大量实践，才进一步发展和完善了适合国情的教育评价理论和方法。

（二）教育评价的概念

任何一种科学理论，其发展都要经历一个由粗糙到精细的过程，教育评价的界定也一样。国内外教育研究者站在泰勒、斯塔弗尔比姆、克隆巴赫与辰野千寿等巨人的肩膀上，不断地发展、完善着。

国外对教育评价的界定中，美国学者格朗兰德的定义比较具有代表性，他认为：**评价=测量或非测量+价值判断**。

目前，国内对教育评价比较具有影响的界定有7种。

第一种界定：教育评价是对教育活动满足社会与个体需要的程度作出判断的活动，是对教育活动现实的（已经取得的）或潜在的（还未取得，但又可能取得的）价值作出判断，以期达到教育价值增值的过程。[1]

第二种界定：教育评价是对教育的社会价值作出判断的过程。[2]

第三种界定：教育评价是指在系统地、科学地和全面地搜集、整理、处理和分析教育信息的基础上，对教育的价值做出判断的过程，目的在于促进教育改革，提高教育质量。[3]

第四种界定：教育评价即是对教育现象进行的价值判断。[4]

第五种界定：教育评价是在寻找证据的基础上做出价值判断。[5]

第六种界定：教育评价是根据一定的教育价值或教育目标，运用可操作的科学手段，通过系统地搜集信息、资料，分析、整理，对教育活动、教育过程和教育结果进行价值判断，从而不断自我完善和为教育决策提供依据的过程。[6]

第七种界定：教育评价是各类主体根据自己的价值、需要，在教育实践基础上判断、揭示、理解和创造教育价值，进行各种价值选择和比较、自我判断和自我反思，以至于在自我意识基础上成为一种特殊的、自觉的学校教育生活。[7]

由于教育评价的主体和对象范围广泛，目的和任务各有区别，评价方法和技术多样，而人们下定义时选取角度又各不相同，因此出现了各种各样的界定。可以看出，在以上定义中，有的拓展了概念的外延，有的加深了概念的内涵，其目的无疑都是为了尽可能触及教育评价的本质，无奈却又与其本

① 陈玉琨. 教育评价学. 北京：人民教育出版社，2006：7.
② 霍力岩. 学前教育评价. 北京：北京师范大学出版社，2010：13.
③ 金娣. 教育评价与测量. 北京：教育科学出版社，2002：3.
④ 程书肖. 教育评价 方法 技术. 北京：北京师范大学出版社，2004：7.
⑤ 鄢超云. 学前教育评价. 北京：高等教育出版社，2010：3.
⑥ 袁振国. 当代教育学. 北京：高等教育出版社，1988：241.
⑦ 张向众. 中国基础教育评价的积弊与更新. 北京：教育科学出版社，2009：1.

质略有距离。

定义是通过简明的陈述以揭示内涵的逻辑方法，科学的定义应遵循简单明确的原则，重在抓住概念的内涵及本质特征。因此，本书倾向于回归本质，认为"教育评价就是对教育进行价值判断"。这与上述第二、四、五种界定略为相似，却又更为简练。而第一、三、六、七种定义则可作为本定义较好的注解。

（三）教育评价的内容

教育评价的内容很广泛。目前国内教育界比较认可美国学者盖伊所作的划分，如表 1.1 所示。

表1.1　教育评价类型、内容及要解决的问题

评价类型	被评主要变量	主要的决策问题
学生评价	学业成就 能力倾向 个性	分级与升学 选择与安置 后续教学安排
课程评价	学业成就 态度 成本	教学方法、策略或教材相对于目标的有效性 相对效益和相对成本
学校评价	学业成就 能力倾向 个性	后续教学与非教学活动的安排资源分配
大群体评价	学业成就	教学系统相对于目标的有效性 各子系统的相对有效性
特定方案与 项目评价	具体的项目与方案	相对目标的有效性 相对效益
人事评价	教师与学生的课堂行为 被评人的态度与观点 有关人员的态度与观点	聘用 提升 薪水

资料来源：陈玉琨. 教育评价学. 北京：人民教育出版社，1999：22.

随着教育的不断发展，教育评价也在不断发展，教育评价的内容也在随之拓宽、加深。截至目前，教育评价的类型和内容也已经远超上表所提到的范围，进而囊括了家长评价、教育外环境评价等内容。

（四）易混概念辨析

深入研究教育评价，不可忽略几个容易与之混淆的概念，它们分别是教育测量、教育评定和教育评估。

1. 教育测量与教育评价

教育测量是把自然科学中的测量技术移植于教育中，对有关的教育属性分配数值，使数值代表该属性的量。例如，要知道某个孩子的智力发展情况，可以给智力下定义，确定智力量表，编制智力测验题目，给出相应的智商分值，再对其进行测量。教育测量的目的是查明教育事实的真相，进一步探寻教育本质，研究教育现象。而教育评价是在教育测量的基础之上对评价对象的情况作出价值判断。教育评价产生于教育测量，是对教育测量的发展。没有测量的结果作为资料，评价就无从谈起。如上例，通过对测量所得的孩子智商数值进行评价、分析，指出其智力方面的一些问题，进而提出促进其智力成长的建议，这就属于教育评价。

2. 教育评定与教育评价

教育评定是按照一定的标准对个人、机构或教育行为的某些教育品质进行的评定，包括评定等级、

进行分类和证明达标等，如评定某堂课教学目标的实现与否、评定教师教学技能是否达标、评定教育对象的受教育情况、评定某所学校是否达到办学标准等。教育监管部门可以通过教育评定对个人或教育机构进行考核，相关个人或机构也可以通过教育评定进行自评。教育评定要建立在各种标准化的测验之上，这些测验正是教育测量的具体体现。可见，教育评定是教育测量的深化。前面提及教育评价建立在教育测量基础之上，事实上二者之间尚有一个过渡，即教育评定。换言之，教育评定是教育测量的深化，是教育评价的基础。

3. 教育评估与教育评价

教育评估也是对教育现象或教育事实的价值作出判断，在教育界，基本上被认为等同于教育评价。然而，教育现象和教育事实的复杂性使得我们不能完全用严格、精确的定量分析方法去判断其价值的高低，因此不得不依靠一定的"估量""估计"及推测的方式进行评价。可见，评估是"评价加估量"。评估和评价从严格意义上讲，具有细微的区别。国内外对教育评价和教育评估常常不加严格区分，但在概念的使用上，人们往往习惯于用"教育评价"。①

信息链接

教育评价专业化的国际借鉴

西方教育评价专业化大致经历了 4 个历史阶段，形成了"四代评价"。

（1）第一代评价——教育评价专业化的确立。第一代评价始于 19 世纪末，终于 20 世纪 30 年代，是教育评价专业化的确立时期。本阶段教育评价专业化有以下特点：第一，评价即测验或测量，评价者的工作即是测量技术员的工作，即选择测量工具、组织测量和提供测量数据；第二，评价内容主要是学生对源自书本的信息、知识和简单技能的记忆、掌握状况；第三，由于测验缺乏明确的学习目标的引领，因此具有主观随意性；第四，测验编制由少数测验专家完成，广大教师被排斥在测验编制之外，教师和学生一样，是被测验、管理和控制的对象，而非测验的编制者和参与者。

（2）第二代评价——教育评价专业化的成熟。第二代评价始于 20 世纪 30 年代，持续到 20 世纪 60 年代，是教育评价专业化的成熟时期。由于这个时期以追求科学评价为标志，我们可大致将其称为"评价期"。本阶段教育评价专业化有以下特点：第一，确定教育目标或学习目标是评价的先决条件；第二，为获取明确、具体、科学的评价证据，学习目标开始采用行为目标的方式来陈述；第三，学习目标具有整体性、综合性；第四，评价功能由测验、甄别、选拔转变为促进学生发展、课程改进和学校实验。

（3）第三代评价——教育评价专业化的深化。第三代评价始于 20 世纪 60 年代末，持续到 20 世纪 70 年代，是教育评价专业化的深化时期。由于本阶段以关注评价过程的独特性、不可预测性为主要特征，故可大致将此阶段称为"过程期"。本阶段教育评价专业化有以下特点：第一，反对"预定主义"，关注评价过程本身的教育价值；第二，反对"科学主义"，关注评价的价值判断属性；第三，关注实践情境的特殊性，倡导对教育过程和结果进行整体评价。

（4）第四代评价——教育评价专业化的重建。第四代评价始于 20 世纪 70 年代，并一直持续到今天，是教育评价专业化的重建时期。本阶段教育评价专业化有以下特点：第一，反对评价的"管理主义"倾向，让教育评价成为协商、对话、相互理解及合作建

---

① 霍力岩. 学前教育评价. 北京：北京师范大学出版社，2010：17.

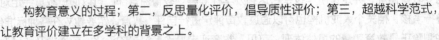

信息链接

构教育意义的过程；第二，反思量化评价，倡导质性评价；第三，超越科学范式，让教育评价建立在多学科的背景之上。

信息来源：李雁冰. 论教育评价的专业化[J].教育研究，2013（10）.

二、学前教育评价的概念

（一）学前教育评价的界定

学前教育评价就是对学前教育进行价值判断，是教育评价的一个重要组成部分。借用美国学者格朗兰德的公式：

$$学前教育评价 = 学前教育\underline{测量}或\underline{非测量} + 价值判断。$$
（量的记述）（质的记述）

（二）学前教育评价的源起与发展

学前教育评价的产生要追溯到 20 世纪初，相对于教育评价来说要晚得多。

1905 年，法国的"比纳-西蒙量表"被认为是学前教育评价的萌芽。1916 年，美国心理学家推孟修订了"比纳-西蒙量表"，引入智商的概念，使学前教育评价进入比较科学的测量阶段。同年，美国耶鲁大学教授格赛尔开始研究学前儿童的身心发展规律，并于 1940 年提出"格赛尔量表"，即著名的"耶鲁量表"。之后，卡特尔、格里菲思、佛兰肯伯格及道兹等教育家也提出相应的儿童智力发展量表，进一步推断了学前教育评价的发展。

从 20 世纪 50 年代开始，学前教育评价工作受到了世界各国的普遍重视。各国研究者纷纷对其进行了深入研究，相关机构也在该领域作了大量革新，这极大地推动了学前教育评价的发展，并使其从测量阶段进入真正的评价阶段。

这一时期的重大改革举措有美国的"提前开始运动""儿童发展工作人员合格证书授予制度"和英国的"援助城市计划"等，重大研究有美国的大卫·韦卡特等人对"直接教学模式""开放教学模式"及"幼儿中心模式"进行的比较研究，有露易斯·米勒对"贝雷特-英格曼直接教学模式""苏珊·格里教学模式"和传统模式进行的比较研究。上述举措与研究都需要客观的评价标准、方法和步骤，因此它们极大地推动了学前教育评价的发展。

第二节　学前教育评价的要素及类型

要素是构成事物或活动的必不可少的因素。学前教育评价的因素非常广泛，组成了不同的评价类型，因此深入了解学前教育评价需从其要素与类型入手。

一、学前教育评价的要素

构成学前教育评价的因素很多，包括评价的主体、内容、目的、标准、方法等，这里主要介绍前三种，其他因素将在后面的章节中介绍。

（一）学前教育评价的主体

主体是活动的策划者和实施者，一般来说，活动的主体是人。学前教育评价作为一种教育活动，其主体主要是学前教育活动中的人，具体来说包括幼儿教师、教育管理人员、学前儿童和家长。

1. 幼儿教师

幼儿教师包括专职教师和保育员，是学前教育活动的设计者和实施者，最能审视设计和实施的情况，是当然的学前教育评价的主体。

2. 教育管理人员

教育管理人员包括内部管理者和外部管理者。内部管理者指的是幼儿园内部的管理人员，包括幼儿园园长和各级主任。外部管理者指的是幼儿园所属教育机构中的上级管理者，如教研员、教育局局长、教育厅厅长及教育部长等。教育管理人员是学前教育评价的重要主体，也常常是学前教育评价的发起者。

3. 学前儿童

学前儿童是学前教育的直接对象，也是重要的评价主体。学前教育的目标是让学前儿童在各方面获得应有的发展，而这些发展是可以让幼儿主观感受和进行评价的。

4. 家长

家长是幼儿的监护人，由于长期与幼儿共同生活，相对其他人来说更容易感受到幼儿的发展状况，所以也是重要的学前教育评价主体。

（二）学前教育评价的内容

学前教育评价的内容囊括了学前教育的各个方面，是一个复杂而开放的系统。粗略划分，学前教育评价的内容可以分为以下几个部分（以下划分只到二级指标）。

1. 学前教育课程评价

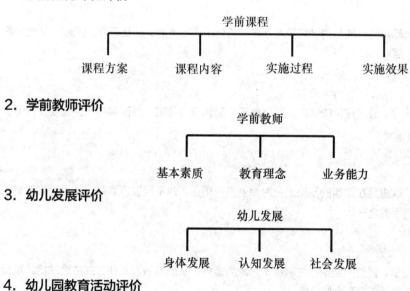

学前课程
├── 课程方案
├── 课程内容
├── 实施过程
└── 实施效果

2. 学前教师评价

学前教师
├── 基本素质
├── 教育理念
└── 业务能力

3. 幼儿发展评价

幼儿发展
├── 身体发展
├── 认知发展
└── 社会发展

4. 幼儿园教育活动评价

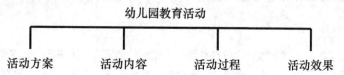

幼儿园教育活动
├── 活动方案
├── 活动内容
├── 活动过程
└── 活动效果

5. 幼儿园保育工作评价

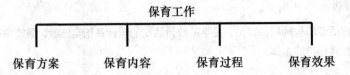

保育工作

保育方案　　保育内容　　保育过程　　保育效果

6. 学前教育环境评价

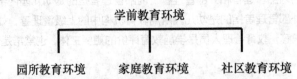

学前教育环境

园所教育环境　　家庭教育环境　　社区教育环境

7. 其他评价

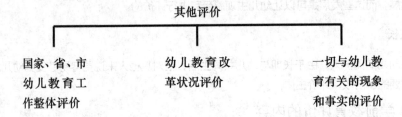

其他评价

国家、省、市　　　幼儿教育改　　　一切与幼儿教
幼儿教育工　　　革状况评价　　　育有关的现象
作整体评价　　　　　　　　　　　和事实的评价

（三）学前教育评价的目的

进行学前教育评价是为了促进学前教育更好的发展。具体来说，学前教育评价具有五大目的。

1. 诊断

学前教育评价最基本的目的是对学前教育各方面的情况进行诊断，找出存在的问题，从而为解决问题和制定策略提供依据。

2. 鉴定

评价也是为了鉴定。通过评价的结果，可以鉴定学前教育各领域、各因素的优良程度及价值，并评定相应的等级。

3. 改进

评价重在改进。改进是在诊断的基础上，对偏差进行矫正，对不足进行弥补，从而优化教育。这是学前教育评价的重要目的之一。

4. 鞭策

评价也是为了鞭策。评价的结果往往被评价对象所重视，从而能激发被评者的成就动机，鞭策他们全力以赴做好相关工作，创造更大的价值。

5. 导向

评价更是为了导向。学前教育评价往往是在一定的价值标准之上进行的，这些标准以国家和社会的需要为准绳，因此在评价过程中，评价的主客体都将遵循求真、求善、求美的原则。

二、学前教育评价的类型

学前教育评价涉及的内容很多，按不同的分类标准可以分为不同的类型。国内专家通常倾向于将学前教育评价作如下划分。

（一）按评价的范围划分：整体评价、局部评价、微观评价

1. 整体评价

整体评价也称为宏观评价，是指以具有全局性、全面性或大范围、大地域的学前教育问题为对象而进行的评价，如对学前教育制度的评价、对我国当前学前教育质量的评价、对西部地区学前儿童身体发展状况的评价等。

2. 局部评价

局部评价也称为中观评价，指的是以学前教育的某一个方面或学前教育机构内部工作为对象进行的评价。如对某幼儿园的管理制度进行的评价、对办园条件进行的评价、对幼儿教师队伍及保育工作进行的评价等。

3. 微观评价

微观评价也称为单纯评价，是针对学前教育中某一对象的某一方面或侧面进行的评价，如评价幼儿的身体发展状况、评价某幼儿园的青年教师、评价幼儿园语言课程设置情况等。

事实上，关于整体、局部和微观的划分，只是个大概，并非是绝对的。有时只要评价对象可继续分解，则整体、局部和微观的范围又可以随之缩小。

（二）按评价的基准，可划分为相对评价、绝对评价和自身差异评价

1. 相对评价

相对评价即选取评价对象中的一个或几个基准而进行的评价。相对评价可以区分个体在集体中的位置，是在某一个范围内的相互比较，是一种操作性强且应用广泛的评价。在学前教育领域，无论是示范性幼儿园的确立，优秀幼儿教师的推选，还是优质教育活动的评选，都要不同程度地用到相对评价。

2. 绝对评价

绝对评价是以某个既定目标为基准而进行的评价。评价时将评价对象与目标进行一一比较，判断其达标程度。相比而言，相对评价的基准在评价对象的集合之内，而绝对评价的基准则在集合之外。在学前教育中，对幼儿园进行定级分类，对幼儿身体发育状况或班级教育环境创设状况进行评定等，因为有客观的标准，所以都属于绝对评价。

3. 自身差异评价

自身差异评价是将某个评价对象的现在同过去相比较，或对其某几个侧面进行比较，以判断其发展和变化的评价方法。与相对评价和绝对评价的横向性相比，自身差异评价重在自身的纵向比较。例如，评价一位新入园的孩子的适应状况、评价一位新教师的成长情况、比较某个幼儿在身体、认知和社会性等方面的发展状况等，都是自身差异评价的应用。

在学前教育活动中，既要运用相对评价和绝对评价，让评价对象认识到个体是否达标、与其他个体差距如何，又要运用自身差距评价，让个体意识到自身的进步，从而保持积极性。

（三）按评价的主体，可划分为自我评价和他人评价

1. 自我评价

自我评价就是评价者对自己进行的评价，简称自评。自我评价的特点是评价主体与对象相同。在学前教育活动中，自我评价常常表现为教育反思、自我鉴定及工作总结等形式，是教师和教研组常用的一种评价方式。

2. 他人评价

他人评价即自身以外的人或组织对评价对象所进行的评价，包括他人评他物和他人评我，简称"他评"。相对自我评价来说，他人评价的评价主体与评价对象完全不同。学前教育领域的评价多为他人评价，如上级主管部门评价幼儿园、园长评价教师、教师互评、教师评价幼儿、幼儿评价教师、家长评价教师等。

自我评价的优点是易于开展，每学期、每月、每周甚至每天都可以进行，评价压力也不大；缺点是缺乏横向比较，客观性相对较差。[①]他人评价则专业性较强，也较规范，但缺少一定的灵活性。一般来说，需要自评与他评相互结合、相互补充，才能有效地提升学前教育质量。

（四）按评价的逻辑方向，可划分为分析评价和综合评价

1. 分析评价

所谓分析，简而言之就是分而析之。在学前教育评价活动中，有时需要将评价内容先作分解，对分解而成的各个部分进行评价，再得出最后的评价结果，这就是分析评价。例如，评价幼儿的绘画作品时可将作品分解为构图、线条和色彩等几个方面分别进行评价；再如，评价儿童的身体发育状况时可以从身高、体重、血色素、牙齿等方面着手。

2. 综合评价

综合评价与分析评价互逆，是直接对评价内容进行的整体性评价。同样是评价幼儿绘画作品，如果不细分为构图、线条和色彩等项目，直接凭整体感觉进行评价，就属于综合评价。使用综合评价需要注意两点：一是评价者应具有丰富的经验；二是评价对象可凭直观获得相应的信息。

综合评价由于其整体性特点导致带有模糊的一面。事实上，很多评价内容需要先进行分析以使其可操作化，而在此基础上得出的最终评价结果也将更具有客观性和合理性。因此，在学前教育评价的很多具体案例中往往将这两种评价方法结合使用。

（五）按评价的目的，可划分为诊断性评价、形成性评价和总结性评价

1. 诊断性评价

诊断性评价是在学前教育活动开始之前所进行的评价，其目的在于了解评价对象的现状，发现存在的问题，以便选择和确定科学合理的学前教育计划或方案，有效地促进学前教育质量的提高。诊断性评价源于医生对病人病情的诊断，是选择或制定学前教育计划或方案的基础。在学前教育活动中，对刚入园的幼儿进行身体发育、心智发展或个性与习惯方面的测定，对新进幼儿教师进行七项技能的摸底等都属于诊断性评价。在任何一项学前教育计划或方案实施之前，我们都要进行测定，以全面了解和掌握对象的基本情况。诊断性评价在学前教育领域具广泛的应用价值。

---

① 鄢超云. 学前教育评价. 北京：高等教育出版社，2010：22.

2. 形成性评价

所谓形成性评价，指的是在学前教育活动过程中进行的评价，其目的在于获得改进某项学前教育计划或方案的依据，进而对其作出调整与修改，以提高计划或方案的质量。形成性评价又被称为"过程中的评价"和"即时评价"，它使学前教育评价工作始终处于动态之中。[①]例如，在幼儿园教育工作中，需要采用形成性评价，定期对幼儿进行身体、心智以及社会性等方面的发展情况进行测定，以便幼儿园工作人员了解幼儿各方面的发展情况，从而对教育方案或计划作出相应的调整与修改。

3. 总结性评价

总结性评价即在学前教育活动结束以后针对教育效果所作的评价，其目的是对学前教育计划或方案的达标程度进行鉴定，以审视其执行效果。总结性评价被称为"事后的评价"，它关注的不是过程，而是结果，它的用途常常是对评价对象作出鉴定、分类分级以及预测评价对象的未来发展情况等。[②]幼儿的学期鉴定、幼儿教师的学年考核以及幼儿园的鉴定等都是总结性评价的具体运用。

上述三类评价相互联系、相互补充，其评价功能、实施时间与评价重点有所不同，但又有相似之处，具体如表 1.2 所示。

表 1.2　诊断性评价、形成性评价和总结性评价的异同

评价类型	诊断性评价	形成性评价	总结性评价
评价功能	确定幼儿当前身心发展水平；根据方案或计划对幼儿进行分类；确定影响孩子成长的原因	得到关于幼儿成长方面与幼儿教师之间相互反馈的信息；为了能够使方案或计划更加合理，找出不足之处	学期、课程终结时，确定成绩、资格、等级
实施时间	在学期或学年开始时；在不能达到预期目的时	在教育活动进行中；在计划或方案实施中	学前、学年结束时
评价重点	认知、情感及动作技能的能力；身体、心智及观景方面的主要因素	认知能力	一般是认知能力，可能涉及动作技能和情感能力

资料来源：鄢超云. 学前教育评价. 北京：高等教育出版社，2010：15.

由上表可以看出：诊断性评价为形成性评价提供重要的比较信息，形成性评价弥补了总结性评价对过程的忽略，总结性评价需要考虑前两种评价中的一些要求作出最后的综合性评价。今后的学前教育评价不再是以单一的总结性评价为主，而是逐渐形成诊断性评价、形成性评价和总结性评价相结合、相互补充的多元评价方式。

（六）按评价是否量化，可划分为定量评价和定性评价

1. 定量评价

定量评价是一种结合数学方法进行的评价，侧重于从量的方面对学前教育过程和结果进行评价。其形式体现为用数字或数学公式描述学前教育现象、用数字表示评价结果，及以数学为工具分析学前教育现象等。例如，评价幼儿的智力发展水平，就是将其量化为智商值（IQ）进行评价的。

智商值公式如下：

$$IQ = \frac{MA(\text{智力年龄})}{CA(\text{实际年龄})} \times 100。$$

[①] 霍力岩. 学前教育评价. 北京：北京师范大学出版社，2010：53.
[②] 霍力岩. 学前教育评价. 北京：北京师范大学出版社，2010：53.

通常认为，IQ 值在 90 分以下为智力低下，在 90 分至 120 分之间为智力正常，在 120 分以上为智力超常。[①]

2. 定性评价

定性评价与定量评价相对，指的是不采用数学方法进行的评价，侧重于从质的方面对学前教育过程和结果进行评价。常用的定性评价有等级法和述评法。其中，等级法就是对评价对象划分等级，如将幼儿园分成不同的等级和类别；述评法则是通过简洁明了的语言描述评价对象的基本情况或发生的变化，如教师对幼儿智力的发展情况所下的评语，幼儿园领导对幼儿教师工作表现所下的评语等。

上述两种评价各有长短。定量评价比较客观、准确，但遇到难以量化的评价对象时则显得力不从心；而定性评价则比较全面、周到，但又难以避免主观因素的影响。在学前教育评价活动中，为取得客观、合理而准确的评价结果，通常将两种评价结合使用。

信息链接

我国学前教育评价中的局限与启示

从对我国学前教育评价的分析中我们可以得到以下启示。

（1）目前，我国学前教育评价的重点仍放在学前教育评价的理论构建上，对于学前教育评价的具体方面的研究还不足。例如，在对幼儿园教学进行评价时，我们需要在新理念的指导下来构建切实可行的不同教学模式。

（2）对托幼机构教育质量评定的内容和具体规定不可避免地会受到地区文化和经济发展等因素的影响，所以应该针对不同类型和不同地区的幼儿园提出与之相符的教育质量评定指标。评价是为了幼儿园的发展，而不是为了对他们进行分类，所以我们应当建立一个最低线，促进他们的共同发展。

（3）我们应关注农村幼儿园的教育评价问题，不仅给予理念上的支持，还要给予评价技术上的支持，使其教育评价走向正轨。

 信息来源：王海静.我国学前教育评价研究的现状与启示[J].内江师范学院学报，2011（01）.

第三节 学前教育评价的功能与原则

一、学前教育评价的功能

学前教育评价的功能是指学前教育评价工作对学前教育的作用和意义。各种类型的评价都有其特点和优势，为阐述方便，这里将不分类型，直接从整体上对学前教育评价的五大功能进行说明。

（一）诊断功能

在学前教育评价中，需要搜集评价对象的相关资料及信息，并对其进行整理与分析，从而确定评价对象的现状。可见，正如医生诊断患者病情一样，学前教育评价也具有诊断功能。我们需要发挥这种功能，把评价对象的优缺点及存在的不足准确而及时地诊断出来，为相关部门提供有价值的参考，进而改进学前教育工作，提高学前教育质量。

[①] 霍力岩.学前教育评价.北京：北京师范大学出版社，2010：57.

（二）鉴定功能

学前教育评价的目的之一是为了进行鉴定，从而为教育管理部门提供决策参考。具体来说，教育部门可以利用学前教育评价来鉴定各地区学前教育的差异，从而制定相关的地方性学前教育管理模式；幼儿园可以利用学前教育评价来鉴定自身教育质量，以改进教育工作；幼儿教师可以利用学前教育评价来鉴定个人的教学效果，从而改进教学工作，还可以利用学前教育评价来鉴定幼儿的身心发展水平，以便合理地调整学前教育方案。

（三）激励功能

当今社会，要利用激励机制，促进所有学前教育工作者都能积极进取。学前教育评价具有激励功能，这是因为评价的结果总是有正有负，或者说有优有劣。被评为优秀，人们受到激励，会更加积极地去工作；评价不好，人们受到鞭策，会努力去克服不足。通过这种刺激，每个学前教育工作者都能发现自己的优缺点，在肯定与否定之中不断完善自己。对于儿童也同样如此，可以通过肯定的评价，来激励儿童不断进步；也可以通过否定的评价，来帮助儿童认识自己的缺点，进而更好地成长。

（四）调节功能

泰勒研究认为，教育目标、教育实施和教育评价三者之间存在一个互存、互动的关系。目标是实施教育的指南，也是教育评价的依据；教育实践为评价提供了样本，也充实、完善了目标；评价则既可判断目标的正确性、可行性和实现的程度，又能调节整个教育实践活动。所以，在学前教育活动中，评价具有重要的调节功能。正是因为这种调节功能，学前教育目标、学前教育实施和学前教育评价这三大因素才有可能产生良性互动，学前教育才能展现出一派生机。

（五）导向功能

学前教育评价是根据一定的价值标准进行的价值判断活动，其导向功能就是在追求达到这些标准的过程中得以体现的。我们的目的就是要根据国家教育方针和学前教育实际，制定出科学的评价指标和评价标准，引导学前教育管理者和工作者向更高层次的方向努力，保证学前教育工作重心不偏离方向，能够沿着正确的道路前进。

二、学前教育评价的原则

学前教育评价无论在过程、方式方法上，都应遵循一定的原则。

（一）科学性与教育性原则

科学性指的是学前教育评价指标、方式方法和实施程序必须科学合理、有据可依。教育性是指评价本身不仅仅是对教育效果的检验和判断，而且也是教育活动的一部分。科学性与教育性是紧密相连的，忽略或违背了教育性的评价就不是科学的评价，忽略或违背了科学性的评价则是毫无价值的评价。

（二）目的性与方向性原则

任何评价都具有明确的目的，遵循了目的性原则，就能更好地决定采用什么样的评价标准和方法进行评价，评价也因此有了明确的方向。学前教育评价的目的是提高学前教育的水平，促进幼儿更好地发展。因此，无论是评价对象、工具、方法的选择，还是评价标准的确立、评价过程的监控、评价结果的分析，都要紧紧围绕这个目的、朝着这个方向进行。

（三）标准化与可行性原则

学前教育评价须遵循标准化原则，即评价要有一定的客观标准，有统一的评价指标体系和尺度。标准建立了，还要保证评价的可行性，否则一切都将成为空谈。而可行性则体现为评价指标体系简便易测、评价指标具有一致性和普遍性及评价结果具有相对模糊性。标准化与可行性相互弥补，二者须兼顾之。

（四）客观性与实践性原则

客观性原则是一切科学研究都必须遵循的基本原则，学前教育评价也不例外。在学前教育评价中，评价主体须从客观实际出发，采取实事求是的态度，科学地确定和使用评价标准，尽量减少主观臆断和个人因素的影响。[①]另一方面，学前教育评价也要遵循实践性原则。换句话说，学前教育评价必须反映学前教育的实际效应，必须经得起实践的检验，这也是保证其客观性的前提。

（五）全面性与过程性原则

全面性原则是指评价项目、评价标准、评价过程、收集的信息以及得出的评价结论等要全面，不能只片面强调某一项目，也不能遗漏相关信息，更不能过度突出某一评价结论。《幼儿园工作规程》要求学前教育工作在体、智、德、美等方面促进幼儿全面发展；同样，对学前教育工作的评价也应遵循全面性原则。过程性原则指的是评价要贯穿于学前教育活动的全过程，也就是要将诊断性评价、形成性评价和总结性评价结合应用。全面性与过程性是使学前教育评价工作更科学、更准确的保证。

（六）分析与综合相结合的原则

前面阐述过，学前教育评价按照层次可划分为分析评价与综合评价。事实上在评价过程中，很多内容的评价都是沿着"先分析，后综合"的路线进行的。换句话说，我们需要先对评价内容进行分析，形成评价指标体系，以使其可评价化，再将分析评价的结果综合起来，得到一个整体的结果。而为了使最终评价结果更具客观性和合理性，我们也常常将两种评价方式结合使用，从不同的角度审视学前教育现象。可见，分析与综合相结合，有其必然性，也有其必要性。

（七）定性与定量相结合的原则

前面说过，定性评价是对学前教育过程和结果从质的方面进行分析评价，侧重于质的方面；定量评价则是对学前教育过程和结果从量的方面进行分析评价，侧重于量的方面。事实上，质的评价可以反映事物的一个侧面，而量的评价则可以反映事物的另一个侧面。如果评价只停留在凭主观经验的定性上，则难以对学前教育现象做出科学、客观的评价；同样，如果评价只停留在纯粹的数字上，得到的也只能是一种单纯的数量关系，无法显示学前教育现象的特性。要想反映学前教育的全面情况，获得更为全面的评价结果，就应该将定性评价与定量评价结合起来进行。[②]

（八）专家与群众相结合的原则

学前教育评价因素复杂，工作量很大，不是少数几个代表就可以完成甚至得出具有说服力的评价结论的。因此，在实际评价活动中，需要有适当数量的专家与非专家共同参与，以加强学前教育评价的民主性、代表性和全面性。

第四节　学前教育评价的指标体系

一、学前教育评价的目标与指标体系

（一）学前教育评价的目标

毫无疑问，学前教育具有明确的教育目标，一切学前教育活动都围绕着这个目标开展。但学前教育

---

① 霍力岩. 学前教育评价. 北京：北京师范大学出版社，2010：70.
② 霍力岩. 学前教育评价. 北京：北京师范大学出版社，2010：71.

又是一个庞大而复杂的系统，它包含着很多子系统，子系统下又有很多具体的教育活动，每项活动又各有其目标。正是这些独立、具体的目标，构成了学前教育的总目标。学前教育评价的目标就是以学前教育总目标为准绳而对学前教育现象和事实进行价值判断。

（二）学前教育评价的指标体系

由于学前教育的总目标极具原则性与抽象性，为了提高评价的可行性与科学性，需要将抽象的目标具体化。具体来说，就是根据其内涵进行分解，形成一个可操作的目标系统。在分解后的目标系统中，处于最低层次、具有可操作性的目标由于具有指标的性质，故称其为指标。整个目标系统就是学前教育评价的指标体系。因此，可以将学前教育评价指标体系界定为由一系列学前教育具体指标组成的一个有机的系统。学前教育评价指标体系的确定是整个学前教育评价工作的基础和关键，没有科学、合理的学前教育评价指标体系便没有科学、合理的学前教育评价。[①]图 1.1 便是一个关于幼儿发展评价的指标体系框架。

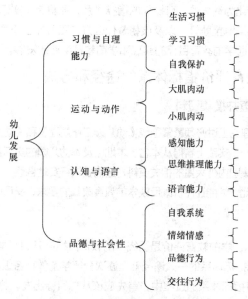

图 1.1　幼儿发展评价的指标体系框架

资料来源：霍力岩. 学前教育评价. 北京：北京师范大学出版社，2000：87.

由此指标体系框架可以梳理出一张合理的幼儿发展评价表，从而为评价的顺利实施奠定基础。

二、学前教育评价指标体系的构建

（一）构建学前教育评价指标体系的意义

1. 学前教育评价需要以指标体系为前提和依据

学前教育评价的指标体系体现了学前教育目标的内容，是进行评价的直接依据。因此，实施评价应该先构建指标体系，否则一切都是盲目的。[②]例如，要评价幼儿的发展，就必须有明确的幼儿发展指标体系；否则作为一个笼统的幼儿发展目标，评价很难实施。

---

① 霍力岩. 学前教育评价. 北京：北京师范大学出版社，2010：75.
② 霍力岩. 学前教育评价. 北京：北京师范大学出版社，2010：96.

2. 评价指标体系是获取客观评价结果的保证

学前教育的目标带有一定程度的原则性和抽象性，如果不分项目和指标，评价将会很难客观和准确地进行。因此，只有对其进行多方位、多层次的分解，形成可操作而合理的指标体系，才能据其顺利实施评价，得到客观、真实的评价结果。

3. 评价指标体系有助于完成从局部到整体的评价

如果不对学前教育的整体进行分解，将会失去大量具体的丰富资料，这样进行评价，想获取全面、准确的认识是很难的。所以，在建立了评价的指标体系之后，可以通过先完成局部再转化为整体的方式，获得对学前教育整体的评价。这样获得的评价结果才能具有准确性和全面性，才能反映学前教育的真实情况。

4. 评价指标体系有助于推动学前教育事业的发展

学前教育的目标一旦转化为具体的、可操作的指标体系，便具有了实际的意义。于是，人们在为达到目标而努力的过程中便知道孰重孰轻，以及该朝着什么方向和目标去努力。所以，构建合理的学前教育评价指标体系，有利于保证学前教育目标的实现和学前教育事业的发展。[①]

（二）构建学前教育评价指标体系的途径和方法

1. 准备工作——调查并搜集资料

学前教育评价的实施，理论上讲必须紧紧围绕《幼儿园工作规程》和《幼儿园管理条例》等关于学前教育目标和管理目标的规定进行，实践上得从本省、本地区及本幼儿园的实际情况出发。所以，在构建评价指标体系之前，除了需要搜集国内外大量的相关资料，还需要进行实地考察，搜集一定的现实资料和数据，以提供借鉴和参考。只有如此，才能让评价既反映学前教育改革的要求，又反映本地的学前教育实际。[②]

2. 途径和方法

（1）分解各级教育目标。学前教育评价是围绕学前教育目标展开的，学前教育评价指标体系必须跟学前教育目标相一致。形成指标体系的有效途径就是逐次分解学前教育各级目标，使其更加明确、可测。一般来说，在构建学前教育指标体系的过程中，首先应该从总目标出发，将其分解为几个次级目标，然后再对次级目标进行逐一分解，直到最后形成具有可测性的一系列指标。图 1.2 可以用来说明总目标、次级目标和指标的关系。

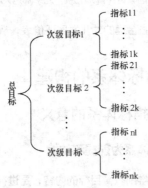

图 1.2　总目标、次级目标和指标的关系

资料来源：霍力岩. 学前教育评价. 北京：北京师范大学出版社，2000：106.

---

① 霍力岩. 学前教育评价. 北京：北京师范大学出版社，2010：96.
② 霍力岩. 学前教育评价. 北京：北京师范大学出版社，2010：105.

幼儿教师发展的评价指标体系如图 1.3 所示。

图 1.3　幼儿教师发展的评价指标体系

著名教育学家布卢姆等人把教育目标分为三个领域，即认知（cognitive）、情感（affective）和动作技能（psychomotor），并对认知、情感、动作技能领域的目标做了如下具体的研究。

① 认知领域的教育目标分类。

- 知识（knowledge）：即对具体事物和普遍原理、方法和过程或模式、结构和框架的回忆。
- 领会（comprehension）：是指对事实和原理、文字材料和图表等的解释。
- 运用（application）：即在特殊和具体情境中使用抽象概念、原理等。
- 分析（analysis）：即把材料分解成它的组成要素，使各概念之间的相互关系更明确、材料的组织结构更清晰，以便详细地阐明基本理论和基本原理。
- 综合（synthesis）：指把各种要素、各个组分组合成整体，通过综合来构成一种原先不那么清楚的模式或结构的过程。综合不是机械组合，而是一个加工过程。一般来说，通过综合所形成的整体是一个过去尚未明显存在过的式样或结构。
- 评价（evalution）：指对用于既定目的的有关材料和方法的价值做出判断，对满足准则要求的程度做出量的好质的判断等。这个层次要求理性、深刻地对事物本质的价值做出有说服力的判断。

② 情感领域的教育目标分类。

- 接受/注意（receiving/attending）：即探讨学习者对某些现象和刺激的感知，与他们愿意接受或注意相联系。
- 反应（responding）：指在注意与接受的基础上，学习者对于学习内容发生的积极主动的应答活动，或称之为兴趣行为，即在注意的基础上主动参加到学习活动之中，表现为主动寻找信息和创造性地进行思考。
- 价值评估（valuing）：通常用来表示对某事物、现象、行动所具有的价值的判断。
- 组织（organization）：即学生把某一些或某些价值认识综合到价值等级系统中去，并区分出它们的重要性程度。这类目标包括价值的概念化和价值体系的组织化。
- 价值或价值复合体的个性化（characterization by value or value complex）：即某一价值或价值复合体为学生所内化，成为持久影响其行为的个性特征。这类目标包括泛化心理倾向和个性化。

③ 动作技能领域的教育目标分类[由辛普森（E.J.Simpson）和哈罗（A.J.Harrow）等人完成]。

哈罗以学龄前教育为视觉，提出了 6 个层次的动作技能目标。

- 反射动作：即学生在无意识的前提下对某些刺激的反应，表现为随意动作，是动作行为的基础。
- 基本——基础动作：建立在儿童身体内部基础之上，是一些固有的动作形式，以反射为基础，无需训练。

- 知觉能力：既涉及动作技能行为，又涉及认知行为。
- 体能：是学生在动作技能领域中有效发挥作用所不可缺少的。
- 技巧动作：是指从事复杂动作任务的有效程度。
- 有意沟通：实质上是动作沟通，每个人都会形成某种动作风格，同有理解能力的人交流自己的情感体验。

辛普森以职业教育为出发点，将动作技能目标分为 7 个层次。

- 知觉：是一种动作最实质性的步骤，是导致动作活动的"情境–解释–行动"链条中基本的一环。
- 定势：是为了某种特定的行为和经验而作出的预备性调整或准备状态，包括心理定势、生理定势和情绪定势。
- 指导下的反应，指个体在教师指导下，或根据自我评价表现出来的外显行为。
- 机制：已成为习惯的习得反应。
- 复杂的外显反应：指个体已经掌握了技能，并且能够既稳定又有效地完成这一动作。
- 适应：是一种心理反应，即为了使自己的动作活动适合新的问题情景，就必须改变动作活动。
- 创作：根据在动作技能领域形成的理解力、能力和技能，创造新的动作行动或操作材料的方式。

（2）改善指标体系品质。指标体系中的各级指标初步确定以后，需要使其内涵和外延合理化，以改善其品质。指标的内涵确定了评价的内容是什么，必须明确、肯定、清晰，不能模棱两可。指标的外延则限定了评价内容的范围如何，合理的外延是让评价范围适中，不能过窄，也不能过宽甚至彼此不一致。[①]例如，评价幼儿教师的职业技能，涉及的内容非常多，包括弹、唱、跳、绘画、手工、说课、组织活动、普通话、三笔字等。这些指标都能从一定程度上反映教师职业技能的高低，是否都应该考虑呢？显然，最能体现幼儿教师职业技能的内容应该是弹、唱、跳、绘画、手工和组织活动，选取这几项作为主要指标进行评价就更为合理。同样，在外延的限定上，也应该解决好宽窄的问题，既要保证足够的信息量，也不能使工作量太大。

（3）提高指标的可行性。让每个指标都具有可行性，这是构建学前教育评价指标体系重要的一步。在提高指标可行性的过程中，无论是评价的信息来源问题，还是评价的人力物力问题，都属于要考虑的范围。如果评价者无法搜集到某一指标的信息和资料，则可说这一指标不可行。同样，某一指标需要投入大量人力物力，超过评价者的承受能力，则这一指标也不可行。[②]例如，要请教师对某一地区所有幼儿的绘画作品逐一赏析，进而做出评价，而面对成百上千的绘画作品，逐幅赏析显然是不现实的。此时，就需要另外选择一种方式代替教师逐一赏析，以避开人力物力的限制。

信息链接

表 1.3　学前教育信息化评价指标的内容要点

评价要点	主要内容说明
基础设施建设	生机比、师机比、网络连通率、电视及投影仪数量等
软件资源建设	教学软件数量、教学管理软件数量
软环境建设	管理机构规章制度等
相关人员信息化素养	幼儿园园长及教师的信息意识、信息技能等
信息化应用情况	教学中的应用、教学管理中的应用、专业发展中的应用等

信息来源：王吉. 学前教育信息化评价指标体系的构建[J].教育测量与评价，2012（1）.

---

① 霍力岩. 学前教育评价. 北京：北京师范大学出版社，2010：115.
② 霍力岩. 学前教育评价. 北京：北京师范大学出版社，2010：116.

案例与实践

（1）某乡镇幼儿园办园 5 年了，在刚办园时，招聘无业阿姨充当幼儿教师，以 10 年前的厂房为园舍，除了一个小型的滑梯以外，并无其他玩具。现在，大部分教师是中专学历以上的专职幼儿教师，幼儿园进行重新修建、装修，也添置了不少玩具、教具。在教育部门的支持下，该幼儿园几乎每个活动室都配上了电脑，安装了多媒体设备，以期达到市级示范性幼儿园的标准。

请结合上述材料，查询市级示范性幼儿园的标准，选择恰当的评价方式，对该幼儿园的达标情况进行评价。

（2）观察某幼儿园中（2）班的一日活动，记录了如下现象：有的幼儿能双手握杠悬空 30 秒，而有的幼儿却还不能双脚交替下楼梯；有的幼儿能画出一幅简单的风景画，而有个别幼儿只会涂鸦式乱画；有的幼儿能按照常规自行有规矩地进行区域活动，而有少数幼儿每个区域都去窜一下，却都没找到自己喜欢的区角和小朋友们一起玩耍；有的幼儿活动时积极参与，大胆表达自己的想法，而有的幼儿却沉默不语；也不听老师的话语；有的幼儿午睡时很快进入午睡状态，而有的幼儿却一直在床上玩耍，一个多小时后才睡着。

针对上述现象，结合《3~6 岁儿童发展与学习指南》，构建一个适合中班的幼儿发展评价指标体系。

拓展阅读推荐

（1）李凌艳，李勉. 从西方教育评价理论发展的视角看我国学校评估研究[J]. 教育理论与实践，2010（2）：25-29.

（2）杜瑛. 西方教育评价理论发展的社会文化基础探析[J]. 教育测量与评价，2012.10：22-27.

第二章 学前教育评价的一般过程

目标导航

知识目标

（1）了解学前教育评价准备的内容和学前教育评价实施的一般步骤。

（2）掌握学前教育评价结果检验的内容及方法，了解评价报告的内容。

（3）了解学前教育评价反馈的意义和注意事项，掌握反馈的形式和方式；理解学前教育评价复评的意义和内容，掌握复评的标准和实施过程。

能力目标

（1）能够对评价结果进行处理与分析。

（2）会撰写评价报告。

（3）能对复评进行分析和总结。

学前教育的准备与实施是一项非常复杂和系统的过程。在评价实施的过程中无论是评价结果的准备阶段、评价结果的分析阶段，还是评价的反馈与复评阶段，都是非常重要的，而且都必须认真对待。学前教育评价的实施应该是科学的，因为这将直接影响到学前教育评价结果的真实性、准确性和有效性，进而影响到学前教育评价的质量。按照学前教育评价的程序，可以将学前教育评价的过程分为学前教育评价的准备与实施阶段、学前教育评价的结果与分析阶段、学前教育评价的反馈与复评阶段。

第一节 学前教育评价的准备与实施

一、学前教育评价的准备

学前教育评价的准备是学前教育评价的基础。学前教育评价的准备是否充分和得当关系到评价全过程是否能够顺利进行，准备工作做得越好、越充分、越得当，评价过程就会越顺利；反之，没有充分、得当地做好学前教育评价的准备，评价将无法进行，或者过程实施就会变得杂乱无章，如此将得不到评价结果，或者导致评价结果失效。学前教育评价的准备工作主要包括以下几个部分。

（一）思想准备和理论准备

任何评价活动的开展都有自己特定的目标和指导思想，开展学前教育评价时也不例外，首先要对评价人员进行思想动员，其次要对评价人员进行培训。

1. 对学前教育评价人员的思想动员

在进行学前教育评价前，对评价人员进行思想动员是很重要和必要的。学前教育评价人员包括评价者和被评价者。思想动员的目的就是要做好评价人员的思想工作，让其具备正确的思想和目标，从而能在正确的思想路线的指引下，主动而认真地投入到学前教育评价中，使被评价者能够积极主动地配合评价工作，从而使二者共同参与，更好地完成评价工作。总之，思想动员主要是要对评价人员在思想觉悟、政策法规、道德品质等方面进行动员，使其能够具有认真、负责、积极、主动、坚持不懈等良好的精神品质，并且要让学前教育评价人员了解相关的规章制度、保密条例等。

具体而言，思想动员的主要目的有以下 4 个。

（1）让学前教育评价者和被评价者都了解和明确学前教育的评价目标和思想。

（2）让学前教育评价者和被评价者都具有正确的学前教育价值观。

（3）让学前教育评价者和被评价者都具有认真、负责的态度，积极主动地做好评价工作。

（4）让学前教育评价者和被评价者都具有实事求是的精神，反映真实情况，不掩盖事实。

2. 对学前教育评价人员进行理论方法的培训

目前，我国专业的学前教育评价人员不是很多，学前教育评价组织也不够成熟。尽管有些临时组建的学前教育评价机构，但其中的成员多属半路出家，因此有必要对学前教育评价人员进行理论和方法技巧方面的培训。理论培训主要是让评价人员了解目前学前教育评价的动态、走向和理论观点，尤其是了解和掌握学前教育的评价目标，让其明白学前教育评价不只是为了对被评价者做一个简单评判，更是为了让他们更加深刻地认识自己，进而按照更合理的方式引导自己，不断地调控自己的行为，朝着正确的目标前进，从而提高教育质量和效益。同时，还要让他们清楚这样一个事实：学前教育评价的目的已经不再是为了选拔适合教育制度的儿童，而是为了制定相应的教育方针，使之适应儿童的身心发展。所以，一切要以儿童的发展和需求为中心，如此才能制定出合理的教育制度，进而提高学前教育质量，突出学前教育的功能。

（二）人员和组织准备

1. 组织和人员结构

不同的教育评价对象和评价内容，组织的形式和机构也不同，一般由领导小组和工作小组组成。由于学前教育评价一般是多项的、综合的评价，具有系统性和社会性，所以这也是一项集体的工作。评价工作的集体工作性质要求我们组织一个专门的评价集体，或成立一个专门的评价机构来工作。根据评价目标、目的和内容等的不同，学前教育评价的主要组织形式有管理部门成立的评价委员会、科研部门成立的评价委员会，以及由相关部门人员（如管理人员、科研人员、幼儿专家等）组成的评价委员会。在较大型的评价工作中，还要划分一些专题评价小组。组织落实后，各种组织和组织内部成员要进行分工，从而使成员能够明了自己的职责范围。[①]

2. 组织人员的职责

（1）领导小组的职责和任务。领导小组的职责和任务是负责组织和领导学前教育评价的具体实施，其主要有以下几个方面：制定学前教育评价规划方案和计划；确定学前教育评价目标和任务；确定评价重点和评价对象；对评价人员进行组织和培训；组织实施教育评价，掌握调控教育评价工作，协调各方关系，把握评价的方向；向被评价者反馈评价结果，并在必要时作出解释；撰写评价报告，提出建设性的意见和建议，并提出可靠的信息和决策依据，同时还要检查和改进建议和意见的落实和实施。

（2）学前教育专题评价小组的职责和任务。学前教育专题评价小组的职责和任务有以下几个方面：认真学习和掌握学前教育评价的规划方案和计划，并且要达到理解的程度；开展调查，收集与学前教育

① 霍力岩. 学前教育评价. 北京：北京师范大学出版社，2000：200.

专题评价有关的数据信息和资料；对收集到的信息数据和资料进行整理、分析、审核，保证评价信息的质量和数量，依据评价标准进行综合分析和判断，得出初步的评价结论；进行学前教育评价的再评价，进一步确保学前教育评价结果的准确性和科学性；对被评价者的自评报告进行核实和调查；对评价工作进行总结，并向领导小组和全体参评人员汇报。

3. 对组织和人员的培训

学前教育评价的参与人员和组织的素质和能力直接关系到学前教育评价的质量和效益。因此，必须对参与学前教育评价的人员和组织进行培训和教育，使其成为政治思想好、事业心强、责任心强的人，并且要让其具有较强的学前教育评价的专业素质；应该使评价参与人员对评价的基本知识和技巧有所了解和掌握，熟知教育评价方案，对方案中设立的评价指标和标准有正确的理解和认识，懂得相关的规章和制度。参与评价者不可能都是专家和学者，所以也希望通过培训能达到预期的效果。一般来说，具体的培训内容有学前教育评价的相关理论知识；学前教育评价的本质、功能、作用和基本方法；学前教育评价的技巧；相关的规章制度和评价人员准则。

（三）材料工具的准备

物质准备是一切工作的前提条件。俗话说"巧妇难为无米之炊""物质基础决定上层建筑"，所以做好物质准备是非常重要和十分必要的。这里所说的物质准备主要包括以下几点。

（1）学前教育评价用具的准备。评价用具是实现评价目标所用的工具，主要包括试题、测验题、调查问卷、学前教育评价量表、整理分析评价信息使用的各种统计汇总的表格等。以上这些都要印足够的数量，以保证评价实施过程的顺利。评价方案也要复制多份，使每一位评价者和以后的统计分析人员都能人手一份。

（2）办公室用品的准备。办公室用品主要有测量工具、计量工具和办公用品，具体来说，有纸张文具、计算器、照相机、录像机、录音笔、电脑（台式/便携式）等。这些准备工作做好了，可以大大减少人力，并且能够让收集到的资料更加精准和科学。

（四）方案与计划准备

学前教育评价方案和计划的准备是整个评价过程的实质性和关键性的工作。实施方案和计划是为整个评价过程设计蓝图，是实施评价工作的依据。[1]只有制定了合理的方案和计划，才能保证学前教育评价有计划、有步骤地进行和开展。

1. 方案和计划的特点

（1）要以学前教育标准为核心。所谓教育评价标准就是对一切学前教育活动质量或数量要求的规定。它一般包括学前教育评价的指标体系和评价基准。制定学前教育评价方案是整个评价工作的基础。如果能够编制准确、合适、客观、科学的评价标准，那么评价结果的信度和效度就会很高；反之，如果编制的评价标准和计划是不准确的、不合适的、不客观的、不科学的，那么信度和效度就会很低，甚至会导致评价结果的无效。因此，在评价方案中，评价标准是依据，占有重要的地位。在编制评价标准时，要在民意调查的基础上，经过严格的论证，以及专家和学者的评判和修正，以保证评价标准的质量。

教育评价是一个价值判断的过程。进行价值判断时要有一定的标准，因为标准是对数量、质量等进行判断和比较的依据。例如，十个月的婴儿体重和身高达到多少才算是健康呢？如果没有一个科学客观的标准，就无法进行判断。

但是，由于教育评价涉及的内容太广，不能存在统一的标准，所以就要针对不同的项目制定相应的

① 程书肖. 教育评价方法技术. 北京：北京师范大学出版社，2007：31.

标准。例如，对儿童发展进行评价时，需要有儿童发展的评价标准；对幼儿园教育活动进行评价时，需要有幼儿园教育活动的评价标准；对幼儿园保育活动进行评价时，需要有幼儿园保教活动的评价标准。

（2）要考虑学前教育评价所有参与者的接受程度。学前教育评价方案和计划的编写要适应评价参与者的接受程度。因为无论是评价活动的评价者还是被评价者都是贯穿整个评价活动的，并且是直接的参与者，所以要依据评价活动的参与者的接受程度来编制评价方案和计划，进而使得评价活动的每个参与者都能够积极、主动、认真地参与到评价活动中来，从而最大限度地发挥其主观能动性，在整个评价过程中最大限度地发挥作用。

（3）要使学前教育评价程序具有科学性、规范性和可操作性。评价程序的科学性、规范性和可操作性是指评价活动的指导理论以及评价过程中所采用的方法一定要科学，评价程序要规范，手段要可操作，要按事先设计好的程序进行，不能随意进行改动，如此才能保证得出明确的评价结论。评价方案是评价的准备工作。评价程序的科学性、规范性和可操作性能够保证评价方案的信度和效度，保证评价结果的有效性。

（4）要强调促进学前教育的发展。要摒弃传统的学前教育评价思想和观念，应以儿童为中心，强调适合儿童的教育，而不是寻找适合教育制度的儿童。学期教育评价不能只重视结果，更要重视过程，更要重视对评价结果的深层次思考。对过程的评价的主要功能是揭示存在的问题，及时反馈信息，以促进教育工作的改进。例如，通过评价可以为幼儿园指出存在的问题，提出相应的意见和建议，从而帮助被评价者（幼儿园）改进这些方面的工作。

（5）重视定性与定量的结合。定量的研究方法在以前是非常受欢迎的，因为以前人们都认为定量的研究方法是最科学的、最准确的。事实上，定量的研究方法是不能够全面地反映事实和真相的。学前教育评价的开展和普及更是让人们认识到了学前教育是一项复杂的社会事业，简单化或单一化将导致评价者忽略掉较难定量和缺乏客观资料的因素，如人的主观想法，如此就会导致学前教育评价有失偏颇。所以，近年来的学前教育工作者都不只是用定量的评价方法，而是把定性和定量结合起来，以使学前教育评价更科学、更准确。

（6）在学前教育评价中要用到自评的方法。被评价者先通过自评，发现问题所在，这有利于评价者与被评价者的沟通，能够让被评价者易于接受评价者的意见和建议，避免产生对立和逆反情绪。

2. 学前教育评价方案的主要内容

（1）各个环节完成的时间。各个环节是有计划和有时间限制的，因此一定要规定好具体完成各个环节的时间，虽然有时会有变化，但事先要经过严格的论证和商讨。

（2）评价目的。评价目的不同的评价需要不同的评价标准和评价方法。每一项评价都以特定的目的为出发点，评价之前首先要明确目的与性质。确定评价目的包括明确为什么评价、由谁评价、评价什么。确定评价目的，意味着评价发起人应首先形成自己的评价概念，明确要进行评价的真正含义，以及期望获得的信息和所要解答的问题。评价中一切活动和付出的努力都要紧紧围绕目的。

（3）评价对象。评价对象是指评价的客体，是评价的实践对象、认识对象。在实施学前教育评价之前必须先确定要评价什么，评价哪些因素，评价哪些方面。如果评价什么都没有确定，也就是评价对象都没有确定，那么学前教育评价活动是没有办法展开的，或者即使展开也是杂乱无章的。

（4）评价标准。评价标准具体包括评价目标和评价指标体系。有了评价标准，评价人员才能更深刻地理解评价目的，才能更好地进行评价方案的实施。

（5）组织实施。组织实施包括学前教育评价活动的组织形式和方法、评价者的基本素质要求和评价过程中评价活动的组织者、评价者、被评价者等必须共同遵守的纪律规定等。这是评价工作顺利进行的保证。

（6）评价方法。评价方法包括评价信息的搜集和处理方法。相同的评价对象，使用不同的评价方法所得到的结果和结论是不同的。因此，要事先确定好评价方法，也就是事先确定好评价信息的搜集和处理方法，以确保评价方案的信度和效度。

（7）实施期限。教育评价是价值判断，它的标准就是教育价值的具体体现，所以评价标准只能在一定时间内有效，也就是具有时效性。此外，评价标准是一切工作的导向，而导向要实事求是、与时俱进，因此这也决定了标准是有时效性的。

（8）评价者和被评价者。评价者和被评价者一定要写清楚，无论是评价实施过程中还是评价后的反馈，这些资料都非常重要。要知道是谁评的，更要知道评的是谁。换言之，要知道谁反馈的信息，更要知道信息要反馈给谁。①

（9）各个环节需要的资金。做任何工作，经费都是不可忽视的条件，因此评价方案中要做好预算工作，以保证评价活动能够顺利进行。

（五）评价人员的心理现象与准备阶段的心理调控

1. 评价者的心理现象与准备阶段的心理调控

（1）评价者的心理现象。

① 思维定势：是一种按常规处理问题的思维方式。处于不同环境、承担不同角色的人的思维方式是不同的。评价者在评价活动中难免会用自己的知识技能、道德品质、爱好特长、积极经验去要求被评价者；在设计方案的过程中也很容易从自己的职业、特长、兴趣等出发。学前教育评价过程中，难免会有不同角色的评价者，有的是专家，有的是幼儿园教师等，这就要求评价者在进行评价时尽可能地避免思维定势。

② 晕轮效应：也称社会刻板印象，是指评价者对被评价者的原有印象或者对评价者一个特点的了解，会影响到其对该被评价者其他特征的认识和评价的心理。通常所说的"一叶障目"就是这个意思。例如，当听到别人说某所幼儿园既是示范幼儿园，又是重点幼儿园时，我们在评价该幼儿园时就会自动挑着好的地方去看，而忽略掉某些缺点。再如，我们听说某幼儿园老师获得过"优秀教师"的荣誉，就会自然而然地认为这个老师讲课一定很棒，这就导致在评价过程中容易忽略掉该教师的一些弱项。也就是，评价者过分重视被评价者的突出特点，过分放大原本印象，进而忽略了被评价者身上的其他特点和表现。

③ 心理偏差效应：指的是当理想和现实存在较大差距的时候，会让人产生很大的心理偏差，从而导致极度失望的心理效应。心理偏差效应的产生，容易导致被评价者得到偏低或不切合实际的评价。例如，因为某幼儿园的某老师是研究生毕业，所以评价者认为该老师的讲课水平一定很高。但是，当他看到该老师讲课水平和他想象中的差距太大的时候，就很容易产生不满的心理。在这种失望状态下，评价者可能就会给被评价者很低的评价，即便该教师的讲课水平已达到普通教师的水平。

④ "近亲"效应：评价者和被评价者的关系会影响到评价的结果。在学前教育评价中，如果评价者与被评价者是同行、同事、同专业、同地区及其他某种比较亲近的关系，就会影响到评价结果的客观性和真实性。例如，评价者与被评价者是同行关系，那么就有可能会产生两种情形：第一可能会做出过高的评价，因为是同行，所以会产生同情心理；第二则可能会做出过低的评价，所谓的"同行相轻"就是这个道理。可见，"近亲"效应带来的负面影响是不容忽视的。

⑤ 从众心理、逆反心理和自我中心心理：人的心理是奇妙而难以控制的，在评价中人们的心理总是有意无意地左右着评价的结果。在开展评价的过程中，评价者有时会观望其他评价者的动态，然后随着大众的评价一样做出自己的评价。事实上，并不一定多数人做出的相同评价就是准确的。还有些评价者在一定条件下，可能因为对某些权威人士存在一定的意见，导致产生逆反心理，于是针对权威人士说的话，或者决定的事，评价者会持相反意见。还有些评价者存在自我中心的心理，总觉得自己的观点才是

---

① 袁振国. 教育评价与测量. 北京：教育科学出版社，2002：61-63.

最正确的，听不进别人的意见和建议，这样很容易造成主观化，造成评价结果的不客观、不科学。

（2）对评价者准备阶段的心理调试。在学前教育评价工作展开之前，要对评价者进行一定的心理调试，尽可能促成评价结果的客观性和真实性。可以尝试从以下几个方面进行调适。

① 进行思想教育：即从思想、觉悟及道德方面保证评价活动的顺利进行，保证评价结果的公正性、客观性和科学性。首先，要让评价者了解和掌握学前教育评价的指标体系、评价标准、教育政策等；其次，为了让评价者在道德品质、思想觉悟等方面提高认识，有必要开展一些相关的教育和动员。

② 其他方面：在评价前就要对评价者进行适当的心理调控，让其做到能够进行批评和自我批评，做到能公正合理、客观理性地分析问题。

2. 被评价者的心理现象与准备阶段的心理调控

（1）被评价者的心理现象。

① 恐惧心理：被评价者会恐惧评价者对其进行评价。首先，被评价者担心自我评价与他人评价不符；其次，被评价者担心评价结果会不好，会影响到自身形象。正是这样的心理，会导致一系列不良的后果。例如，由于担心和他评结果不一致，被评价者会在自我评价的时候过低或者过高地评价自己；为了避免和他评相冲突，被评价者会在自我评价时模糊地评价自己；由于担心评价者会作出不公平的评价，被评价者会在一开始就对评价产生抵触心理。这些心理现象都是影响评价结果的不利因素。

② 被动的心理：即由于某种原因，导致被评价者在评价中出现消极被动的心理。从某种意义上讲，评价工作给人的印象如同一种审查。通常，人们一旦觉得自己是被审查，就很难主动积极地参与到评价工作中来。这主要表现为：自我评价不积极，比较含糊；不按评价者提出的要求和准备去做，不积极配合评价者；评价过程中，谨言慎行，不真实地反映情况；为了应付评价，会过度地"装饰"，使得评价之时与平时不符，从而使评价结果不科学、不真实。

③ "逆反"心理：主要表现在对评价结果的不满，从而对评价者产生逆反心理，不愿意接受反馈意见和建议，甚至会用自我评价否定他人评价，责备评价者对自己评价不公，怀疑评价结果的真实性、客观性和科学性。

（2）对被评价者准备阶段的心理调控。如果被评价者的心理不能得到及时的调控，就难免会出现上述情况，那就会让学前教育评价流于形式，评价结果缺乏客观性、真实性和科学性。因此，有必要在评价前做好被评价者的心理调适工作，从而保证评价工作能够顺利进行，保证评价结果的真实性、客观性和科学性。可以从下面几点着手进行调适。

① 评价活动开始前，评价者与被评价者进行良好的沟通，让被评价者明白评价的目的、意义和积极作用，强调真实、客观、科学的评价结果的重要性，以此消除其恐惧心理和思想疑虑，调动其积极性，避免出现逆反心理。

② 制定评价方案的时候要集思广益，积极听取被评价者的意见和建议，尽量达到民主，以增强被评价者的主人翁意识，使其能够积极主动地参与评价工作。

③ 让被评价者对自己有个清晰的认识，强调评价的公正性，从而避免被评价者在自评环节做出不真实、不客观或含糊不清的评价。

④ 向被评价者讲清楚日程安排，让其有足够的心理上和精神上的准备，从而让其能够更好地配合评价者，使评价工作顺利进行。

二、学前教育评价的实施

学前教育评价的实施阶段是实际进行评价活动的阶段，它是整个学前教育评价活动的中心环节，也是学前教育评价组织管理工作的重中之重。这个阶段的主要任务就是运用各种学前教育评价方法、工具和技术，搜集各种评价信息，并在整理评价信息的基础上做出价值判断。

（一）学前教育评价实施的一般步骤

为了确保学前教育评价的顺利进行，保证教育评价结果的真实、客观和科学，通常会将学前教育评价分为两个阶段逐一实施，即预评价阶段和正式评价阶段。这样做的目的是提高评价活动的质量，充分发挥评价作用。

1. 预评价阶段

预评价阶段也称自我评价阶段，简称自评。这一阶段是学前教育评价实施的必要环节和必经阶段。因为，此阶段在学前教育评价过程中占有重要的地位，发挥着重要的作用。预评价（自我评价）的目的与作用如下。

（1）通过自我评价，能够让被评价者更清楚地了解评价目的和评价内容，使其在评价过程中能够很好地配合评价者。这样也就让被评价者有了足够的心理和精神准备去接受他人评价，还可以使被评价者更加深刻地理解评价标准和评价指标体系，从而对以后的工作方向、重点和方法的调整起到指导作用。

（2）通过自我评价，可以让被评价者预先展开自我诊断，审视自己的工作，了解自己的优点与不足。被评价者提前知道自己存在的问题，就可以把自我评价的结果与他人评价的结果进行比较。这有利于被评价者自我改正和提高，进而增强其主动性与积极性。

（3）通过自我评价，能够提供相关资料和信息，包括文字和数字等信息。因为被评价者对自己的工作情况更熟悉、更了解，可以提供全面而详细的信息，而且他们了解自己的意图和初衷，这是不可忽视的一点。被评价者可以通过这个过程阐述自己的观点和依据，为随后的他人评价提供借鉴，从而扩大和加深评价者对被评价者的了解和认识，进而为高质量的学前教育评价奠定基础。

（4）通过自我评价，能够减轻评价者的工作量，因为自我评价其实也是一个检测和把关的过程。在自我评价中，如果发现此评价对象明显不符合评价对象的要求和标准，就可以提前排除这些评价对象，不再进行他人评价，这样就节省了人力物力，从而让评价者在进行再评价时，所评价的对象都是有效的，于是就能集中精力做好相应的评价工作。

2. 再评价阶段

再评价阶段也称他人评价阶段，简称他评，是由他人对被评价者进行评价。这个阶段的评价一般是专家组的评价。再评价（他人评价）的目的与作用如下。

（1）通过再评价，可以提高评价的可靠性。因为在自我评价中，难免会夸大自己的优点、掩饰自己的问题，这样就很难真正地发现问题，不利于评价管理部门做出正确、科学的决策，提出合理的意见和建议，也就不利于被评价者对工作的改进与提高，降低了评价的效益。换言之，再评价是对被评价者自评结果的检查，有助于提高评价活动的可靠性和真实性，从而有利于得到科学的评价结果。

（2）通过再评价，有助于提高评价的权威性。因为再评价者一般都是专家组，来源比较广泛，并且都具有很强的专业素质，即使不是专家，也都是经过训练的专门人员，具有一定的经验和技能，相比而言，他们的评价更客观、更真实，这样就大大提高了评价的科学性和权威性。

（二）学前教育评价实施的主要任务

1. 收集评价信息

收集评价信息是评价实施阶段的基础性工作，收集到的信息质量的高低直接影响着学前教育评价结果的真实性、客观性和科学性。学前教育是一项十分复杂的系统工程，在有限的人力和物力的情况下，要把各方面的信息收集齐全是非常困难的，也是不太可能的，因此在尽可能全面收集信息的基础上，我们要注意重点收集一些重要信息，应注意以下几点。

（1）注意信息的全面性。评价信息收集得越全面、越充分，越能使评价结果真实、客观和科学。所以，搜集资料信息时一定要能全面反映评价准则范围内的情况，不能有缺漏之处，要收集优势的方面也要收集弱势的方面，这样使各方面信息齐全，同时也可以提高下一阶段评议和评分的准确性。

（2）注意信息的可靠性和真实性。信息的可靠性与收集信息的全面性是成正相关的。不能以点带面、以偏概全，不能只听一节课或者只看一个地方就说好或者不好，要进行多次观察、深入观察，了解被评价者的设想、感受、态度等。信息收集得越全面、越完整，就越有利于信息的可靠性和真实性。

从技术和方法角度上看，在评价信息收集的过程中出现不真实的情况是有可能的，究其根源，有以下客观方面和主观方面的原因。

① 编制的测试工具信度不好。用信度不好的测量工具（问卷等）收集的评价信息往往是不真实的。

② 选用了不恰当的方法。面对不同的评价对象，应该选用不同的评价方法，如果评价方法选用不当，必定会影响信息收集的可靠性和真实性。

③ 疏忽大意，弄错对象。在收集完信息以后，由于疏忽大意，把这一评价对象的信息安在另一个评价对象之上，是很有可能出现的失误，要尽量避免。

④ 弄虚作假。在评价过程中，可能会有出于某种目的而弄虚作假的人，可能会故意夸大优点或者回避问题，这些会直接造成收集到的信息不可靠、不真实。

（3）注意信息的有效性。信息的有效性是指收集到的信息是否是想要的信息，如果是，就是有效的，如果不是就没有效。也就是说，收集到的信息应该是评价者想要的信息，这是衡量其是否有价值的标准之一。例如，想对幼儿园小班幼儿身体发展进行评价，而收集到的信息都是有关幼儿活动和学习方面的信息，即使是真实的和可靠的，也不是想要的，而是没有价值和意义的信息。因此，采用适当的信息收集方法和高质量的测量工具是信息收集有效性的有力保证。

（4）注意信息的时效性。由于在收集信息的过程中有些信息是动态的，会随着时间的变化而有所不同，在搜集信息的时候就需要在规定的时间范围内进行搜集，一旦超出范围，搜集到的信息就无法进行纵向或者横向比较了。

（5）注意对儿童权利的保护。在搜集评价信息的过程中，儿童权利是否得到应有的保护非常重要。虽然有些评价信息不是直接指向儿童的，但是都离不开儿童，因为学前教育的对象是儿童。例如，有关幼儿教师、幼儿园管理、幼儿家长的评价都是离不开幼儿的，在搜集信息的时候要有保护儿童权利的意识、能力和方法。因此，儿童权利的保护是搜集评价信息的原则和指导思想。[①]

2. 整理评价信息

整理评价信息是对收集到的信息进行综合检验的过程，是对评价信息的全面性、真实性、可靠性、有效性等进行审核的过程。将收集到的信息进行整理、审核和归类，也就为后面的分析和评价做好了充分准备。

（1）为评价信息归类。为评价信息归类主要是由评价组成员对收集到的信息进行分类汇总，初步理出类别，大致可以分为文字、图片、录音、录像等。

① 文字型信息。这类信息是以文字形式被记载的，被大量地用到教育评价的过程中。例如，当对一所幼儿园的管理进行评价的时候，就要对幼儿园的各种制度和有关情况进行搜集。所搜集到的各种信息，如园长所承担的职责、幼儿教师所承担的职责、保育员所承担的职责、重大安全预案等，基本上都是以文字的形式被记载的。

---

① 鄢超云. 学前教育评价. 北京：高等教育出版社，2010：2.

② 图片型信息。此类信息是以图片的形式被记载的。图片信息比文字信息更能生动地展示事实，如果与文字一起出现，也就是配有文字的图片，这些图片对开展学前教育评价是非常有帮助的。例如，在对某幼儿教师课堂活动开展情况进行评价的时候，可以搜集其平时开展课堂活动的一些照片，然后再附上相应的文字信息，这会让评价信息更加丰富和形象。再如，轰动全世界的意大利瑞吉欧学前教育体系也是利用了图文并茂的方式，为大家展示了一个个生动的案例。所以，我们应该充分利用图文并茂的信息。

③ 声音型信息。有些信息是以声音的形式被记载的，如儿童说的话、教师与儿童的对话、教师说的话、音乐（儿童的唱歌声、弹奏的琴声等）等。如果是讲话，可以将声音转化成文字信息，但是在转的时候要注意标注好讲话人的语调、语气等。虽然在学前教育评价中，声音并不是常见的信息，但是如果有意识地搜集些此类信息，特别是在评价学前儿童学习和发展的时候，会非常有说服力。例如，可以录制不同时间段同一儿童的声音、歌声、琴声等，分析其变化，以此判断儿童有哪些发展。

④ 录像型信息。录像型信息比声音型信息更加形象生动，也更能展示录制时的场景，但是录像比声音更加复杂，工具也比较昂贵，在有必要转化成文字时也较声音型信息更加困难和复杂。评价者可以在十分有必要和重要的时候，通过录像的方式来获取和保存重要的评价信息。例如，可以用录像的方式记录教师组织班级活动的场景，然后在活动结束后从中提取些有用的信息。美国人类学者托宾（J.Tobin）在20世纪80年代采用多重声音民族志的研究方法，对美国、日本和中国的幼儿教育进行过研究。此研究就充分运用了录像型信息的搜集方法搜集了三个国家对幼儿教育的观念和看法。录制的视频一直保留着，对现在的幼儿教育的发展都有启示意义。

⑤ 实物型信息。很多的学前教育评价信息是蕴含在一些事物之中的，如可以通过玩具、图书等信息的搜集进行评价。事实上，任何实物都是一定文化的产物，都是在一定情景下某些人对实物的看法的体现，都能够反映一定的活动和事件，因此实物型信息可以作为重要的评价资料。这些实物型信息可以是多种多样的，可以是文字资料（如教师的教案等）；可以是影像资料（如照片、录像、录音等）；可以是立体的（如幼儿的玩具、幼儿园的设备，幼儿园内的花草树木等）。[1]

（2）审核评价信息。审核评价信息是指将已经归类的信息进一步进行核实，去粗取精、去伪存真；将不全面、不充分的信息补充完整；去掉那些无效的和无代表性的信息，只保留有效的和有代表性的信息。例如，有疏忽或者错误的地方，要及时地予以改正和补救；对一些数据要及时进行统计处理，以保证信息的完整性、真实性和准确性。

（3）对评价信息建档。对评价信息建档即建立信息档案，将审核后的信息根据学前教育评价指标体系进行分门别类的存放，也可以制作些卡片或者编号等以示区分，从而为以后的评价工作做好准备。

3. 测量和处理评价信息

评价信息经过整理后，应该以各项指标体系和评价标准为参照进行度量和比较，并且予以赋值（判断）。在测量的时候，应该依据不同情况和要求采取不同的测量方法。具体的测量和处理步骤如下。

（1）明确学前教育评价指标体系、评价标准。[2]

（2）评价者给予被评价者的评价表现为相应的分数、等级和定性描述。

（3）评价小组对评价者的观察结果进行复核，对其实际操作情况、态度、把握评价标准的程度等进行审议，并且要做记录（最好以填写评价表格的方式进行）。

（4）评价领导小组对上面的工作进行进一步的审核。以确保评价结果的有效性、真实性、客观性、可靠性。

---

① 鄢超云. 学前教育评价. 北京：高等教育出版社，2010：50-52.

② 袁振国. 教育评价与测量. 北京：教育科学出版社，2002：68-70.

（5）对得到的数据进行处理，可以用规定的计量或者其他方法，然后将结果报告给领导小组，反馈给评价者。

4. 评议整合评价结果

评议整合评价结果是学前教育评价实施的最后一项工作，主要是学前教育评价者将评定的结果汇总成综合评价结果，可以利用教育学、统计学、数学等方法；然后教育评价工作人员根据汇总的评价结果对评价对象准确、客观地进行综合评价，可以是定性的或者是定量的，最后形成评价意见；必要时可对评价对象做出优良程度的划分，或者可以做出是否达到应该达到的标准的结论。

第二节　学前教育评价的结果与分析

一、学前教育评价的结果

（一）评价结果的可靠性检验

可靠性，是指测量和评价结果的准确性和精确性，测量学中一般用信度来描述。可靠性不仅与测量工具和测量方法有关，而且与评价者在操作过程中对测量工具和测量方法的把握程度和对标准把握的准确性等问题有关。如果一个人或者多个人运用同一测量工具和方法重复测量同一对象所得结果一致性很高，则说明测量结果的可靠性和准确性很高；反之，如果一个人或者多个人多次运用同一测量工具和方法测量同一对象所得结果一致性很低，则说明测量结果的可靠性和准确性很低。产生这种结果可能是由评价者的一些主观因素造成的，如评价者对被评价者不够熟悉，对评价价值的认识不够，则评价结果的可靠性必然受到影响。当然，客观上来说，评价的结果不可能是完全相同的，而是允许存在一定误差的，但如果误差太大，就会严重影响评价结果的精确性，造成评价信度的低下。[①]

检验评价结果的可靠性可以有很多方法，较常用的有以下几种。

1. 二次评价

二次评价就是利用相同的评价指标体系和评价标准，由同一评价者在不同的时间对同一评价对象进行两次评价，然后把两次评价结果进行比较，分析其一致性程度；或者由不同的评价者在同一时间或不同时间对同一评价对象进行评价，再将两个评价者的结果进行比较，分析其一致性程度。如果这两种方法所得的结果一致程度较高，则说明评价结果的可信度高。一致程度可用相关系数来求得，相关系数的数值越大，说明评价结果的可信度越高、可靠性越大。一般来说，评价对象的稳定性都比较大，因此此种方法比较适用。通常认为，二次评价相关系数达到 0.9，则被认为是一致性较好，是可靠的；低于 0.9，则认为其可信度相对较差。

2. 两分法

两分法是指将评价序号分成奇数和偶数的两半，之后先分别统计每个评价对象在奇数项和偶数项上的得分之和，然后依据不同的情况选择不同的方法来求信度系数。两分法求得的信度属于内部一致性信度，具体方法如下。

（1）相关法。求二分评价分数的相关系数 r_{hh}，然后再校正为整个评价分数的信度值。公式为

---

① 王景英. 教育评价理论与实践. 长春：东北师范大学出版社，2002：218-238.

$$r_{xx} = \frac{2r_{hh}}{1 - r_{hh}} \text{。}$$

公式中，r_{xx} 即为信度系数。

用相关的方法来求信度系数是有条件的，要求两组评价分数的方差必须相等，如果方差不相等，就要选择其他方法，如方差法。

（2）方差法。方差法是通过分别求出两组指标评价分数的方差，或分别求出两半指标评价分数之差的方差、总方差来求信度系数的方法。公式为

$$r_{xx} = 1 - \frac{S_d^2}{S_x^2} \text{。}$$

公式中，S_d^2 为两半指标评价分数之差的方差，S_x^2 为总方差。

通过评价得到的分值信度系数越高，说明其评价结果的可靠性越高。一般情况下认为，对幼儿园的评价其信度系数应在 0.75 以上才可靠，而对幼儿教师的评价其信度系数达到 0.9 以上才可靠。

（3）W 系数法。W 系数法是肯德尔（M.Kandall）提出的检验评价是否一致的方法，又称肯德尔和谐系数。如果评价对象的评价结果是以等级记录的，或者由分数又转化为等级的，那么衡量多个评价者评价结果的一致性，就要用到这种方法。W 系数越大，说明评价者掌握评价标准的一致性程度越高，评价结果越可靠；反之，W 系数越小，则说明评价者对评价标准的理解程度越低，评价结果的可靠性和客观性就越差。肯德尔和谐系数的计算公式如下。

① 当同一评价者无相同等级评定时，W 的计算公式为

$$W = \frac{12S}{K^2(N^3 - N)} \text{。}$$

式中：N 为被评的对象数；K 为评分者人数或评分所依据的标准数；S 为每个被评对象所评等级之和与所有这些和的平均数的离差平方和，即当评分者意见完全一致时，S 取得最大值。可见，肯德尔和谐系数是实际求得的 S 与其最大可能取值的比值，故 $0 \leqslant W \leqslant 1$。

② 当同一评价者有相同等级评定时，W 的计算公式为

$$W = \frac{12S}{K^2(N^3 - N) - K\sum_i^K T_i} \text{,}$$

$$T_i = \sum_{i=1}^{m}(n_{ij}^3 - n_{ij})^2 \text{。}$$

式中：K、N、S 的意义同①，m_i 为第 i 个评价者的评定结果中有重复等级的个数，n_{ij} 为第 i 个评价者的评定结果中第 j 个重复等级的相同等级数。对于评定结果无相同等级的评价者，$T_i = 0$。因此，只需对评定结果有相同等级的评价者计算 T_i。

（二）评价结果的有效性检验

有效性是指测量和评价结果反映出是否为预测量或被评价的本质属性以及这种属性被测量到的程度。例如，通过具体指标体系评价幼儿教师的组织活动，如果所制定的指标体系没有反映或没有全面反映构成幼儿教师组织活动的主要内容，或者权重确定不合理，没有反映其内在联系，或者所采用的方法不对，不能有效地把要评价的表现出来，而表现出来的是其他的东西，那么评价结果的有效性就差。只有可靠的评价结果才能有效，换言之，有效的评价结果一定是可靠的，但是可靠的评价结果并不完全有效。

对评价结果有效性的检验，一般是从评价内容和方法的有效性及评价预期有效性等方面进行的。

1. 检验学前教育评价内容和方法的有效性

学前教育评价结果有效性中最主要的构成因素就是评价内容和方法的有效性。决定评价内容是否有

效，要看评价内容是否与评价目标体系相一致，是否能够全面反映评价目标。能反映目标的内容有很多，但是要挑选重点的、有代表性的，要选择那些与评价目标密切相关的体系。如果指标体系能够全面地反映目标、权重分配的合理性，内容效度就会很高。

方法有效性是指评价中所采用的方法是否适合评价内容和评价目标。不同的评价目标、评价内容和评价指标，所需要的评价方法往往是不同的。选择合适的方法，对评价结果的有效性意义很大。

2. 检验学前教育评价预期有效性

评价的预期有效性主要是指评价结果对目标预测的有效程度。学前教育评价是对某种属性的水平进行判断，目的是促进学前教育工作的改进和提高。也即是说，得到好评的评价对象，在将来的实践中也会表现出较高的水平，如果是这样，说明本次评价的预期有效性就高。例如，对某幼儿教师课堂教学活动的评价高，之后看到此幼儿教师所教授的班级的孩子明显都很突出，则说明该评价预期有效性高。

预期有效性可用语言描述，也可用相关系数来描述。相关系数是量化的，可以准确地反映有效性。例如，在一次评价之后评价水平较高的评价对象，过一段时间再进行评价仍然得分很高，则说明该评价结果的有效性高，这就可以用相关系数来判断。如果两次评价结果的相关系数很高，则也能说明此次评价结果的有效性高。但是，有时只用相关系数也是不够的，还需要用到语言的描述。例如，在一次评价之后评价得分稍低的评价对象，经过相应的调整和改善，过一段时间再次评价的时候，得分水平提高了，如果用相关系数的办法就不行了，因为虽然得到的两次评价结果相关系数很低，但是也不能说明此次评价的有效性低，而是由于经过第一次的评价，评价对象对自己的工作有所改善和提高，所以在再次评价的时候评价结果的得分就提高了，这样也可以证明此次的评价结果是有效的。

 ## 二、学前教育评价的分析

（一）评价结果的诊断分析

为让被评价者能够更好地改善和提高工作，在综合评价之后还要对评价资料进行很好的分析，对被评价者的状况进行系统的评论，帮助他们找到出现问题的原因，让他们能够有所依据，有针对性地改善和提高工作。

评价结果诊断分析的方法有很多，但是不同的评价结果对应着不同的诊断方法，而且在评价分析的时候也会有一些标准，不同性质的评价，所用的标准不同，分析方法也不同。按评价性质，可将诊断分析方法分为相对评价结果的诊断分析和绝对评价结果的诊断分析。

1. 相对评价结果的诊断分析

相对评价以被评价者全体的一般水平或标准样组的一般水平为参照点来解释被评价对象水平的高低，如优秀教师和优秀幼儿园的评选，一般都用相对评价的方法处理。在相对评价中，解释评价结果的标准是相对的，大多是常模。在对相对评价结果进行解释时，通常要先将原始分数转换为其他等级的分数，以确定评价结论。学前教育评价中的分数转换方法有百分等级分数转换和标准分数转换。

2. 绝对评价结果的诊断分析

绝对评价以被评价者外部的某种目标为标准解释评价对象水平的高低。绝对评价比较客观，因为它是独立于被评价者所在群体的，即被评价者与其所在群体的一般水平是无关的。例如，大学英语等级考试、司法考试等都是绝对评价。评价结果的优良是依据事先所定好的标准来诊断分析的，对评价结果的分数没有分布形态等要求，只有合格、不合格，达标、不达标。

绝对评价相对来说比较客观，本质上更能反映评价的实质，但也要根据总目标综合地进行考虑。在确定绝对评价标准前主要考虑两个问题：一是目标的确立和分解，二是标准界限的确定。使用本方法前，要用一些测验法或者其他的方法来了解被评价者的能力，再进行分组。

绝对评价和相对评价都存在各自的优势和弊端。在学前教育评价中，不能单一地只用某一种方法，为了得到更好的结果，通常要将两种方法结合起来使用。如此，方可让评价者不仅了解了自己的水平，还能知道在自己所属群体中位置如何，有利于被评价者改善与提高。[①]

（二）撰写学前教育评价报告

在评价结果诊断分析完毕之后，为了能够更好地向有关管理部门和被评价者反馈信息，使管理部门更好地作出决策，使被评价者更好地改进自己的工作，需要撰写规范的评价报告。评价报告应该能够反映出评价结果、导致评价结果的原因、评价结果的诊断分析意见和建议等，以便让阅读者更直观地获得有效的评价信息。

评价报告的框架一般包括三个大部分，即封面、正文和附件。

1. 封面

封面上的信息包括评价方案的名称或题目、评价目的、评价者姓名、评价报告接收者姓名、评价方案实施和结束的时间以及呈送评价报告的日期。

2. 正文

正文提供的信息包括以下内容。

（1）概要。概要主要是对评价报告简单地综述，解释评价的原因，并列出主要的结论和意见。

（2）评级方案的背景信息：主要描述评价方案是怎样产生的，重点论述评价标准的制定过程及其理论依据。

（3）评价方案实施过程的描述：主要描述实施评价、搜集信息、整理信息和处理信息的过程。

（4）评价结果及结果的诊断分析：主要介绍搜集到的各种与评价有关的信息，包括一些数据、文字描述等，以及通过对这些信息的处理得出的结果。

（5）评价的结论与意见：对评价的结果进行推断，得出必要的结论，提出相应的意见和建议。

3. 附件

附件是指在评价报告中不便使用，但是又与报道内容有关的引证材料和证明材料。

信息链接

某小学学前教育工作督导自评报告

为切实加强学前教育管理，切实提高学前教育素质，推动学前教育事业的发展，我校本着"坚持原则，实事求是，全体动员，认真自评，自我认识，自我调节，自我完善，显优抑劣，发展创新"的原则，充分准备，统一安排，细致分工，对我校的学前教育、教学、管理、安全等工作进行了全面、认真的自我评估，现将自评情况报告如下。

一、自评工作的组织与实施

1. 成立自评领导和指导小组

组长：甲。　组员：乙、丙、丁。

---

① 涂国艳. 教育评价. 北京：高等教育出版社，2007：3（1）.

信息链接

2. 自评报告小组人员分工

甲同志全面负责自查自评工作的组织安排，督促检查，召集有关会议，汇总自评有关情况；乙同志负责安全工作的自查自评；丙同志负责学前教育工作的自查自评；丁同志负责自评报告的草拟工作和各种档案资料的汇总归类整理。

3. 自查自评工作安排及进程

第一阶段：学习有关文件，进行宣传发动，统一思想认识，成立学校自评领导小组，并进行分工。

第二阶段：对照评估细则查资料，归类整理档案。

第三阶段：对照评估细则自评赋分，草拟自评报告。

第四阶段：公布自评结果。反馈自查自评信息，研讨改革措施，审定自评报告。

二、自评赋分及档次确定

B_1 领导重视程度：30 分	B_2 工作机制：20 分	B_3 督导考核：30 分
B_4 支出比例：40 分	B_5 专项经费：30 分	B_6 儿童资助：20 分
B_7 收费管理：30 分	B_8 布局规划：40 分	B_9 园所建设：100 分
B_{10} 园舍建设：95 分	B_{11} 设施设备：60 分	B_{12} 教师配备：100 分
B_{13} 教师培训：20 分	B_{14} 教师待遇：60 分	B_{15} 监管机制：20 分
B_{16} 保教工作：20 分	B_{17} 安全与健康：60 分	

总评得分：775 分　　　　自评等级：良好

在各级领导的关心和支持下，在社会各界的共同努力下，我校学前教育事业得到了长足发展，水平不断提升，实力不断增强，但是办学条件有待进一步改善。今后，我校将以本次督导评估为新起点，针对存在困难的和问题，认真研究，采取积极有效的措施和工作方法，逐步加以认真解决，推动我校学前教育事业的健康、协调、持续发展。大力推进学前教育，进一步加大学前教育工作的力度，促进学前教育改革向纵深方向发展。进一步通过规范、科学的管理，全面提高学前教育教学和管理水平，切实办好学前教育。

信息来源：百度文库.

http://wenku.baidu.com/view/9ef0308ba0116c175f0e4835.html?re=view.

第三节　学前教育评价的反馈与复评

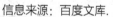 一、学前教育评价的反馈

学前教育评价的反馈就是将评价报告传递给评价报告的接收者，接收者包括领导、上级部门、被评价者等。反馈十分重要，它直接关系到评价目的的全面实现。

（一）反馈的作用和意义

（1）反馈为评价者或领导部门了解情况及做出进一步决策提供依据。

（2）反馈为被评价者了解自身情况，进而改进工作提供依据。

（3）反馈是利用以前的结果来控制和改进以后的工作。

（4）反馈工作对整个学前教育系统的正常运行、质量提高意义重大。因为它使偏离了学前教育目标

的教学活动有所改进，使学前教育系统保持稳定、健康的发展。

5. 反馈对学前教育改革、管理决策、改进工作都有举足轻重的作用。教育过程的各个环节都要通过评价信息反馈，调节各系统，使之正常运行，进而达到最优的工作状态。

（二）反馈的注意事项

1. 评价结果的反馈要及时

只有及时地反馈评价信息，才能及时地使被评价者改进工作，才能促进其尽快发展和提高。如果评价信息反馈不及时，就很难得到应有的效果，或者有时候基本无效果可言，如此则学前教育评价也沦为只是为了评价而评价，失去了其应有的意义。学前教育评价对及时不及时是十分敏感的，因为在学前阶段，随着时间的推移，无论是幼儿还是一些教学方法，都会有很大的变化。如果评价过后，很长时间才反馈评价信息，这对工作或其他方面的改进意义就很小了。

2. 评价结果的反馈要全面

评价信息的反馈要全面是指，在反馈评价信息的时候不仅仅只是向被评价者反馈最终的结论，而且反馈的信息要具体一些、全面一些，要让被评价者知道自己具体在哪些地方存在优势，在哪些地方存在不足。有些评价组织为了不伤和气，在反馈信息的时候可能倾向于只反馈被评价单位好的一面，而省略了不好的一面；有的评价组织则过于刻薄，只反馈被评价单位不好的一面，而省略了好的一面。这两种做法都是不合时宜的。反馈信息的时候，既要反馈被评价单位好的一面，又要反馈其不足，这样才能让被评价单位继续发扬好的、有优势的一面，又能让其看清自己的不足，从而有针对性地改进和提高自己的工作。

3. 评价结果的反馈要准确

反馈评价信息的准确性是有效利用教育评价结果的保证。如果评价信息不准确，那么被评价者按照错误的指导思路去改进工作，就会在错误的道路上越走越远。评价过程是十分复杂和艰辛的，耗费了大量的财力、人力和物力，如果最终得到的评价信息不准确，就等于之前所有的努力都是白费。因此，一定要保证评价信息反馈的准确性。

4. 评价结果的反馈表述要清晰

如果评价结果的反馈不清晰，被评价者上级单位得不到准确的评价结果，就无法做出有效的决策，对于被评价者来说也不知道从何处着手去改进自己的工作。所以，评价者在反馈传递评价信息的时候，一定要认真分析评价结论的依据及相关的问题，清晰地向有关当事人反馈评价结果和有关情况的分析。不能只给出笼统的结论，更不能含糊不清地反馈信息，使被评价者和决策部门无所适从。

5. 评价结果的反馈方式要灵活多样

评价结果的反馈方式对评价结果作用的发挥有很大的影响。因此，在选取反馈方式的时候要灵活多样，针对不同的评价对象要有不同的反馈方式，以平等的态度反馈评价结果，尤其是对否定评价所做的反馈。在反馈评价结果时，如果采取最合适的反馈方式，就能获得最佳效果。

6. 评价结果的反馈和指导要统一

在反馈评价结果的时候，评价和指导要统一，因为评价的目的是指导改进工作，所以不能只告诉被评价者是优是良，更重要的是要指导被评价者该如何去做、如何去改进、如何去提高，这样才能有效地发挥评价的作用。

（三）反馈的形式

评价结果的反馈一般有以下三种形式。

（1）反馈给领导者或决策者，为其决策提供必要的信息。

（2）反馈给被评价单位或个人，使他们自觉完善和改进自己的工作。

（3）反馈结果公布于众，让同行之间相互借鉴，并造成公众舆论，促使被评价者改进自己的工作；当然，也可以让存在同样问题的同行，在不需要经过评价的条件下，就能明白自己的问题所在，从而借鉴其经验，改进自己在工作中存在的类似的问题。

（四）反馈的方式

前面提到了在反馈评价结果的时候，要注意反馈方法的灵活多样性。为避免被评价者收到反馈结果的时候有挫败感，产生不良的情绪，可以运用以下几种反馈方式。

1. 间接式反馈

反馈时不直接点问题，而是间接地通过提出"希望"的方式反馈，如可以说希望被评价者在哪些地方需要努力，希望被评价者以后在哪些地方能够做得更好，希望被评价者通过改进哪些方面能够做出好成绩等。

2. 启发式反馈

在反馈的时候充分运用启发的方式，不直接告诉被评价者存在的问题，而是要启发他们自己去分析和理解，从而更全面地了解自己，自己发现自己存在的问题，这样就可以让被评价者自行改进工作。当然，启发式反馈不等于含混不清，否则就适得其反了。

3. 讨论式反馈

讨论式反馈会有一种民主的气息，在这种气息下进行交流，可以分散大家对分数的注意力，而是将注意力放在评价结果的实际情况上，这样有利于被评价者接受评价结果，从而自行改进工作。

4. 定性式反馈

定性式反馈是指在反馈评价结果时不指出优缺点，只告知其等级，也就是只做一分为二的定性解释。当然，这样的反馈方式不常用。

5. 限制式反馈

限制式反馈是指在反馈评价结果的时候要有适当的限制，因为有的评价结果，尤其是对个人的否定性评价结果对于被评价者来说是不想让别人知道的，此时就应该采取个别反馈，回避他人，以防扩散否定性评价结果，避免给被评价者带来更大的心理压力。

二、学前教育评价的复评

学前教育评价的复评是指在一项具体的评价工作完成之后，以此次评价为对象所作的价值判断。

（一）学前教育评价复评的目的和意义

复评的目的是为了判断评价活动的质量和效益，检查评价方案的准备过程、实施过程及评价结果的真实性、客观性和科学性，同时也是对决策部门做出的决策和被评价者改进工作的效果进行检验，最终是为了及时纠正评价工作中存在的过失和不足，从而能够为今后的评价工作提供经验和教训。因此，复评的资料一定要保存好，可以为以后的其他评价工作提供参考。

随着现代教育评价的日趋完善，复评已经成为教育评价理论价值和实践非常重要的一个环节，是教育活动规范化的有力保障。复评在教育评价活动中起着承上启下的作用，它标志着教育评价者反思意识的觉醒。

（二）学前教育评价复评的内容

学前教育的复评可以分为反馈前的复评和反馈后的复评两个阶段。

1. 反馈前的复评

反馈前的复评主要是为了检查评价方案的准备过程、实施过程及评价结果的真实性、客观性和科学性，是在得出评价结果之后、反馈结果之前对评价工作所作的评价。它包括以下几项内容。

（1）评价目的和对象是否明确、合理。

（2）评价目标体系和标准是否准确、科学、合理。

（3）在评价实施的过程中，按照评价标准进行评价出现了什么问题。

（4）制定的评价方案是否合理，评价方案的安排和实施是否合理。

（5）搜集评价信息的方法和渠道是否合理。

（6）搜集到的评价信息是否准确、真实、全面、有效。

（7）整理和处理评价信息的过程中所使用的方法是否合理、科学。

（8）评价结果的可靠性和有效性如何等。

上述所涉及的内容广泛而复杂，很难对其逐一进行细致的检验。所以要先找出重点部分，将重点部分进行细致的检验，而其他部分则可以稍微粗略一些。其中，评价结果的有效性和可靠性可以作为复评的重点来处理。

2. 反馈后的复评

在反馈评价结果后一般也要再一次进行评价，检验评价工作的效益，为以后的其他评价工作提供经验教训。反馈后的复评有以下几项内容。

（1）被评价者对评价结果的接受程度。得到评价结果的反馈之后，被评价者是否能够满意，如果不满意，要弄清楚是什么原因，然后再考虑是否和评价方案或者评价结果的真实性、科学性等有关系，如果有关系，要弄清楚到底是什么关系。

（2）评价者对评价报告的意见。在评价结果反馈之后，还要对评价者的意见进行了解，因为评价者是评价工作的直接参与者和推动者，是最了解评价过程的。

（3）评价结果对被评价者工作改进程度的影响。通过了解被评价者工作的改进情况，认识评价结果是否真正对被评价者的工作有所影响，了解其影响的大小。如果评价结果对被评价者的工作情况没有影响或者影响较小，即表现为被评价者工作没有改进或者改进较小，那就要了解造成这种状况的原因是什么，弄清楚是由于被评价者自身态度的原因，还是评价结果有问题。如果评价结果对被评价者的工作有很大影响，即表现为被评价者工作有很大的改进，那也要了解在哪些方面被评价者有所改进，是什么原因推动了他的改进。

（三）学前教育评价复评的标准

在学前教育评价的过程中有一定的评价标准，在复评的过程中也要有一定的评价标准。复评标准的制定要根据复评的内容来确定，一般来说有以下几项标准。

1. 评价的结果是否已经达到了评价的原有目的

评价的预期目的一般是由评价的具体类型而定的。例如，总结性评价的预期目的一般是鉴定、认可和选拔；形成性评价的预期目的主要是诊断和改进；相对评价的预期目的是确定评价对象在其所在群体中的位置；绝对性评价的预期目的主要是判定是否达到了已经规定的标准。如果这些评价同时有几种预期目的，那么就看评价结果是否都达到了这些目的。

2. 评价的结果是否可靠、客观、有效

评价所依据的评价信息和材料是否可靠、准确、真实、有效；评价过程和所运用的方法是否得当、合理；评价者在评价的时候是主观还是客观，在处理评价信息的时候所用的方法是否合理、科学，所得到的结论是否恰如其分，是否会产生良好的效果等，这些问题必须都要弄清楚。

3. 评价结果是否具有可接受性

评价结果能否为被评价者所接受，他们接受评价结果的程度如何直接影响着教育评价功能和作用的发挥，也就决定着被评价者是否会对工作有所改进，改进的程度如何。这主要有以下两种情况。

（1）由于被评价者自身的原因而不愿意接受评价结果。原因之一可能是由于被评价者对自身认识不够，对自己本身有过高的评价，所以不愿意接受不良的评价结果。原因之二可能是由于被评价者害怕公众的舆论，害怕会给自身带来不良的公众影响，所以从心理上就不愿意接受评价结果。因此，这并不是评价本身存在的问题，而是被评价者自身存在的问题。此时，就应该对被评价者做思想疏导和教育工作。

（2）由于评价本身出现了问题，存在失误或者缺陷，所以使得被评价者难以接受评价结果。此时，就得根据反馈进行复查，找出存在失误和缺陷的地方，做出切合实际的调整或者修改，最终得出准确、科学的评价结果。

4. 评价工作本身是否具有一定的效益

评价工作本身的效益就是对评价的投入与产出作出比较，衡量二者是否具有一致性。由于教育评价工作比较复杂和艰巨，要耗费大量的人力、财力和物力，因此要清楚评价工作是否做了精心的安排，是否人尽其才、物尽其用，是否高效地利用了人力、财力和物力。因此，对效益的考虑，也是评价工作的重要标准之一。

上述 4 项标准中，最重要的是评价结果是否可靠、客观和有效，这一标准是否能达到是其他标准的根本前提和基础。

（四）学前教育评价复评的实施

学前教育评价复评的实施也要遵循一定的程序和步骤，一般有以下几个程序。

1. 复评的组织领导

复评的实施首先要选好组织领导。一般在我国都遵循这样一个范例：由谁来组织领导实施评价，就由谁来组织领导复评，这样实施的结果有失客观和公正。因此，为了保证客观和公正，学前教育复评工作组最好由幼儿专家、幼儿园一线教师、家长、社会各界人士组成，只有充分听取他们的意见，才能得到有效的复评结果。此外，是否成立复评组织，成立的复评组织是临时的还是长久的，都由主管部门或实施评价的人来决定。

2. 实施复评前的初步评价

拟好复评方案后，实施复评之前，要开讨论会，对方案的科学性、可靠性、合理性和可行性进行充分的讨论和分析，广泛征求意见，重点放在可疑之处，经过严密论证、充分讨论，得出最终的评价方案。

3. 复评实施中的试行评价

方案是否科学可行，只靠复评实施前的初步评价是不够的，还得通过实践来检验，因为"实践是检验真理的唯一标准"。在推广使用评价方案前，应该先在个别单位或局部地区进行试行评价。试行方案一般包括以下两种。

（1）对方案中个别项目的评价和调整。这主要是对那些不可接受、不符合实际或负效应较大的指标进行复评。例如，评价幼儿园教师教学能力的时候要看"科研论文发表的数量"，但事实上，幼儿园教师发表科研论文的人数又非常少，所以此项指标是需要修正的，可以改成"教案的编写""课后反思"等指标。

（2）对个别项目进行试评之后，再对评价方案进行全面的评价。通常选择小部分样本，重点抓好检测数据和评价结果的效度、信度的鉴定，从而对方案作出全面的鉴定与评价，最终实现复评方案的最优化。

（五）学前教育评价复评的总结

在复评工作结束之后，总结是必不可少的一个环节。此时，需要把复评的结果让学前教育专家们进行全面的分析与总结，以做出最准确、最权威的结论。如此，既可对当前的评价进行改善，也可以为以后再进行其他的教育评价做出更好的参照。

案例与实践

为全面贯彻国家、省、市关于学前教育发展的方针、政策，推进学前教育事业的快速发展，促进全市幼儿园标准化的建设，某市结合当地的实际情况，对全市幼儿园进行抽签评估。评估小组来到星星幼儿园检查时发现如下情况：环境优美，儿童化；材料丰富，游戏化；卫生安全，健康化；注重家园共育，经常开展亲子活动。同时，他们也发现不少问题，如园所管理理念落后，教师队伍人心涣散，教师专业水平较差，保教档案建设滞后，园内硬件设施存在安全隐患等。

（1）选择适当的评价方法对上述评估结果进行分析。

（2）针对上述幼儿园的评估，撰写一份评价报告。

拓展阅读推荐

（1）潘月娟. 国外学前教育质量评价与监测进展及启示[J]. 中国教育学刊，2014（3）.

（2）滕宇. 关于学前教育第三方评价的探索[J]. 辽宁师专学报（社会科学版），2014（5）.

第三章 学前教育评价的方法技术

☑ **目标导航**

🖊 **知识目标**

（1）了解各种教育评价方法的类型及优缺点。

（2）理解各种教育评价方法的特点及适用范围。

（3）掌握各种教育评价方法的实施。

🖊 **能力目标**

（1）能采用各种方法收集评价信息，并对其进行科学的分析和总结。

（2）会设计观察计划和记录表格，能编制调查问卷。

（3）能编制统计表并熟练运用统计工具进行数据统计与处理。

第一节 评价信息收集方法

 一、观察法

（一）观察法的界定

1. 观察法的概述

观察法是评价者凭借自身的感觉器官和其他辅助工具，在自然条件下对观察对象或行为进行有目的、有计划的考察、记录和分析的一种方法。观察法也是学前教育评价中常用的一种收集资料的方法。观察法有广义、狭义之分，也有直接、间接之别。广义的观察法不仅包括直接观察，而且还包括其他的一些收集资料的方法，如问卷、访谈、测验、教育测量、调查法等；而间接观察则指评价者不直接接触观察对象或行为，通过某些中介手段来实现观测目的。例如，"幼儿在家庭中的自主性行为及其表现调查"就是通过家长的观察来获得幼儿有关自主性发展的基本情况的。在学前教育阶段，幼儿园教师、家长及幼托机构的教师等是接触幼儿机会最多、时间最长的几类人群，所以非常有必要对他们进行间接地考察，以了解学前幼儿发展的一些状况。

作为从事学前教育工作的教师、教育科研工作者，甚至家长，也是经常需要通过观察这样一种方法来了解并认识幼儿的。我们可以使用观察法非常深入地了解幼儿，获得关于幼儿的一些具体而真实的信息，进而形成一些有益于改进教学和科学评价、科学研究的观点。其实观察法适用于了解学前儿童的情况有很多，如学前儿童的感知觉、记忆、兴趣、想象、思维、社会性的发展、情感、个性特征、气质、动作技能、态度反应等。此外，观察法在学前儿童评价和学前儿童研究中的历史也是非常悠久的。很多著名的儿童心理学家、教育家都曾用观察法研究儿童。例如，我国著名幼儿教育专家陈鹤琴自儿子陈一鸣出生起就开始使用观察法，并持续观察了 808 天，用日记记录的方式记下了儿子的发展状况，于 1925

年发表了《儿童心理之研究》一书；瑞士学者裴斯泰洛齐（J.H.Pestalozzi）也早在 18 世纪下半叶就开使用观察法记录他 3 岁半的儿子的发展状况；瑞士心理学家皮亚杰（J.Piaget）曾通过详细的观察和记录，为我们提供了关于进一步理解学前儿童认知发展规律的大量事实和说明。所以，在学前儿童教育评价中，观察法不仅具有非常重要的意义，而且也是学前教育评价的有效工具，在幼儿教育领域得到了广泛的运用。

信息链接

1920 年 12 月 26 日凌晨，一个男婴出生了，出生后 2 秒就开始大哭，延续了 10 分钟，以后就是间接地哭，45 分钟后哭声停止，男婴连续打了 6 次呵欠，渐渐睡着了。10 个小时后，这名新生的男婴流出了自己人生的第一泡尿……

29 岁的年轻教授陈鹤琴初为人父，他望着自己的"杰作"，来不及兴奋，就拿着照相机，将镜头对着襁褓中已经熟睡的儿子连连拍照，然后用钢笔在本子上记录下婴儿从出生时那一刻起的每一个反应。在他的记录中，儿子的哭声停止后，大约是疲倦了，便开始打呵欠，一连数次。他轻轻地伸手接触到儿子的身体……尽管时值严冬，窗外一片凋零，但陈鹤琴的心中却是春光一片，幸福无比。他知道，自己正在做的工作在中国尚无先例，他将与新生儿子一道完成一项具有开创性意义的实验。他为儿子起了一个响亮的名字——陈一鸣，不仅对于儿子寄予期望，同时预示着他的这项实验将被载入史册。

2. 观察法的类型

根据不同的分类标准、划分角度及观察目的，可将观察法分为不同的类型。例如，观察法根据观察的计划性，可以分为结构式观察和非结构式观察；根据观察者角色的不同，可以分为参与观察和非参与观察；根据是否借助仪器，可以分为直接观察和间接观察；根据观察的内容范围，可以分为系统观察和局部的个别观察等。

（1）结构式观察和非结构式观察。根据观察内容是否有系统设计、是否确定具体的观察项目和一定的记录要求，观察法分为结构式观察和非结构式观察。前者是事先设计好的，有比较严密的观察内容和项目，如印制好的观察表格和卡片等，并且严格按照观察项目和计划执行。这种观察能获得大量翔实的资料，观察的信息可用于定量分析和对比研究，适用于较为熟悉的场所。而后者没有详细和周密的观察、记录计划和提纲，而要根据现场具体情况进行。这种方法虽简便易行，但收集到的资料不完整且较为凌乱，不宜进行定量分析。

（2）参与观察和非参与观察。根据观察者是否直接参与被评价对象的活动，观察法可分为参与观察和非参与观察。前者是观察者参与并置身于被评价对象的群体中，作为其中的一员进行隐蔽性活动。这种方法能观察到所要观察对象的全貌和深层结构，但观察结果易带个人主观性色彩，而且费时费力。后者则是以旁观者或局外人的角度参与观察，如单向玻璃，通过这种方法观察到的事物较为公正、客观，省时省力，但易被表面现象和偶然事件所迷惑，所获材料缺乏应有的深度。

（3）系统观察和局部的个别观察。根据观察内容范围方面的不同要求，观察法可分为系统观察和局部的个别观察。前者要求对与整个评价活动有关的全部要素进行全面的、整体的、系统的了解和观察，通常要有一个事先做好的周密计划，还需要有一个较长的观察过程。当然，通过这种方式收集到的信息较为翔实和完整，但同时也费时费力。而后者是根据评价的具体目的，侧重了解某一方面的具体情况，旨在通过局部的方法达到认识整体的目的，提高了观察的客观性、有效性和可控性，如典型的时间取样和事件取样的方法。

3. 观察法的优点与不足

观察法作为一种独立的评价方法，也可以作为其他评价方法的一种辅助手段，但它的作用和意义是任何其他方法都不能替代的。只要我们正确地认识观察法的优点和不足，在学前教育评价的实践中做到去其糟粕、取其精华，扬其长、避其短，就能充分发挥观察法的作用。

（1）观察法的优点。观察法优点很多，如操作简便易行；观察通常是在自然状态下即时进行的，具体、直观、生动，具有直接感受性、真实性和客观性，可获得第一手资料，相对而言，所获信息比较客观、公正；在观察中可收集到非语言行为的信息和数据，便于对观察到的行为或现象进行定量分析和对比研究，特别适合于对学前儿童的评价研究；可对被评价对象进行长时间的跟踪研究，能获得有关被评价对象行为现象变化发展趋势的详细资料；观察所得信息是从被评价对象的日常行为中获得的，能排除被评价对象的主观和偶然反应偏差，具有良好的生态效应和外在效度。

（2）观察法的不足。观察法也有其自身的局限性，如有时观察会受时间、地点、经费、人力等条件的限制，不宜进行大场面、大范围、全面、系统的观察，且样本较少；观察有时是靠观察者的敏感性进行判断和测定的，其所获得的信息通常难以以系统的方式进行编码和分类，难以进行很好的定量分析和对比评价研究；通常在自然状态下进行的观察，一般不允许改变观察对象的各种条件，对可能影响观察结果的各种外部无关因素难以控制，且难以对所得的观察结果进行重复观察和检验；观察的主观性较强，其不仅受观察者认识能力方面的限制，也受观察者生理感知能力方面的限制，其观察的结果往往只能是感性的、偶然的、表面的信息，难以深入观察对象的心理和所要观察事物的本质，难以确定观察对象的相关和因果关系。

（二）观察法的实施

1. 观察法实施的一般步骤

观察法的实施主要包括 4 个方面的工作，即观察设计工作、观察信息的记录与收集、观察信息整理与分析、观察报告的撰写。

（1）观察设计工作。基本的观察设计工作包括严密的观察计划的制定、对观察人员的培训及进入观察环境，培养良好关系等。

① 严密的观察计划的制定。严密的观察计划包括观察什么和怎样观察的问题。就是在观察的计划中，设定观察的目的，确定观察的对象（包括范围与数量）、时间、地点、观察的具体内容，确定观察的方式并制定观察的提纲、记录手段和表格、观察设备等。

② 对观察人员的培训。通过培训，应当使观察人员了解并熟知观察的重点和目的，熟悉观察设备和方法，明确观察的方式，及时发现问题等。

③ 进入观察环境，培养良好关系。首先观察人员要提前和有关部门或单位取得联系，获准进入观察的现场；然后根据事先的观察计划和目的，与观察对象接触并建立起适当的关系。但注意不要影响被试的常态活动。

（2）观察信息的记录与收集。为提高观察结果的有效性和真实性，其结果通常以一定的方式记录下来，记录时不仅要标明时间、地点、事件发生的条件等，而且还要求真实、客观。根据观察的内容是否连续、完整及观察记录方式的不同，观察信息的记录方式分为描述记录、取样记录和评价记录三种。

① 描述记录。描述记录的具体方法包括日记描述法、连续记录法、轶事记录法、样本描述法等。

② 取样记录。取样记录中采用的观察记录量表主要有标记式观察量表和评定式观察量表两种形式。前者是指事先列出评价者想观察的具体行为和活动，称为监测表，在记录时只要根据该种行为或活动出现的情形加以监测标记即可。而后者则将想观察的行为或活动进行程度上的划分，通常有五分量表和七分量表两种。例如，在观察学生的听课态度时，可将"认真"的程度作为评价的标准，"最认真"为等级一，"最不认真"为等级五，介于两者之间的为等级二、等级三和等级四。观察者在观察时，即可就被观察儿童在各科课堂中的"态度"在量表的适当位置打上标记。

③ 评价记录。评价记录是指根据事先制定好的行为检核量表，对被评价对象的行为表现和心理活动进行观察并作出评价判断的信息收集方法。它主要用来核对重要行为的出现与否。

记录语言时应注意的问题：观察的语言要做到具体、实在、清晰，评价者在做记录的时候也要尽量使用平实、清晰的语言，要尽量选用中性的词汇，尽量少用抽象化的词汇；此外观察记录不仅要做到详尽、全面、及时，而且要做到文字记录的简要。可制定各种记录表格，或利用照片和录音、录像等手段进行记录。

（3）观察信息的整理与分析。因为在观察记录中，观察者常采用简略、潦草或速记的方法，此时，及时的整理就显得尤为重要。所以，待每次观察结束后，为避免遗忘造成观察材料的失真，观察者应及时对观察到的信息进行整理和补正记录，如发现有遗漏，应尽可能凭借记忆进行修正、补充。此外，在整理的过程中，还可附上观察者受启发的问题和临时想到的解释等，以便供以后分析时参考，但应注意将观察到的一线材料与观察者的解释、推论等明确分开。

（4）观察报告的撰写。待观察活动告一段落后，观察者就应将所有记录的材料加以整理和分析，为下一步研究报告的撰写和论文的写作做准备。观察者要根据对观察信息的分析，提出自己的认识，并在此基础上加以概括，最后撰写成研究报告。

2. 观察法实施的基本原则

观察法的原则是评价者在进行有价值的观察活动时必须要遵循的基本准则。观察法原则的提出是把握了科学观察的特点，同时深刻认识了科学观察的规律的结果。所以，要想提高观察质量和评价水平，要想轻松地驾驭或控制观察过程，就应该遵循科学的观察原则。运用观察法应遵循以下 4 条原则。

（1）观察要有组织、有计划且安排预备期。

（2）尊重被观察对象，不干预其常态活动。

（3）注意观察的信度和效度。

（4）观察记录要系统准确，并要对观察材料进行及时处理。

3. 实施观察法应注意的问题

（1）注重将观察、整理和分析相结合。科学的观察不仅仅是被动地收集材料、信息，更重要的是对收集到的信息进行整理分析，找出各种教育现象之间的相互联系，所以在观察中，要求观察者边观察边思考。

（2）注重观察能力的训练与养成。观察者要想得到满意的观察，除了选好题、制定周密的计划等外，更重要的是自身的观察水平和能力。所以，观察者在平时的观察训练中要养成良好的观察习惯，乐于观察，勤于观察，精于观察，态度认真，作风严谨，了解并掌握必备的观察知识，不断积累观察的经验，从而促进自己不断地成长。

（3）注重培养科学评价的精神。科学的观察不仅要有高度的责任感和强烈的事业心，而且还要具有吃苦耐劳、坚持不懈、大胆质疑、实事求是、精细入微的精神。只有这样，才能提高观察水平，获得有价值的观察结果。

（三）取样观察法及其运用

取样观察是一种系统、严格的观察方法，其运用在学前教育评价中主要有时间取样观察法和时间取样观察法两种类型。

1. 时间取样观察法

（1）时间取样观察法的概述。时间取样观察法是在规定的时间间隔内全面地观察和记录预期行为、表现是否出现的方法。时间取样观察法作为一种测量行为的方法，与被试的取样原理极其相似，是目前比较常用的、先进的观察评价方法。在学前教育评价中，该方法被大量和普遍采用，尤其多用于学前儿童行为的评价中。该方法适用于儿童经常出现的行为或表现，如儿童对教师指令的注意、师生交往活动等，一般来说至少平均每 15 分钟出现一次。同时，该方法还适用于易被观察到的外显的行为。但在运用该方法进行观察前，首先需要根据观察的目的确定要记录的材料，即会发生的一些特定幼儿的行为或表现；其次需要确定观察的时间，即每隔一定的时间间隔，按某种预定的时段进行观察，当然其时段的间隔、长短及数量多少等，因观察的目的而定；最后要预先规定好其所要观察行为或表现的详细的操作性定义，以及制定系统和详细的行为记录表格，以便快速而有效地对观察到的行为或表现进行甄别和记录。

（2）时间取样观察法的优点与局限。当然，时间取样观察法也有其自身的许多优点和局限性。其优点为：具有具体而明确的观察目的，使观察者的观察目标清晰；省时、省力，其获得的数据易量化和统计分析；其时间间隔的确定，使评价者能在较短的时间内获得大量的观察数据资料，有利于保证样本的代表性。其局限性在于：首先，它仅适用于易被观察到的外显的行为，不适用于观察内隐的行为，如想象、思维、个人隐私等；其次，它仅适用于观察常发生的行为，一般情况下，对于在 15 分钟内不易出现的行为不适用，如成功、同情心等；此外，运用该方法获得的信息一般仅能说明行为的某种频率，很难考察行为间的连续性和相互关系。

（3）时间取样观察法的实例运用。下面通过时间取样观察法的一个实例，来说明该方法的运用过程。[①]

观察内容：在幼儿自由游戏时每隔 5 分钟对全班 25 名幼儿观察 10 秒钟，记录幼儿的行为表现。观察表格预先准备好，如表 3.1 所示。

表 3.1　幼儿自由游戏观察表

儿童姓名	10:00			10:05			10:10			10:15			10:20			10:25			10:30			总计		
	S	P	C	S	P	C	S	P	C	S	P	C	S	P	C	S	P	C	S	P	C	S	P	C

注：S 代表幼儿独自的游戏；P 代表幼儿平行的游戏；C 代表幼儿合作的游戏。

观察说明：（1）在 10:00～10:30 的 30 分钟游戏活动中，每 5 分钟观察每个幼儿各 10 秒钟。

（2）记录幼儿在 10 秒钟内出现的独自游戏、平行游戏或合作游戏行为，在表格中打"√"。

2. 事件取样观察法

（1）事件取样观察法的概述。事件取样观察法是抽样观察并记录某种特定的行为或事件的完整过程的方法。在运用该方法进行观察前，评价者首先要明确观察的目的；然后根据观察的目的，选择和规定所要观察的事件或行为，如友好行为、攻击性行为、欺负性行为等；此外还要事先确定观察的时间、地点，并确立所要观察的项目维度和制定出实用、方便的记录表格，在观察时必须要等到所选事件或行为发生，再作记录。

（2）事件取样观察法的优点与局限。相比于时间取样观察法，事件取样观察法也存在自身的一些优点和不足。其优点为：在自然情景中进行观察，它没有割断行为与行为发生的情景间的关系，兼顾了行为及其行为发生的情景，适用于对较广泛行为事件的观察，可获得整个行为事件的全貌，使评价者的评

---

① 霍力岩. 学前教育评价. 北京：北京师范大学出版社，2000：220-221.

价范围更为广阔，并能进行更为深层次的因果关系的分析。此外，该方法能研究任何一种行为或事件，且收集到的资料集中、整体化程度较高、花费时间也不多，能在一定程度上使行为的连续性和完整性得到保留。其局限性在于：通过该方法获得的资料，只是表明了行为或事件的性质，缺乏测量的稳定性，难于进行定量分析；观察到的同一种行为或事件，在不同时间、场合或情景下可能具有不同的性质和含义。所以，运用该方法进行观察时应注意记录和分析行为事件发生的具体情景或背景。

（3）事件取样观察法的实例运用。美国研究者达维（H.C.Dawe）为我们提供了运用事件取样观察法研究学前儿童争执事件的经典研究实例[①]。下面，以幼儿争执事件为例对该方法的运用加以说明。

观察目标：幼儿争执事件。

观察内容：在幼儿争执事件发生时，记录时间，在如表3.2所示的记录表上填写相应情况。

表3.2 幼儿争执事件记录表

幼儿姓名	年龄	性别	争执持续时间	开始情况	过程	行为类型	言行	结果	影响

（四）描述性观察法及其运用

描述性观察法又称叙述性观察法，主要是对儿童在常态生活中的一些自然行为进行观察和记录。描述性观察法比较方便和灵活，适于幼儿园教师或家长在幼儿园或家庭日常生活中使用。在使用该方法进行观察时，观察者可以用叙述性和描述性的语言随时详细地记录下被观察对象的语言、动作和活动等，然后对观察到的资料加以分类，并进行分析研究，从中获得对被观察对象个体或群体的认识和评价。

描述性观察包括日记描述法、轶事描述法和实例描述法等多种类型。

1. 日记描述法

（1）日记描述法的概述。日记描述法又称"婴儿传记法"，它是最早研究儿童行为的主要方法，即观察者对同一个或同一组儿童进行长时间的跟踪和反复观察，以日记的形式详细地记录儿童生长和发展的行为等各方面信息。日记往往由对儿童生长和发展及研究有兴趣的父母来写。一般情况下，一部详细完整的日记叙述就是一部儿童生长发展史。此外，在运用该方法进行观察时，应注意记录被观察对象的基本信息，包括对象的年龄、所在的地点、所处的环境及观察的具体时间等；还要注意观察记录被观察对象的发展、变化和新的行为事件等；最后还应注意被观察对象的表情变化。

（2）日记描述法的优点和局限。其优点为：运用该方法进行记录较为简便、详细和全面，通过长期的日记描述，能了解儿童各方面的连续性发展情况，并且这种描述是在儿童实际生活环境中进行的，所得资料一般较为客观、真实，能揭示儿童各个阶段真实的发展、变化过程，以加深我们对儿童的了解和认识。其不足之处在于：由于使用该方法进行观察的观察者多为儿童的父母，其观察记录一般带有一定的主观感情色彩，难以保证观察结果的客观公正；另外，该方法往往只能对个别对象进行日常观察，被试缺乏代表性，所以很难进行推论；此外运用该方法进行观察记录需长时间的持续坚持，较为费时、费力，很多人很难坚持下来，正因为如此，该方法在学前教育评价中只能作为参考和辅助的方法。

（3）日记描述法的实例运用。下面以美国谢因（Shirin）《一个婴儿的传记》一书中的一段描述为例，[②]说明运用日记描述法记录的基本过程与内容。

---

① [美] 达维. 学前儿童争执事件200例分析. 儿童发展杂志，1934（5）：139-157.
② 霍力岩. 学前教育评价. 北京：北京师范大学出版社，2000：218.

"第 25 天，黄昏，祖母坐在火炉旁，她把婴儿平放在自己的膝盖上。婴儿感到非常满意，她盯着祖母的脸。这时，我走近祖母，坐在她身旁，把脸伏在婴儿身上。这样，婴儿不能直接看到我的脸。她努力把眼睛转向我的脸。不久，她额头和嘴唇的肌肉就出现了轻微的紧张。然后，她又把眼睛转回到祖母脸上，继而又转向了我，如此往返几次。最后，她似乎看见了我肩上的一片灯光，她转动眼睛和头以便能更好地看见它。注视了一会儿，她的脸上出现了一种新的表情——一种模糊的初步的热情。她不再只是盯着它，而是真正地去看它。"

2. 轶事描述法

（1）轶事描述法的概述。轶事描述法是教师常用的一种方法。它着重记录观察者认为可以表现幼儿个性或某方面的发展的有价值的、有意义的行为情景的资料和信息。轶事记录一般不受观察时间、地点的限制，其记录也可以没有主题，无需进行跟踪记录，如记录一段时间内发生的事情。该方法的运用没有什么特殊的技术要求，操作起来非常简单方便。但在运用该方法进行记录的过程中，首先应注意不要将记录者的主观意见和解释与客观事实相混淆，要求如实、准确地反映情况；其次记录应具体、及时和准确，不仅要注意记录行为发生的顺序性，而且还要力求事件的完整性；最后还应注意观察资料的妥善保存。

（2）轶事描述法的实例运用。下面是一位观察者的记录实例。[①]

时间：2004 年 4 月 29 日上午 9:10 画画时间。

地点：某幼儿园中二班。

人物：月月、瑞瑞、小毅、小佳。

月月刚大便完回到桌边，对瑞瑞说："告诉你一件好笑的事。"然后，她凑近瑞瑞的耳边说起了悄悄话，说完后，两人一起笑了起来。

一旁的小毅好奇地问："什么好笑的事，告诉我！"

瑞瑞说："不要告诉他，别说，我会为你保密的！"

小毅说："告诉我吧！"

月月说："不！"

小毅开始猜测："我知道，是说去玩？"

"不是！"

"画画？"

"不是！"

"学习？"

"也不是！"

小毅有点泄气，说："我不跟你开玩笑了，我要画画了。"

这时，小佳走过来问："你们在说什么事呀？"月月凑近她耳边轻轻地告诉了她，两个人又笑了起来。

小毅大声说："小奸小坏的家伙！告诉别人为什么不能告诉我？！"

瑞瑞说："我们是女孩子，当然能告诉了！"

"胡说！"

月月凑近了小毅耳边，说："好吧，我告诉你，我刚才大便时，看见大便上有芝麻！"几个孩子又一起笑了起来，小毅重复了一遍："大便上有芝麻！哈！"

3. 样本描述法

（1）样本描述法的概述。样本描述法也称实例描述法，是指根据一些预先确定的标准，尽可能地对

[①] 杨瑾若. 幼儿同伴间支配—服从型互动行为研究. 南京师范大学教育科学学院硕士学位论文. 2004.

所发生的行为、事件及其背景进行详尽的、连续的观察描述。该方法强调着重对某一行为、事件做持续性的记录，它不仅侧重事件本身，而且还要求有更详尽的细节及提前确定的标准和一定的记录格式，如一天里时间、情节、人物和场景等。

（2）样本描述法的实例运用。下面是一个运用样本描述法观察记录的例子。[1]

人物：丁丁（女，4岁）。

事件：丁丁学"画"字。

有关的人：爸爸、外公。

时间：1999年5月28日早上8:00

为了参加"六一"儿童节书法比赛，今天一大早，丁丁就蹦蹦跳跳地来到外公家，自己展开纸，倒上墨，拿起笔，对外公说："外公，我今天一定要画出几个漂亮的字参加比赛，争取得第一名！""是写字，不是画字。"站在一旁的爸爸纠正说。"不，我就要画字，我不爱写。"丁丁大声对爸爸说。

外公走过来，丁丁连忙拖住外公，摇着外公的手说："外公，我就要画字嘛！"外公听说丁丁要参加书法大赛，笑眯眯地问道："你今天想'画'几个什么字呀？""老师说我们是祖国的花朵，我要'画'花朵。"丁丁调皮地说。"好，现在开始'画'吧，先看我'画'花字：先'画'一横，再'画'一竖，一横要'画'细点……"小丁丁努力地跟外公学"画"着"花朵"，嘴里不断地嘟噜着："'画'一横，'画'一竖……歪了"，于是又重新"画"。小丁丁面前的稿纸越堆越高，在外公的指点下，小丁丁一直"画"了一个多小时。看着自己"画"好的"花朵"，小丁丁开心地笑了。

二、访谈法

（一）访谈法的界定

1. 访谈法的概述

访谈法又称谈话法，是指调查者通过与被调查者面对面、有目的的交谈来了解情况、获取有关信息的方法，如通过访谈来了解幼儿在某一方面的特点、性格或生活状况的等。访谈法具有双向交流的特点，它和问卷都属于基本的调查方法，但与问卷法相比而言，访谈法更适用于调查对象比较少的场合，其对调查者的能力、素质等要求更高。在运用访谈法时应注意：首先要有明确的目的，不能偏离主题，要围绕着主题进行谈话，不能东拉西扯，要准备好提问的先后顺序，做到按一定的逻辑、思路发问；其次谈话时应根据谈话对象而选择恰当的时间，且要做到尽可能在安静的环境下进行；另外在与幼儿的谈话过程中，不仅要做到语气亲切、态度和蔼，而且其所用语还应易于被幼儿所理解和接受；最后在谈话中对幼儿既不能催促，也不应启发和暗示，还应充分尊重幼儿，不能对幼儿带有个人偏见，力求站在一个客观公正的立场。

2. 访谈法的类型

根据不同的分类标准，访谈法可分为多种不同的类型。

（1）结构式访谈和非结构式访谈。这是根据谈话的内容与过程有无统一的设计要求和有无一定的结构来划分的，也是人们最常提及的访谈分类。结构式访谈是属于较为正式和标准化的访谈，即访谈者按照统一的设计要求，根据事先拟定好的题目、提问顺序及问题，进行比较正式的访谈并记录，被访谈对象根据问题回答并做出反应。这种结构式的访谈被较多地运用在学前儿童的发展评价中。例如，在一个

---

[1] 陈远铭. 开启心灵智慧的金钥匙. 长沙：湖南少儿出版社，1999：102-103.

关于幼儿对疾病认知的调查研究中，访谈者针对疾病、健康、发烧、感冒、细菌、拉肚子、吃药、打针等几个方面，设计了"什么是""为什么""怎么样"等几种类型的问题，如什么是吃药？为什么要吃药？吃药以后会怎么样呢？要求幼儿一一做出回答和反应。而非结构式访谈，也称自由式访谈和非正式的访谈，即访谈者事先确定一个谈话的主题，并没有预先设计好详细的问题，通常只有一个粗线条的访谈提纲或范围，甚至可进行自由提问和做出回答。这种方法有利于发挥访谈者和被访谈者的主动性和创造性，环境无压力，易于问题的深入探讨。例如，幼儿园教师在幼儿早上入园的时候，和家长交流谈话，以了解孩子的有关情况。

（2）直接访谈和间接访谈。这是根据谈话时是否借助一定的中介物来划分的。直接访谈是指访谈者和被访谈者面对面地交流、谈话；而间接访谈是指访谈者主要通过网络、电话等现代化工具与被访谈者进行交谈。尤其是电话，作为一种新型访谈工具，目前已得到较为广泛的应用。该方法较为省时、省力、省费用，但相对于直接访谈其局限也是显而易见的，如缺乏面对面的情感交流、难以保证材料的真实性和客观性等。

（3）个别访谈和集体访谈。这是根据访谈对象的范围而进行的分类。个别访谈是指访谈者与受访者进行单独的一对一谈话，整个访谈过程不受第三者的直接影响。这种方法有利于谈话双方有更多的交流机会，有利于增强受访者的安全感，使受访者易受重视，谈话的内容也更易深入，这在访谈法中是最常见的形式。而集体访谈又称座谈或团体访谈，是指访谈者亲自邀请若干受访者，就要调查的内容通过集体座谈的方式收集有关资料的过程。在运用该方法的过程中，由于人多，受访者一般比较轻松，还可以相互启发，谈话的内容也较全面深刻，但有时也会产生"集体压力"，所以对一些较为敏感性的问题难以收集到客观、真实的资料。

3. 访谈法的优点与不足

与其他研究方法相比，访谈法自身也存在很多的优点和不足之处。

（1）优点。访谈法最大的优点是灵活性很强，且简便易行，有利于访谈双方的相互作用和信息交流。而且，访谈双方直接接触，既能了解对方的言语信息，还能获得很多非言语信息，如受访者的表情动作等。另外，该方法的实施程序也相对灵活，便于控制，不仅可以随时变换问题或方式，捕捉深层次的、新的信息资料，而且还可以随时澄清问题，纠正对问题理解的偏差。此外，该方法的适用面很广，能有效地收集有关情感、态度、价值观等方面的信息，还可有效地避免问题遗漏不答的现象。最后，在运用集体谈话时，受访者之间可相互进行启发，有利于促进问题的深入探讨。

（2）不足之处。访谈法的不足之处是使用较为费时、费力，访谈样本较小，一般不适合大范围、大样本的调查；对访谈者的整体能力、素质要求较高，一般需要事先进行较为严格和系统的训练，成本也较高；访谈者的态度、价值观、表情、情感、交谈方式等特性，都会影响到受访者的反应和回答；受访者有意制造的一些虚假信息或受访者的访谈经验、心境或对某些问题的偏见都会导致所获信息的偏差，这是在访谈过程中要尽量注意的。

（二）访谈法的实施

访谈法的实施步骤包括访谈前的设计准备、相关访谈人员的选择和培训、正式访谈过程的实施与记录。

（1）正式访谈前的设计与准备。正式访谈前的设计与准备工作包括确定访谈的内容提纲，合适的访谈对象，访谈的时间、地点，及准备好访谈所需的工具等。

① 确定访谈的内容提纲。确定访谈的内容提纲即要求访谈者根据一定的访谈目的和中心，确定所要访谈的内容，拟定一个合适而简单的提纲，所列提纲的问题内容应一目了然，具有可操作性。

② 确定合适的访谈对象。在访谈对象的选取上，应注意做到点、线、面的结合，做到尽可能多地了

解受访者的有关情况，保证受访者的典型性和代表性，以便获取全面的信息资料。

③ 确定访谈的时间、地点。一般情况下，谈话的时间、地点应尽量以被访谈对象方便为主，但总的来说，要保证访谈现场的相对安静，这不仅有利于访谈双方集中注意力，也有利于访谈者进行清楚的记录。此外，访谈的次数应保证在一次以上，且每次访谈的时间也应尽量保持在 1~2 小时。

④ 准备好访谈所需的工具。为了保证访谈记录的有效性、全面性和系统性，访谈者在访谈前应根据需要，准备好纸、笔、录音机、磁带、电池、MP3、摄像机等工具。

（2）相关访谈人员的选择和培训。由于访谈的成功与否不仅取决于访谈人员的基本素养，而且还取决于访谈人员的访谈技巧，这就要求对访谈人员的选择不但要注重其品德、学识、处事经验、性格等方面的特性，更要注重对其访谈技巧、访谈的注意事项、访谈提纲的内容及其他的一些具体要求等方面的培养和训练。

（3）正式访谈过程的实施与记录。在正式访谈开始后，为保证整个访谈的顺利进行，要求访谈者要有一定的访谈技巧来控制整个访谈过程，包括怎样提问、怎样倾听、怎样追问和如何回应等。首先，要注意提问的技巧，即按照设计好的问题，先提出一些简单又易激发兴趣的问题，再逐步过渡到复杂甚至更为敏感的问题，还要注意措辞的得当与否；其次，要注意倾听的技巧，即不仅要做到行为层面的积极主动地听、认知层面的接受地听，还要做到情感层面的有感情地听；另外，要注意在谈话的过程中进行追问，即当受访者的回答不清楚、不完整、不合乎题意、前后矛盾及访问者还需要了解受访者的有关细节时，都有必要进行追问；最后，还要注意回应的技巧，即为了鼓励受访者将谈话继续进行下去，需要给予适当的回应和反馈。在回应过程中既可用言语性的回应方式，如认可、重述对方的话、适当的自我暴露[1]（自我暴露即访谈者对受访者所谈的内容就自己有关的经历或经验做出回应）、解释等，也可用非言语性的回应方式（即体态语言），如微笑、点头、鼓励的目光等。

此外，访谈记录可采用多种方式进行，如纸笔的现场速记、访谈后记录和使用录音机记录等。在记录时不仅要做到重点突出，而且还要尽可能保持访谈的原貌，以便于后面对资料进行整理和分析。

🌱 三、问卷法

（一）问卷法的界定

1. 问卷法的概述

问卷法是以书面的方式提出精心设计的问题，向被评价对象收集资料的一种调查方法。简而言之，它就是一种书面调查。它不仅是教育评价中最为常用的收集信息的方法之一，而且也是学前教育评价中很重要的一个工具。由于问卷法具有效率高、简便易行、真实性强、不受空间限制、信息量大及所获信息便于进行量化分析等特点，尤其是匿名性问卷，使得调查者和调查对象之间不用面对面地谈论敏感性和强刺激性的问题，有利于调查对象心理顾虑的消除，在一定程度上，保证了调查结果的客观真实性。因此，在学前教育评价中，评价者常常采用问卷法了解幼儿的动机、兴趣、态度、需要、观点等主观性信息，了解幼儿在幼儿园、家庭、社区等客观环境中的情况。但由于幼儿缺乏语言文字能力，一般其调查问卷多以熟悉和了解幼儿的教师或家长为对象，一些针对幼儿设计的问卷也可以由家长或教师代填，或经幼儿解释后由成人代为填写。

---

[1] 陈向明. 质的研究方法与社会科学研究. 北京：教育科学出版社，2000：205.

2. 问卷法的类型

根据回答问卷的方式，问卷可以分为封闭式问卷和开放式问卷两种。

（1）封闭式问卷。封闭式问卷又称结构式问卷，它通常提供备选的答案，以供被调查者进行选择或排序，其实类似于我们通常所说的客观性试题。封闭式问卷的问题或项目一般包括选择式、量表式、排序式等几种类型。此种问卷的优点是效率高、省时、调查覆盖面广、易于作答、便于进行量化分析与处理、结果具有可比性等。其不足之处也是显而易见的，如答案限制了被调查者的回答、所列答案不能代表被调查者的真实想法、无法了解被试者在作答时的真实想法、编制问题时需花费较多精力等。

（2）开放式问卷。开放式问卷又称为非结构式问卷。此种问卷的特点是只提问题，不列答案，要求被调查者就问题写出自己的真实看法或情况，其实类似于我们通常所说的主观性试题。此种问卷的问题或项目一般包括填空式和自由回答式两种类型。开放式问卷的优点是收集到的信息比较生动、丰富，有时可能会得到一些有价值的、非预期的资料，具有更大的灵活性，被试自由发挥的空间大。其不足之处在于被试在作答时所需花费的时间较多，有时被试答非所问，调查者可能得不到自己想要的信息，对信息的归纳、整理较为费时、费力，且调查结果难以进行量化分析和处理。其实，封闭式问卷和开放式问卷常被结合起来使用，一般以封闭式问题为主，开放性问题为辅，这样能收集到更为全面和完整的资料。

问卷法想要成功实施，编制良好的问卷是其关键。下面就封闭性问卷和开放性问卷的具体项目设计分别举例说明。

① 自由回答式。例如，调查幼儿喜欢哪一种水果。问卷题为：你喜欢哪一种水果，请把你喜欢的理由让家长写在问卷上。

② 填空式。例如，在平常的课余生活中，你最喜欢的运动是_____。

③ 选择式。如下。

两项选择式：你平时在家经常看动画片吗？a.是；b.否。

多项选择式：您的孩子喜欢幼儿园老师吗？a.喜欢；b.不喜欢；c.说不清。

④ 量表式。如下。

下列行为你认为好不好，请你评定并在适当的位置上打"√"。

	非常好	好	一般	不好	非常不好
把吃完的香蕉皮扔在马路上	5	4	3	2	1
见到老师主动问好	5	4	3	2	1
玩游戏时，故意撞小朋友	5	4	3	2	1
帮助老师收拾桌子	5	4	3	2	1

⑤ 排列式。例如，你对下面所列水果兴趣如何？请你根据兴趣大小排出顺序：香蕉、梨子、葡萄、菠萝、苹果、柚子、芒果、橘子。

（二）问卷法的实施

1. 问卷法的实施步骤

问卷法具体工作的实施步骤主要包括调查对象的选取、问卷的发放和问卷的回收等几个方面。

（1）调查对象的选取。由于调查问卷具有调查范围广的特点，因此它常被用于较大规模的群体，但针对这样一个大规模的群体，要全部对其进行调查并发放问卷，显然是不可能的，也是不现实的。我们除了要根据调查的目的和内容确定调查对象的范围以外，采用科学、适当的抽样方法，从总体中抽出有代表性的样本也显得非常重要。为使抽取的样本能足以代表总体，具有典型性和代表性，一般常采用分层随机抽样（又称类型抽样或分类抽样）和等距抽样（系统抽样或机械抽样）的方法。

（2）调查问卷的发放。调查问卷的发放，主要有以下三种方式：有组织的分发作答、邮寄作答和当面发送作答。有组织的分发作答即调查者通过一定的方式、渠道（如各地的幼教组织、各地的教科所等行政部门），有组织地把问卷分配给被调查对象的过程。这种方法具有发放速度快、回收率高、便于收集和整理等特点，其应用较为广泛。邮寄作答即通过邮寄的方式进行问卷调查，较为简便易行，且调查范围广，省时、省力，但回收率不高。所以，为保证问卷的回收率，建议不仅要在信封里附上一封感谢信或附上相关专家的推荐信，而且最好给被调查对象附上寄回问卷用的邮票和空白信封等。当面发送作答的方式是最为有效的，其易取得被调查对象的合作，回收率高且及时，而且当面发送和填写，对于不明白的地方，被试可以当场问，但其缺点是集体填写过程中易相互干扰、取样范围不广等。

（3）调查问卷的回收。在调查问卷回收后，在剔除不符合要求的废卷时，要统计出有效问卷的回收率。一个较高的问卷回收率，是所获资料真实有效的保证。一般来说，如果被试是专业人群，要求问卷回收率应在 70% 以上；但如果被试为一般民众，则要求的回收率会低些。如果问卷回收率过低，就需进行补充调查和追踪调查。

2. 使用问卷法应注意的问题

使用问卷法收集资料时应注意以下几个方面的问题。

（1）问卷的设计必须围绕主题，不能偏离主题，且所用语句、概念等应尽可能明确具体，要避免使用复杂语句和含糊不清的词或概念等。

（2）问卷语句应避免带有引导性的问题，主要是避免被试产生趋同心理，而使调查结果更为真实和客观。

（3）对于那些敏感性强、威胁性大的问题，在文字表述上也要尽可能减轻其程度，从而使被试做出真实的回答，而且这类问题应放在问卷的后面。

（4）问卷应尽可能采取不记名的方式，但如果出于评价需要，非要知道被试的名字不可，也要注意采用适当的方法保密。待问卷做好后，不要急着大范围实施，应在被试之外的小范围测试一下，等加工修改成熟后，再对被试进行正式实施，可能会收到更好的效果。

四、测验法

（一）测验法的界定

1. 测验法的概述

测验法是指评价者运用各种测量工具对儿童的认知、思维、语言、身体及社会性发展等方面进行测定和评价的方法。测验法具有诊断、评价、选拔、建立和检验科学假设等功能，是学前教育评价中的一种重要方法。该方法运用在学前教育评价中，主要有如下两个特点。首先，学前教育中的测量与物理上的测量是一致的，须有特定的量具，且量具必须具有不可随意改变的稳定性。例如，测量房子的高度就要用米尺，其单位为米，任何人测量时每米的长度都是不能改变的；而测量幼儿的智力要用智力测验量表，其测验项目是共同的，任何人测验时这些项目都是不能改变的。其次，学前教育中的测验与物理测量又不一样，物理测量多为直接测验，而学前教育中的测量多为间接测量。例如，要测量幼儿的智力发展水平，只能是让幼儿回答测验项目中的全部问题，而测验项目常常并不能体现幼儿发展的全貌。所以，对幼儿的智力测验是根据对幼儿的一些智力因素的测量去推知其整个智力发展水平的，所以这种测量是一种间接测量。

2. 测验的信度、效度和区分度

正因为学前教育测量中多为间接测量，因此为了保证测量的有效性和客观性，评价者就非常有必要考虑测验的信度、效度和区分度。

（1）测验的信度。信度是指一次测验所得结果的可靠性、一致性和稳定性程度。例如，用智力测量表来测量幼儿的智力，第一次测得的智商为 90 分，第二次测得的智商为 120 分，那么这样的测量结果是不可靠的，信度是低的。再如，用体重计称量一位 6 岁幼儿的体重，第一次称得的结果是 20 公斤，第二次称得的结果是 25 公斤，那么，这样测量的结果也是不可靠的，信度必然也是低的。

（2）测验的效度。测验的效度是指测量的有效性和正确性。它反映了测量到的数据或结果与所要测量的对象之间相符合的程度。例如，用米尺衡量长度是有效的，而用米尺去衡量重量则是无效的。同样的道理，用智力测验的题目去测量幼儿的智力发展水平是有效的，而用智力测验的题目去测量幼儿体格发育情况则是无效的。测验是否有效，测验的效果高低如何，对于正确评价被评价对象是十分重要的。而这一点经常不易做到，是评价者必须加以特别注意的。例如，对低龄幼儿进行智力测验时，出了若干个题目让幼儿回答，那么测量的结果究竟是该幼儿的智力还是该幼儿对题目的理解能力呢？这就不容易区别。又如，如果让城市幼儿和农村幼儿分别回答同样的题目，结果会有很大的差别，那么这一测量的结果是幼儿的智力水平还是幼儿的知识水平呢？如果是后者，那么这个测验的效度就会很低，难以说明问题。

信度和效度是既有区别又有联系的。效度指的是正确性，而信度指的是稳定性，稳定性强的并不一定是正确的。例如，用 4 岁组幼儿的智力测验项目去衡量 3 岁组幼儿，3 岁组幼儿的智商分数总是为 70～80，稳定性是相当高的，但这种稳定性并不代表正确性。一般来讲，测验的信度高，其效度必然高。测量理论研究表明：效度的最大值小于或等于信度的平方根。

（3）测验的区分度。区分度是指通过测验把不同水平幼儿区分开来的程度。区分度大的测验可使水平高的幼儿得高分，水平低的幼儿得低分；而区分度小的测验则不能把水平不同的幼儿区分开来。一般来说，测验的区分度主要依赖于测验题目的难易程度，测验题目太难或太易都不能提高测验的区分度。如果在一次智力测验中，测验的题目太难，幼儿的分数都很低，那么就会使智力水平高和智力水平低的幼儿的得分没有明显差别；同样，测验题目过易，使得幼儿的得分都很高，不同智力水平的幼儿得分没有明显差别，从而使测验的区分度较低，测验就失去了意义。

（4）保证测验的信度、效度和区分度。如何保证测验的信度、效度和区分度呢？信度、效度和区分度不仅决定了测量结论或结果是否有效或是否精确可靠，而且对于评价者获取各种准确的资料也是非常重要的。所以，评价者在测验中就必须考虑信度、效度和区分度，要保证测验的信度、效度和区分度，首先应注意测验题目的编制要有计划性；其次最好采用多种命题形式如问答题、判断选择题、情景题等进行测验，以提高测验的信度和效度；最后应进行标准化测验，标准化测验具有效度高、试题取样范围广、评分客观准确、答法简单明确和尽可能减少无关变量的影响等特点，有利于提高测验的信度、效度和区分度。

3. 测验法的优点和局限

（1）测验法的优点。测验法具有测验效率高，获得资料的种类较为广泛（知识、学业成就、技能等），及所获资料便于进行量化分析处理等优点。在一般情况下，由于被试在测验中愿意毫无保留地表现其最高水平，其应试动机较强，希望获得较高的分数，所以，其测验的结果往往比较客观、可靠。

（2）测验法的局限。首先在进行书面测验时，对编制测验工具的要求较高；其次在进行测验操作时，对测验者的要求也较高；此外，测验一般是根据被试对测验问题所作出的反应，并在此基础上，推断出其在知识、技能、人格和气质等方面的发展情况的，具有主观性和间接性。

（二）标准化测验

1. 标准化测验的概述

标准化测验又称标准化考试，是指有关部门专门组织人力、物力，由教育专家或学者们编制的测验。它适用于大规模范围内评定个体心理特点或水平的测验，且这种测验的命题、施测、评分及结果解释等，都有一定的标准或规定对照。相对于教师自编的测验，它的适用范围更广，普适性更强，对于任何学校或任何个人都可以利用，其命题、实施等程序也更为严格和复杂。要编制标准化测验，首先，要根据评价的目的，确定测试的范围；然后，抽取有代表性的测试样本进行测试，在测试完后，进行信度、效度和区分度的分析，通过分析进行筛选；最后，确定最终的测试题并给出该套测试题的平均分和标准差等，以供在今后使用此测试题的评价者进行对照。

标准化测验作为一种科学化的测验，具有以下 5 方面的特点：①测验对象、范围不受限制；②测验的分数可靠，稳定性强；③测验的结果水平具有代表性和典型性；④测验题量大、内容多、范围广、有效性强；⑤测验程序科学严谨，质量能得到有效的保证和控制。

2. 目前我国常用的学前儿童标准化量表

智力测验是心理测验中影响最大的一种测验，它通常用以测量人的智力水平高低。智力测验常用于对学前儿童的评价中，其主要有两方面的功能：①对学前儿童的智力差异进行鉴别，以便于教师进行因材施教；②对学前儿童的未来发展进行预测，为教育教学提供依据和指导。下面，就学前教育评价中常用的几种智力测验量表进行简单介绍。

（1）中国比纳测验。中国比纳测验是在比纳-西蒙测验传入我国后，由我国学者修订完成。该测验的测查年龄范围为 2~18 岁，共 51 个项目，从易到难排列，每项代表 4 个月智龄，每岁 3 个项目，用离差智商评定智商的高低。该测验要求必须个别施测。下列为具体的测验题名称。

比圆形；说出物名；比长短线；拼长方形；辨别图形；数纽扣 13 个；用手指数；上午和下午；简单迷津；解说图形；找寻失物；倒数 20 至 1；心算（一）；说反义词（一）；推断情景；指出缺点；心算（二）；找寻数目；找寻图样；造语句；对比；正确答案；对答问句；描画图样；剪纸；指出谬误；数学巧术；方形分析（一）；心算（二）；迷津；时间计算；填字；盒子计算；对比关系；方形分析（二）；记故事；说出共同点；语句重组（一）；倒背数目；说反义词（二）；拼序；评判语句；数立方体；几何形分析；说明含义；填数；语句重组（二）；校正错数；解释成语；明确对比关系；区别词义。

（2）韦克斯勒学前儿童智力量表。该量表适用于 4~6.5 岁的儿童，把智力分为语言和操作两部分，语言测验包括常识、词汇、算术、类同词和理解 5 部分；操作测验包括动物房、图画补缺、迷津、几何图形和积木图案 5 部分，这样一来，就有了语言智商、操作智商和全量表智商 3 个分数。

常识部分：让儿童回答一系列生活中经常碰到的问题，共 23 题，如你的鼻子在哪里？指给我看（必须清楚地对对鼻子）；什么东西生活在水里或河里（鱼、鲸、青蛙、龟、鸭，或水生植物如莲、水藻等）？

词汇部分：要求儿童回答词的一般意义，共 22 题，如帽子、锯子等。

算术题部分：让儿童分别用图画册、木块及心算的方式计算，从简单的比较长短、多少到较难的心算推理题，共 20 题，如用图片册，"这里是一些小球，哪个最大？指指看。"用木块，放两块木块在儿童面前，问："这儿有几块？"心算，"如果我将一个苹果从中间切一刀，那么会有几块？"

类同词部分：（1）~（10）题，让儿童用适当词补充未说完的话；（11）~（16）题，让儿童说出一对词的想象处，如"你可以乘火车，也可以……"；冰棍和雪糕等。

理解部分：要求儿童解释为什么某种活动是合乎需要的。在某种情景下，更好的活动方式是什么，共 15 题，如"小朋友为什么不要玩火柴？"

动物房部分：一块有图形的模板，一盒 32 个彩色的小圆木柱，在模板的每一个方格里有一个小洞和一动物图形，有狗（住黑房子）、鸡（住白房子）、鱼（住蓝房子）、猫（住黄房子）。让儿童按范例在每一个动物图下的孔里插入一根相应颜色的小木柱。

图画补缺部分：23 张图中，每张都缺少一部分，让儿童按顺序看，并指出缺少的部分。如梳子（缺梳齿）、门（缺铰链）。

迷津部分：共有 11 个由简单到复杂的迷津，要求儿童用铅笔正确地画出通向出口的路线。

几何图行描绘部分：让儿童按范例画 10 种几何图形。

木块图案部分：给儿童 6 块扁方木，一面红色，另一面白色；8 块扁方木，一面红色，另一面半红半白。让儿童按主试给他的样子摆出来。

（3）瑞文测验。这是一种非文字的智力测验。它适用于 5 岁半以上智力发展正常的儿童。其具有使用方便、省时省力、适用范围广等特点。

（4）画人测验。画人测验又称绘人智能测验，其目的是了解儿童的认识水平和适应能力。进行此种测验时只要求儿童画一个人像，不需要任何指导语，因而所得到的结果比较真实。本测验只适用于有绘画技能的儿童，且只反映儿童的一种特殊能力。由于此方法存在一定的局限，因而在评价时需谨慎。

（5）中国幼儿发展量表 CDCC。该量表的内容主要由语言、认知、社会认知及动作 4 个方面构成，因此，分为智力发展量表和运动发展量表两部分。智力发展量表由 11 个项目 106 个题目构成；运动发展量表由 5 个项目构成。测验是用语言和操作两种材料进行的，该量表适用于对我国 3~6 岁幼儿的智力发展作诊断性测验和评估。实践证明，该量表是一个有效而可靠的测验工具。

（三）教师自编测验

1. 教师自编测验的概述

教师自编测验也称非标准化测验，是在学前教育评价中，幼儿园教师根据自己的教育教学需要，自行设计和编制的测验。目的是为了了解本班幼儿在某些方面的发展情况。在通常情况下，它主要运用于本校、本园或本班等，在一般的学校教育中，经常、大量使用的测验都是由教师自己编制的，如单元测验、期末测验等。教师自编测验是幼儿园教师了解幼儿情况的好帮手。

2. 教师自编测验的类型

教师自编测验的方法又分为论文式测验和客观式测验两大类。

（1）论文式测验。论文式测验就是一种主观式的测验，即由评价者命题、被评价者作答的测验。此种测验的优点是命题容易，省时省力，被试可自由表述自己的意见；此外，该种测验不仅可以测查高度复杂的判断力、理解力、观察力等，还可以考察幼儿整个学习过程的效果，以及价值观、态度等评价目标。其不足之处在于，试题量偏少，覆盖面小，评分缺乏客观性，测验的重点易失控及主观偏见对评分有影响等。举例如下。

幼儿园教师为了了解幼儿观察力的发展水平，以便更好地对幼儿进行观察方面的指导，可自制一个小测验：带幼儿们参观图书馆，然后借此引导孩子们描述观察到的事物，根据孩子们回答的情况可对其发展状况做出评价。

出示图书馆的图片，问幼儿"这是什么地方？""为什么？"借此考察孩子们概括性的观察能力。

提问"人们到图书馆去干什么？"根据孩子们说出人们活动项目的多少，来判断评价幼儿观察的细致性、精确性和顺序性等（如借书、看书、还书、查资料等）。

提问"图书馆的叔叔、阿姨穿的衣服是什么颜色？他们坐在什么地方？干什么？"

（2）客观式测验。客观式测验实际上是一种偏向于标准化的测验，它是针对主观式测验而产生和发展的，是由幼儿教师根据测评目标，列出题目请被评价对象选择、填充、判断、排序等，以了解幼儿知识和某方面的能力情况。它的优点是试题取样较广，代表性强，效度较高，评分较易且客观性强；其不足之处是命题上花费时间较多，且正确答案一般只有一个，不利于培养幼儿的想象力和创造力。举例如下。

选择题：你最喜欢下面哪项活动？（　　　　）

A. 看电视　　　B. 听故事　　　C. 唱歌　　　D. 画画　　　E. 其他

填充题：在四季中，你最喜欢的季节是_____。

判断题：你能够自己整理图书、玩具吗？

A. 是　　　　　B. 否

排序题：你喜欢下面的动物吗？请根据喜欢程度排出顺序。

小狗、小猫、乌龟、小兔子、鸽子、麻雀、鹦鹉、老鼠、大象。

 ## 五、教育测量法

（一）教育测量法的界定

1. 教育测量法的概述

教育测量法就是根据教育目标的要求，运用测量工具，按照一定的规则和程序，通过对被试的实际测定并收集资料数据的评价方法。教育测量是对教育领域内的许多事物和现象等加以数量化的描述过程，如儿童的各科成绩、语言、注意力、兴趣、动作技能、智商、反应速度等，都具有一定的数量属性，都可以进行某种程度上的测量。这就为教育工作者、研究者等对幼儿的发展状况、教育的有效性等进行科学评价，提供了大量的数据资料。因此，教育测量法不仅是教育研究者收集资料的重要方法之一，也是学前教育评价中的重要方法。

由于测量与测验非常容易被混淆和误用，所以很有必要对其进行鉴别和区分，它们既有联系又有区别。测量是根据一定的程序和规则，借助一定的工具，对被试的属性进行数量化的过程；而测验是测量所使用的工具，如测量人的体温，就是运用体温计确定某人具体体温高低的过程，而测验是体温计等测量体温的工具。测量和测验的关系实际上就是活动过程和使用工具的关系，所以从教育测量的含义上看，教育测量包括测量对象、测量内容、测量的程序规则及测量工具等几个要素。

相对于物理测量而言，教育测量具有如下一些自身的特点。

（1）教育测量具有间接性。教育测量的间接性即评价者不能直接测量幼儿的心理，只能通过测量幼儿的外在行为等推断出他们的心理特征。教育测量的间接性易导致测量结果的误差，从而增加测量的难度。

（2）教育测量具有不确定性。教育测量的不确定性即教育测量所使用工具的单位和标准都是相对的，其所得的测量结果也是相对的、不确定的；又由于教育测量的对象是人，在对人的行为做分析、比较时，既没有绝对的标准，也没有绝对的零点，只是一个连续的行为序列，所以测量的结果也只能说明每个个体在群体中所处的位置，需谨慎、客观地看待测量结果。

（3）教育测量具有明确的目的性。教育测量不仅是了解幼儿发展状况的重要工具，也是改进幼儿园教育工作、提高幼儿园教育质量的重要保证。因此，教育测量的内容、方法和实施程序等就必须根据教育目的的要求来制定，那种不顾教育目的要求的测量是不正确的，也是不科学的。所以，这也更加彰显出教育测量的科学性和严肃性。

2. 教育测量的要素及种类

无论是教育测量还是物理测量，都必须具备三大要素，即单位、参照点和量表。一个好的教育测量必须具有好的单位，而一个好的测量单位必须具备两个条件，即要有明确的意义和相同的价值。参照点又称零点，是计算事物数量的起点。零点有两种：一种是绝对零点；另一种是相对零点，即人定的零点。在教育测量中，所使用的零点采用的几乎都是人定的零点，所以，对教育测量结果的解释应加以注意，不能以倍数的方式解释。而量表就是具有单位、参照点及表示量数的测量工具。例如，尺子是测量长度的量表，血压计是测量血压的量表，温度计是测量温度的量表。而教育测量则主要是以文字试题、图形、符号、操作等方式来测量儿童的智力、品德及学业成就等方面的发展状况。在教育测量中所使用的量表主要有 4 种类型，即名称量表、顺序量表、等距量表和比率量表。

（1）名称量表。名称量表是一种最简单、最低水平的量表，即根据法则用一定的数字或其他标志对事物的类别加以标识。例如，用"1"和"2"分别表示男女生在性别标识上的区别。这种数字只是一个符号或称呼，既没有任何数量大小的含义，也没有任何高低序列的意思，不能对其进行任何运算，只能在每一类别中计算其所包含的次数。因此，其所运用的统计都属于次数的统计，如百分比、X^2检验等。

（2）顺序量表。顺序量表即表示事物顺序关系的数值特征的量表。这类测量的数值具有等级性和序列性等特点，如学生学业成绩的名次可分为第一名、第二名、第三名等。顺序量表优于名称量表，一方面因为它既能对事物进行分类，另一方面因为它又能标志各类别间的顺序关系。但它并没有告诉我们各数间的距离相等，因此，该量表不具有等距性，也不能进行加减乘除的运算。在教育测量中，应用该量表进行统计处理的方法主要有中位数、百分位数和等级相关系数等。

（3）等距量表。等距量表最为显著的特点是等距性，即它对事物所作的数量划分是等距离的，是确定的。这类量表上所表示的数值可进行加减运算，但不能用倍数关系表示，不能进行乘除运算。等距量表没有绝对的零点，该类量表的起点是人为选定的。例如，某学生考试成绩为零分，并不表示他一点知识也不懂、一点能力也没有。在教育测量上常用该量表的一个重要原因是，在一个等距量表上所得到的数据，可换到另一个与该组信息计算的参照点和单位不同的等距量表上去；另一个重要原因是，该量表能较广泛地应用统计方法，如标准差、计算平均数、差异量、相关系数和 Z、t、F 检验等。其最为常用的方法是把原始分数转换成标准分数，而标准分数就是一种等距量表。

（4）比率量表。比率量表是教育测量中最高水平的量表，除了有名称、顺序和等距量表的特点外，它既有绝对零点，又有相等的单位，因此，可进行加减乘除四则运算。该量表在物理测量中被广泛地运用，但由于它的条件极为严格，所以在教育测量中运用较少。

（二）社会测量法

1. 社会测量法的概述

社会测量是美国心理学家莫雷诺于 1934 年提出的一种研究方法，它主要运用于研究小团体内部成员间的人际关系和人际相互作用的模式。社会测量的基本原理是人与人之间的相互选择反映着他们之间的心理联系，肯定的选择意味着接纳，否定的选择则意味着排斥。同伴之间在一定标准上的肯定性或否定性的选择，反映着同伴间的人际关系状况。所以，通过分析同伴的选择就能测量某一团体内人际关系和团体凝聚力的情况。其实用性强。

2. 社会测量的具体方法

社会测量的具体方法有很多，这里主要介绍几种常用的社会测量法。

（1）同伴提名法。在社会测量法中，同伴提名法是一种最基本、最重要的方法，即让被试根据某种标准，从同伴团体中找出最符合标准的人来。例如，测量者以"喜欢"和"不喜欢"为标准，让幼儿说出班上他最喜欢或最不喜欢的两个人来，然后对测量的结果进行技术处理，最终了解幼儿的人际关系发展状况。研究者运用该方法对幼儿进行个别施测时，一般又采取两种具体的方法，即照片提名法和现场提名法。

（2）人物推定法。该方法可理解为同伴提名法的一种变式，即测量者首先向被试提出各种各样的人物类型和行为方式类型，然后请被试写上自己认为最符合测量者所提供的形象的名字，如"团体中最热情、最大公无私、最积极的人是谁？"或"团体中最冷漠、最懒惰、最自私自利的人是谁？"前者被选上的人可得正的分数，后者被选上的人可得负的分数，最后一统计，就可知道团体中每个人的位置。这种方法被广泛地运用于班级成员中个别差异、创造性或班级中重要人物等方面的评估，便于研究者或教师能较为迅速地了解班级中的中心人物和人际关系的特征。此方法特别适用于对学前儿童人际关系的测量。

（3）社会距离测量法。此种方法是按五点量表，将人们的接纳水平从最接纳到最排斥分为5个等级，要求被试按此5个等级把所有其他团体成员分成5类，每类的人数不作任何限定，完全由被试自由选择，如"请分别写出与你关系最好、比较好、一般、比较差、最差的人的姓名。"其具体做法是：请每个成员给团体中的其他成员评分，例如，对与自己关系最好的人给5分，比较好的人给4分，一般的人给3分，比较差的人给2分，最差的人给1分。最后统计每个人的得分情况，所得分数就表示社会距离，得分越多就表示与别人的社会距离越接近，反之就越疏远，如表 3.3 所示。该方法适用于大、小群体，被广泛应用于当前的学前教育评价中。

表3.3　成员 F 对其他成员的社会距离总分数[①]

社会距离 得分 其他成员	最喜欢 5	较喜欢 4	一般 3	较不喜欢 2	很不喜欢 1
A		√			
B			√		
C		√			
D					√
E					√
F					
G	√				
H	√				
I		√			
J		√			
K		√			
合计	10	20	3	0	2

六、其他方法

（一）投射法

投射法就是给予被评价对象一定的刺激（如观看某种材料、物品或提问等），让其自由反应（如看表情变化或回答等），根据被评价对象各个不同的反应来了解和把握其个性和心理状态的方法，例如，为了

---

① 杨世诚. 学前教育科研方法. 北京：科学出版社，2007：141-142.

测验被评价对象的某种心理状态，可给被评价对象看若干张图片，然后提出一些问题，并要求被评价对象根据下面所提的问题，编出一个故事。

① 发生了什么事？

② 为什么会这样呢？

③ 图画中的主角在想什么？

④ 后来会怎样？

根据上述问题编造出来的故事，就包括了故事的过去、现在和未来。所以，就可以从这样一个故事中了解和分析被评价对象的一些内心动向和心理特征。此外，运用该方法也可以向被评价对象提出一些不完整的句子，然后请被评价对象完成，再从他们完成的句子中判断其心理状态。例如：

我在……时感到开心。

我在……时感到不快乐。

我在……时感到幸福。

……的时候，我最骄傲。

（二）档案袋评价法

档案袋评价又被称为成长记录袋评价、卷宗评价和档案评价等，它是发展性评价的一种。它最早运用于学生的评价，该种评价实质上是一种过程性的评价，体现了学习不仅是一种结果，也是一个过程。值得注意的是，在这里我们主要以学生成长记录袋为例，来对该方法的具体操作进行简要说明。

成长记录袋记录着幼儿成长过程中的一系列故事，即指汇集了有关幼儿学习成就或持续进步信息的一系列表现、作品、评价结果和相关记录及资料等。其作为一种评价的方式，是指通过记录袋的制作过程及最终结果的分析，而对幼儿的发展状况进行评价的过程，是一种较为理想的评价方式。

根据成长记录袋不同的功能为标准分类，可将其分为理想型、展示型、文件型、评价型及课堂型 5 种类型，如表 3.4 所示。

表 3.4　成长记录袋的类型[①]

类型	构成	目的
理想型	作品产生和入选说明，系列作品，以及代表学生分析和说明自己作品能力的反思	提高学习质量。通过一段时间的成长，帮助学习者成为自己学习历史的思索者和非正式的评价者
展示型	主要是由学生选出自己最好和最喜欢的作品集。好于标准化	由家长和其他人参加，向展览会提供学生作品的范本
文件型	根据一些学生的反映以及教师的评价、观察、考察、轶事、成绩测验等得出的学生进步的系统性、持续性记录	以学生的作品、量化和质性评价的方式，提供一种系统的记录
评价型	主要由教师、管理者、学区所建立的学生作品集。评价的标准是预定的	向家长和管理者提供学生在作品方面所取得成绩的标准化报告
课堂型	由三部分组成：①依据课程目标描述所有学生取得的成绩的总结；②教师的详细说明和对每一个学生的观察；③教师的年度课程和教学计划及修订说明	在一定的情景中与家长、管理者及他人交流教师对学生成绩的判断

在上述的 5 种类型中，理想型在学校教育评价中是最有教育价值和意义的。值得注意的是，成长记录袋信息的搜集和选择不是随意的，而是有目的的，要根据教学目标或学生发展的目标等，来确定搜集

---

① 单志艳. 如何进行教育评价. 北京：华语教学出版社，2007：77.

和选择的标准及材料的内容和形式等，否则就易成为一个垃圾回收站，从而失去其评价的价值和意义。

（三）个案评价法

个案评价就是选择一个或几个学前儿童作为评价的对象，首先对他们进行追踪并收集有关信息，然后分析评价对象的问题、特点和形成原因等，以便对其采取相应的有效措施。个案评价法是一种综合性的评价方法，在进行个案评价时，需要综合运用调查、观察、问卷、访谈等多种方法，但一般情况下，个案评价还是以观察法为主。另外，运用该方法对幼儿进行评价时，既要听取幼儿的教师、父母或同伴的意见，又有必要参考有关医生或专家的报告，以便更好地评价幼儿。使用个案评价法，不仅能帮助我们更好地了解儿童某些问题的原因，而且还能为我们对幼儿进行测量和评价，提供有关儿童的生长、发展和变化的资料，此外，还能帮助我们给幼儿制定恰当的教育措施。

在对幼儿进行个案评价时，应注意收集以下几方面的资料。

① 儿童的一些基本情况（包括姓名、年龄、性别、所在幼儿园等）。

② 家庭的背景情况（包括父母的基本情况、经济状况、家庭结构等）。

③ 幼儿园情况（包括幼儿园的性质、师资配备等）。

④ 儿童活动的模式。

⑤ 儿童社会性的发展状况。

⑥ 儿童各方面的发展状况。

⑦ 儿童的生活习性。

⑧ 儿童使用的各种玩具、材料等。

在对上述资料进行收集和记录时，应尽可能地详细、客观和公正，以便得到更为科学、有效的评价结果。

第二节　评价信息处理方法

 ## 一、质性法

（一）质性法的界定

1. 质性法的概述

质性法又被称为质化法，从字面上看，质性法与量化法是相对等的一个概念。"质性法是以评价者本人作为研究工具，在自然情境下采用多种资料收集方法对社会现象进行整体性探究，使用归纳法分析资料和形成理论，通过与研究对象互动对其行为和意义建构获得解释性理解的一种活动。"[1]质性法被广泛运用于社会科学研究中，其主要特点可归纳为以下几个方面。

（1）质性评价是在自然情景中进行的。质性评价不仅注重实地研究，也注重评价的整体性和完整性，强调在自然情境下对被评价者生活环境的考察，要求评价者与被评价对象要有直接接触和面对面的直接交流与沟通。此外，评价者还把被评价对象、事件等视为一个整体，认为在对事件或对象等进行考察时，要用系统的观点，从其不同的方面、角度、方法等进行全面的探究，只有这样才能深入被试的内心世界，从而更好地了解被试基本状况的完整性。

---

① 陈向明. 质的研究方法与社会科学研究. 北京：教育科学出版社，2000：8-12.

（2）质性评价多采用描述方法收集资料。该方法强调在资料收集时，要注重发生在情景中的每个细节，认为一切事物都是重要的、有价值的。在其具体的收集信息的方法上，主要采用了访谈记录、观察、现场记录、照片、备忘录、录像等，旨在通过这些图片、文字的描述性记录，对被评价对象在现场中的语言、情绪及行为表现等进行深入分析，从而解释各种社会现象或问题的内在联系性，进而做出更科学和有效的评价。

（3）质性评价注重运用归纳的方法分析资料。通过描述性方法收集到的资料较为凌乱，缺乏条理性，这就有必要对收集到的原始材料进行加工处理，通常采用自下而上的归纳法。通过质性法主要是解决发现什么，而不是一定要证明什么，因此其分析和归纳是持续不断的，要通过不间断的收集整理资料，来发现其中的关联性。所以，其评价结果一般只适用于特定条件下和场景中，外在效度不高。

（4）质性评价注重对意义的解释性理解。质性评价强调评价者对被评价对象的移情性理解，要求评价者站在被评价对象的立场上解释问题，评价者不仅要了解被评价对象的思想、情感、态度、价值观等，还要明白自己是怎样获得对对方结果的解释的，以及自己对对方行为的阐释是否恰当等，尽量做到对评价对象的良好理解。

（5）质性评价注重评价者和被评价者间的相互关系。质性评价注重评价双方的平等、互动关系，它要求评价者在对评价对象进行描述性记录时，应保持中立的态度，即不要戴着"有色眼镜"去看待被评价者，应作为一个参与者深入到现场情景或自然情景中去，既与被试保持良好的互动关系，又不能打扰现场；此外，还应注意评价双方的伦理道德问题，要在评价中积极倡导人文关怀。

2. 质性法的优点和局限

质性法作为一种教育评价研究的另一种研究范式，有其自身的优点和局限。

（1）质性法的优点。质性法的优点是，能为具体的教育评价提供多种视角；适合于对小样本进行个案研究；能在微观层面对教育现象进行较为深入的分析和探讨；能深入了解事物的整体性、复杂性、动态性及过程性等；便于对事物进行探索性的研究。

（2）质性法的局限。质性法的局限性在于，不适合进行宏观层面的、大规模的研究；其研究结果不具有广泛代表性，推广性不强，只能就具体问题进行具体分析；资料的收集、整理、分析和归纳工作较为繁杂，不易进行；最后的研究结论易带研究者本人的主观性，缺乏客观性；研究过程费时、费力。

（二）质性法的实施过程

质性法的实施过程主要包括 4 个方面，即质性法的基本设计、资料的收集、整理与分析资料及报告的撰写。

（1）质性法的基本设计。其基本设计包括界定有必要评价的现象，提出有价值的、想要研究评价的问题，对研究问题做出相应的界定，对所要研究的问题做出相关的陈述（主要陈述研究的目的和意义），构建基本的概念和框架，选取恰当的评价对象和方法等。

（2）资料的收集。主要运用观察、访谈、查阅相关文献、录音等描述性方法进行相关资料的收集。

（3）整理和分析资料。对收集到的原始资料进行加工处理和归纳分析，逐步产生理论，建构理论后，再对分析所得的理论结果进行信度、效度、推广度和伦理道德等的检测。

（4）报告的撰写。撰写报告是对评价结果的呈现。在撰写报告的过程中又可能引发新的问题，这就需要再重复上述的过程。所以说，运用质性法进行评价是一个相互渗透、循环往复的过程。

（三）质性法在学前教育评价中的适用性

质性法特别是质性法中的"扎根理论"被广泛地运用在学前教育评价中，这不仅与学前儿童的特点有关，也与学前教育的特点有关。其在学前教育评价领域有着广泛的适用性，具体表现在以下几个方面。

1. 质性法的取向和幼儿的发展特点相适应

（1）学前儿童具有发展的独特性。首先学前儿童群体不同于成人群体。学前儿童群体有其自身的独特性，主要表现在其话语体系、思维方式、社会交往方式、生态环境及交往内容等方面；其次，儿童和儿童之间也是不同的，就像世界上没有两片完全相同的树叶一样，每个儿童都有其不同于其他人的独特性。

（2）学前儿童具有发展的整体性。儿童不是机械的，也绝不是成人的附庸，而是有着独特个性和鲜明特色的有机体，而且这个有机体是作为一个整体对外部世界做出反应的。

（3）学前儿童具有发展的动态性。学前儿童的身心发展有其自身的特点和规律。幼儿的身心发展受多方面因素的影响，如社区、家庭、同伴、幼儿园环境、教师等。幼儿的身心发展处在一个不断变化发展的生态环境系统中，因此，对于幼儿身心发展的这种动态变化过程，是难以用量化的数据来表征的。

2. 质性评价的思路和学前教育学科相吻合

（1）质性法对价值的探讨符合学前教育的特点。质性法能明确地对价值进行探讨和追踪，力求关注到每一个人的价值和意义，认为存在都是有价值的，并认为价值和事实联系密切、密不可分，也不会对价值和事实进行刻意的分割和说明，这恰恰与学前教育评价的导向性特点、关注每一位儿童、爱每一位儿童等相符合，具有内在的一致性。

（2）质性法的整体性和复杂性也与学前教育的特点相符合。学前教育现象作为一种社会现象，受很多因素的影响，如文化、社会、经济、政治等，是非常复杂和难以控制的。恰好可以通过质性法，从不同的角度对事物的深层次特征和内涵等进行深入地了解和探究，这些优势不仅符合学前教育复杂性和整体性的特点，而且也为学前教育评价提供了一条有利途径。

（3）质性法的情境性和过程性等特点尤其适合学前教育评价。根据布朗芬布伦纳的人类发展生态学理论，要对学前教育现象进行研究，必须把学前教育问题放在整个社会的大生态环境系统中去分析，才能找到问题的根本。而这一点也是质性法所倡导的。质性法讲究开放和灵活，强调评价的过程性、情境性及动态性等，只有在动态中不断地研究、评价，才能了解真实的、动态的教育。

（4）质性法的草根性和互动性使幼儿园教师作为研究型的教师成为可能。在幼儿园教师专业发展上，现代教育不仅要求教师具有"园丁"、"燃烧的蜡烛"、"人类灵魂的工程师"等角色的优点，而且还要求教师不断促进自身专业发展，快速成长为一名研究型的教师，而成长为一名研究型的教师是很多幼儿园教师可望而不可即的。而质性法强调用事实说话，认为一切事物都是有价值的，重视每个人的生活经历和意义阐释等，这就为幼儿园一线教师从被动变为主动，成为研究型的教师提供了切实可行性。

二、量化法

（一）量化法的界定

1. 量化法的概述

量化法又称定量分析方法。量化法从属于实证主义研究，以实证主义作为其理论基础。"量化法是一种对事物可以量化的部分进行测量和分析，以检验研究者自己关于该事物的某些理论假设的研究方法。简单地讲，量化法就是指以问卷、结构式访谈、量表、统计报表和试验方法获得的数据资料为基础，运用数学方法进行统计描述和相关性分析，以精确地描述社会现象的存在状态和发展变化趋势，揭示社会现象的数量特征、数量差异和数量关系的方法。"①该方法主要应用于各种社会现象的相关因素分析，如儿童情绪表达与人际冲突的关系、儿童智力与语言能力的关系等。量化法的目的不仅是要把握事物量的规定性，还要对被评价对象的可测特征进行简洁而客观的揭示。所以，量化法具有一套完备的操作技术，具体包括抽样方法、资料收集方法和数据统计方法等，能在一定程度上把握事物的本质，还可由从某一样本得出的结论去推及一个已界定的总体。量化法的特点可归结为以下几点。

（1）量化法注重被评价者的可测性特征，进而对评价结果进行简要而精确的量化描述。

（2）运用量化法所得的评价结论具有可重复验证性。量化法的研究设计、样本及方法选择等都是有严格规定和要求的，进而也在一定程度上保障了评价结论的可重复验证性的特征。

（3）量化法采用数学和统计分析的方法，用统计数据表征研究结论。量化法主要采用统计学的方法来抽样、测量和计算以验证假设，数字是其必不可少的表征符号，且多配以图形或表格来展示统计结果。

（4）量化法的研究结论受评价者的主观因素影响较小，客观性强，具有良好的推广性。量化法的整个实施过程能尽可能地排除无关变量的影响，揭示出事物之间的客观规律，能得到较为客观且推广性强的结论。

2. 量化法的适用范围

量化法在学前教育评价中有着广泛的适用范围，主要表现在以下几个方面。

（1）适合在宏观层面对教育现象进行较为广泛和详细的研究分析。

（2）适合于对大样本进行评价研究，如全国大范围的某一学前教育现象，及全国不同地区的某一学前教育现象的对比研究等。

（3）适合于从样本中去推断总体。

（4）适合于对学生进行评比与选拔。

（5）适合于对群体的整体状态进行综述，且能对被评价者的可测特征进行客观而精确的描述等。

3. 量化法描述数据的简要统计量

在本章第一节的教育测量法中，我们已经对量化数据的类型做过介绍，在这里就不做过多赘述。量化法描述数据的简要统计量主要包括以下两个。

（1）集中量。集中量主要反映了被评价对象（包括幼儿、幼儿教师、家庭、幼儿园等）的整体状态水平，既可用来进行组间比较，组内的个体成员也可以参照集中量来了解自己的所处的位置，其主要代表一组数据的集中趋势或典型水平的量。比较常用的集中量有中位数、算术平均数、众数等。

（2）差异量。差异量即分化的程度，其不仅反映了评价对象群体的离中趋势和程度，而且也代表了一组数据离散程度或变异程度。所以，一般来说，如果群体成员之间的分化程度越高，就说明差异量的数值越大。较为常用的差异量主要有全距、方差、标准差、四分位差等。

4. 量化法的优点和局限

量化法和其他所有的方法一样有其自身的优点与不足，表现在以下几个方面。

（1）量化法的优点。其优点主要有，研究结论推广性强；精确化和标准化程度较高，逻辑推理较为严谨；适合于大样本研究，覆盖面广；研究结论较少受评价者的主观影响，较为客观、公正。

（2）量化法的不足。其不足之处在于，量化法只能对比较表面的、可量化的部分社会现象进行研究，很难获得比较深层次的、具体的信息；量化的实施过程很难控制，很难建立事物之间的因果联系，很多社会现象不能用数字表征；整个量化法实施过程的要求是非常严格和规范的，对研究者的要求也很高，

---

① 刘晶波. 学前教育研究方法. 北京：人民教育出版社，2006：74.

较为费时、费力。

（二）量化法的实施

1. 量化法实施的基本步骤

量化法实施的基本步骤主要包括以下几个方面。[1]

（1）确定所要研究评价的问题。

（2）在探索性研究的基础上，结合已有的结论，充分发挥科学的想象力和创造力，提出研究的假设。

（3）对研究假设所涉及的抽象命题进行操作化定义，形成可观察和测量的具体变量。

（4）通过观察、实验、调查研究等方法收集资料。

（5）分析和研究资料，概括和检验研究假设。

2. 量化研究收集数据的主要方法

为保证量化研究的顺利进行，对其数据资料的收集通常采用的主要方法有观察、问卷、访谈、实验、评定及量表等。在前面的小节中，已经对一些相关的收集资料的方法进行过详细介绍，在这里也不做过多赘述。实验法是量化研究中最为重要的方法。观察、访谈、问卷、评定及量表等方法被广泛应用于收集那些难以观察到的资料信息。

三、质性与量化相结合的方法

（一）质性与量化分析的关系

质性法和量化法作为相互对等的两种方法，各自都有自身的优点和不足之处，两者是优势互补的。其实，任何事物都是质与量的统一结合体，在实际的运用过程中，质性和量化的分析方法是分不开的。一方面，量的差异在一定程度上反映了质的不同，由于量的分析结果一般较为抽象、简洁，所以往往要借助于质性的描述来说明其具体的意义；而另一方面，质性分析又是量化分析的基础，由于量化分析的量必须是同质的，所以在进行数量分析前，要先判断事物的同质性，另外在需要时，有些质性资料也可以进行二次量化，作为量化资料来处理，以提高其准确性和有效性。例如，观察幼儿园教师或儿童课堂行为和互动作用的观察量表，不仅可以作质的评定，也可通过赋值来进行量化的统计处理。又如，对幼儿园教师各种能力素质的判断，通常可采用带有语言描述的等级量表，即判断的结果常用概括性的等级评语表示，如好、较好、一般、较差、差等，然而这些等级评语也可通过赋值，如相对应的分别赋予其5、4、3、2、1的数值，进行量化的统计处理和分析。

所以，评价者在处理评价资料时，应选择最为适当的方法，不能盲目地根据自己的喜好去推崇一种方法，而贬低或排斥另一种方法。在选择方法时，应结合使用质性和量化两种方法，尽量做到从质和量两个侧面去对被评价对象做出较为客观、公正、有效的综合评价信息。

（二）质性与量化方法适当结合使用

由于质性研究比较适合在微观层面对教育现象进行较为深入、细致的描述和分析，适合于小样本的个案研究和解释问题，而量化研究则比较擅长于把握社会现象的平均情况，适合于在宏观层面对事物进行较大规模的调查和预测，因此，可将质性法和量化法在一项课题研究中结合起来使用，优势互补，取长补短。例如，要开展一项"幼儿教师职业认同情况的调查研究"，不仅可以用质性法来做一些个案调查，

---

[1] 刘晶波. 学前教育研究方法. 北京：人民教育出版社，2006：96-97.

以解释幼儿教师的职业认同发生变化的原因及一些影响因素等，还可以通过问卷调查来掌握目前社会上幼儿教师职业认同水平的普遍情况。

第三节　评价信息的处理工具

一、Excel 统计软件

Excel 统计软件是一种计算机数据表格处理软件，它所包含的功能有数据处理、图形及制表等。相对于常用而复杂的数据处理方法——SPSS 统计软件包（在下面的环节将作介绍），Excel 统计软件具有简便易行、可方便地进行数据资料的统计分析、省去了大量的计算工作和复杂的选择公式及尤其适合于广大幼儿教师进行数据分析处理等优点。

（一）前提条件

运用 Excel 统计软件对数据资料进行处理，虽然非常简便易行，但必须要明确其运用的前提条件，即必须要明确各种数据统计方法的定义和具体的适用条件或范围，否则最后得到的统计结论或结果可能会出现一定程度的错误或偏差，最终对研究结果的科学性、可靠性及有效性等产生严重的影响。此外，还要求研究者懂得一些 Excel 表格的基础知识。

（二）案例呈现

运用 Excel 统计软件对数据资料进行统计处理，包括描述统计和推断统计两大部分。下面是一个统计图在学前教育科研中的运用案例。

北京市宣武区 0～6 岁幼儿家庭的调查研究（节选）[①]

韩平花（执笔）

"十五"期间，北京市将着力推进学前教育社区化的进程，逐步建立起以社区为依托的、正规与非正规教育并举的现代化学前教育体系。为实现这一目标，促进幼儿园、家庭、社区一体化教育格局的形成，并有针对性地开展社区家庭教育工作，提高学前儿童家庭教育水平，宣武区学前办于 2000 年 3 月对全区 0～6 岁幼儿的家庭进行了普遍调查。

一、方法

1. 调查对象。

调查对象是宣武区辖区内学龄前儿童的家长，其中孩子就读于市立幼儿园的有 1 935 人，就读于机关街道厂矿幼儿园的有 1 169 人，散居的有 1 124 人，共计 4 328 人。

2. 调查内容。

调查内容为宣武区学龄前儿童的基本情况（幼儿的年龄、性别）、家庭情况（家长的学历、家庭经济状况、幼儿同住的家庭成员）以及家长对幼儿园的需求等 6 个方面。

3. 调查方法。

调查方法为普查法和抽样法。

二、调查结果

1. 家长的文化水平

由图 3.1 可以看出，被调查的 4 328 名幼儿家长的学历是：初中以下占 16%；高中、中专占 44%；大

---

① 韩平花. 北京市宣武区 0～6 岁幼儿家庭的调查研究. 教育科学研究，2001（7）：31-33.

专、大本占 37%；硕士以上占 7%。其中孩子就读于市立幼儿园的家长学历情况是：初中以下占 5%；高中、中专占 18%；大专、大本占 20%；硕士以上占 2%；孩子就读于机关街道园的家长学历情况是：初中以下占 6%；高中中专占 13%；大专、大本占 8%；硕士以上占 0.6%；散居幼儿家长学历情况是：初中以下占 5%；中专、高中占 13%；大专、大本占 9%；硕士以上占 0.4%。由此，我们可以明显地看出，幼儿家长的学历绝大多数都在中专、高中与大专、大本这两段中，共占 81%，加上硕士以上学历的 3%，总计高中以上的学历占 84%。这就为我们有针对性地实施家庭育儿教育辅导提供了良好的文化基础。

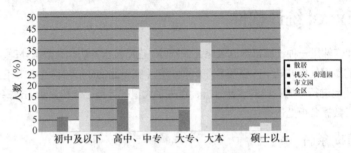

图 3.1　全区儿童家长学历分布直条图

2. 幼儿的年龄及性别状况

（1）由图 3.2 可以看出，全区被调查的 4 328 名幼儿中 3 周岁以下的占 30%；4～6 周岁的占 69%；7 周岁以上的约占 1%。其中，3 周岁以下的幼儿中市立园幼儿约占 3.5%；机关街道园幼儿约占 6.5%；散居幼儿约占 20%。在 4～6 周岁幼儿中市立园幼儿约占 41%；机关街道园幼儿约占 20%；散居幼儿约占 8%。由此，我们可以明显地看出，3 周岁以下的儿童只有 10% 被送入各类园所中，尚有 20% 散居在家中；而 4～6 岁的儿童则大部分在各类型幼儿园中，共占 61%，尚有约 8% 散居在家中，未能接受正规的学前教育。这就为我们开展社区学前家庭教育提出了必要性。

（2）由图 3.3 可以看出，全区幼儿的男女比例分别是 53% 和 47%，男童高出女童达 6%。

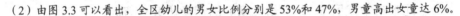

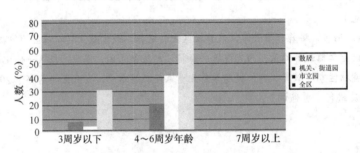

图 3.2　全区儿童年龄分布直条图

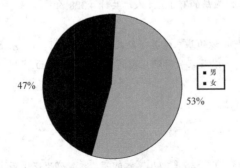

图 3.3　全区儿童性别分布饼图

说明：本案例重点是为了说明 Excel 统计软件（统计图）在调查研究中的运用，所以本文的其他部分省略。

 二、SPSS 统计软件

目前，幼儿园教师、教育学者等在开展学前教育科研中，普遍存在的一大难题即数据资料的统计处理。很多老师面对如此多的数据资料，不仅束手无策，而且就算花费很多时间对数据进行处理，也很难保证其有效性，从而导致劳动的无效和繁琐，严重地打击了研究者的积极性。因此，为改变这一现状，很有必要对 SPSS 统计软件处理技术进行学习。

（一）SPSS 常用版本介绍

SPSS 统计软件处理技术为目前国际上最有影响力的统计软件之一，其全称为 Statistical Program for Social Sciences，即社会科学统计程序。其比较常用的版本为 SPSS10.0～SPSS13.0。该版本具有操作简单、容易掌握、功能和选择多样、准确性高、速度快等特点。掌握 SPSS 统计软件处理技术，不仅能使我们的数据统计处理正确、简单、高效，而且还能提高科研工作的效率。本节以 SPSS10.0 for Windows 为例简单介绍 SPSS 统计软件的运用。

（二）具体操作步骤

（1）打开计算机，启动 Windows，并将 SPSS 软件安装光盘放入光驱中。

（2）打开"我的电脑"，双击光盘驱动器图标，并在目录窗口中找到名称为"SETUP.EXE"的安装程序图标，双击该图标，屏幕上会出现 SPSS 安装界面，单击"Install SPSS"，启动安装程序，进入欢迎安装 SPSS 界面。

（3）单击"NEXT"按钮，开始安装。然后，安装界面会询问"是否同意该软件的使用协议"，选择"YES"按钮。如果选择"NO"按钮，则退出安装。

（4）安装程序还会询问"该软件在电脑中的安装位置"，既可选择单击"NEXT"按钮接受系统默认的安装路径，也可单击"Browse"按钮，选择其他位置作为安装路径，然后单击"NEXT"按钮继续。

（5）输入用户名、使用单位及软件的序列号，再单击"NEXT"按钮继续。然后，系统会给出三种安装程序的选择方案供用户选择，即标准型安装（Typical）、最小化安装（Compact）和针对高级用户的自定义安装（Custom）。用户可根据实际需要选择相应的安装方案，并单击"NEXT"按钮继续。然后，根据屏幕上的操作提示一步步进行。最后，单击"FINISH"按钮结束安装。

（三）利用 SPSS 进行统计处理的基本过程

SPSS 功能强大，但操作简单，这一特点突出地体现在它统一而简单的使用流程中。SPSS 进行统计处理的基本过程如图 3.4 所示。

1．数据的录入

将数据以电子表格的方式输入到 SPSS 中，也可以从其他可转换的数据文件中读出数据。数据录入的工作分为两个步骤：一是定义变量，二是录入变量值。

2．数据的预分析

在原始数据录入完成后，要对数据进行必要的预分析，如数据分组、排序、分布图、平均数、标准差的描述等，以掌握数据的基本特点和基本情况，保证后续工作的有效性，也为确定应采用的统计检验方法提供依据。

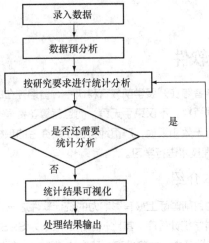

图 3.4　SPSS 统计处理流程图

3．统计分析

按研究的要求和数据的情况确定统计分析方法，然后对数据进行统计分析。

4．统计结果可视化

在统计过程结束后，SPSS 会自动生成一系列数据表，其中包含了统计处理产生的整套数据。为了能更形象地呈现数据，需要利用 SPSS 提供的图形生成工具将所得数据可视化。如前所述，SPSS 提供了许多图形来进行数据的可视化处理，使用时可根据数据的特点和研究的需求来进行选择。

5．保存和导出分析结果

数据结果生成完之后，可将它以 SPSS 自带的数据格式进行存贮，同时也可利用 SPSS 的输出功能以常见的数据格式进行输出，以供其他系统使用。

案例与实践

（1）张教授在幼儿园进行调研活动时，跟班进行一日生活的观察。一星期以来，他发现班上有个名叫果果的幼儿对其他小朋友很不友好，经常欺负他们，并有几次动手打了其他女孩子，这引起张教授的重视，他决定对这个幼儿进行长期的观察。

假如你是张教授，请制定一个个案观察研究课题，说明选用的具体方法及理由，并试设计详细的观察计划和记录表格。

（2）江苏省某幼儿园发生了一起安全事故。该幼儿园大班幼儿在进行手工活动课时，牛牛故意伸手给李四小朋友剪手，李四见他伸手过来，两手握住剪刀使劲剪张三的手，由于剪刀较锋利，张三的手流血了，他很害怕，就使劲抢李四的剪刀，就在争夺剪刀的瞬时，剪刀插向了张三的肚子，使张三受了重伤。虽然现在教师、家长等各界社会人士都很重视幼儿园的安全教育，但是安全事故还是无处不在。

结合材料，设计并制作一份幼儿园安全教育状况的调查问卷。

（3）某省级示范性幼儿园要对各班级的教师开启互动行为时间主题的频次进行统计，包括纪律约束、指导活动、照顾生活等（分布表如下），试将互动行为进行人数和百分数的统计，并运用 Excel 统计软件对数据资料进行统计处理。

主题\班别	约束纪律	指导生活	照顾生活	抚慰生活	提问	师幼做事	共同游戏	表达情感	询问
小班	55	72	35	9	11	5	4	2	3
大班	59	79	26	1	18	15	1	7	5
合计	114	151	61	10	29	20	5	9	8

资料来源：刘晶波．师幼互动行为研究——我在幼儿园里看到了什么．南京：南京师范大学出版社，1999：80.

拓展阅读推荐

（1）李洪曾．怎样进行数据登陆与整理[J]．山东教育，2002（3）：10-11.

（2）张春宇，刘莉．档案袋评价在学前教育专业学前综合英语教学中的应用[J]．教育探索，2012（11）.

第四章　学前教育评价模式述评

目标导航

知识目标

（1）了解国内外教育评价模式的内容。
（2）熟悉各家教育评价模式的实施过程。
（3）理解国内外不同教育评价模式的异同。

能力目标

（1）熟练掌握各种评价模式的运用。
（2）能针对学前教育中的实际问题，运用恰当的评价模式进行评价。

　　学前教育评价模式是学前教育理论与方法的总体概括，是对某种教育评价类型的总构思，包括评价的大体范围、基本程序、主要内容和一般方法，而不同的评价模式则与某种特定的评价过程相联系。国外学者对评价模式进行了较为系统的研究。不同的评价模式有其特定的环境基础。这些不同的评价模式对我国学者如何根据我国国情提出适合我国的学前教育评价模式有着很好的借鉴和启示作用。本章在借鉴广大学者已有研究的基础上，主要对国外几种具备特色的评价模式及我国在此基础上提出的评价模式进行了梳理。

第一节　国外学前教育评价模式述评

　　国外学前教育评价模式主要有行为目标评价模式、CIPP 评价模式、目标游离评价模式、CSE 评价模式、外貌评价模式、差距评价模式、应答评价模式、司法评价模式等。不同的评价模式对我们进行学前教育评价活动有着重要的指导和参考作用。本章选取了其中 7 种主要的学前教育评价模式并对其理论基础、实施过程等进行了阐述。

一、行为目标评价模式

　　行为目标模式是由美国"课程之父""教育评价之父"拉尔夫·泰勒（R.W.Tyler）在 20 世纪三四十年代提出的最早的、最完备的评价理论模式，也是历史上第一个较完整的并产生了巨大影响的评价模式。

（一）行为目标评价模式的背景

　　行为目标评价模式是为了解决教育实践中存在的问题而在实践过程中发展起来的一种模式。1929年，泰勒受俄亥俄州立大学教育研究所所长查特斯（W. W. Charters）之邀，主持该所学业成就测验部门的工作，其工作任务是帮助学校改进本科教学。当时，大学本科生退学现象严重，尤其是不少学生在读了一、二年级后就辍学，人们希望能通过改进教学来缓解这一现象，提高教学的质量。查斯特要求泰勒集中精力研究本科生学程，因此，泰勒同其所主持的团队在对当时普遍采用的记忆式测验进行调查、研究的基础上，选择了生物学课程作为切入点，并与任课教师密切协作。通过研究，泰勒发现，当时学校中所采用的记忆式测验只是为了让学生回忆所学的具体信息，而不能将学生所习得的那些复杂行为体现出来。为了清晰、准确地了解学生所习得的内容，泰勒提出应改革学业成就的测验内容和方式，从更广泛的方面评价学生的学习。1934 年《学业成就测验编制》的发表，标志着目标模式的初步形成。而在生物学课程测验中所取得的这项研究经验，在当时也被其他的老师反复采用。

1934 年，泰勒受邀主持"八年研究的评价工作"。该项研究是在要求改革中学课程的压力下产生的。当时的中学课程内容与学习活动都存在着相当严重的问题。例如，课程内容主要为入大学做准备，而在 1929 年开始的经济大萧条影响下，这样的课程内容与学生的现实与未来都缺乏联系，学生感觉没有意义、没有兴趣。[①]在这一规模宏大、影响深远的实验研究中，泰勒与同事们一起，根据实验进展的需要，把评价融入整个课程与教学设计中，使评价成为课程与教学设计的一个有机环节。[②]研究的过程中，泰勒提出了课程与教学设计编制的基本原则，1945 年《课程与教学的基本原则》一书的出版，标志着目标评价模式的确立。

（二）行为目标评价模式的内容

1. 行为目标评价模式的基本含义

泰勒认为，评价过程在本质上是确定课程和教学大纲在实际上实现教育目标的过程。[③]而由于教育目标本质上是描述学生行为的变化，也就是说，目标的用意在于使学生的行为表现类型如同教育者所期望的一样，因此，评价也就成了判定一种确定行为实际发生变化的程度的过程。

根据泰勒的看法，评价至少包括两个方面的内容：第一，评价必须评估学生的行为，因为教育的根本宗旨就是使学生的行为发生变化；第二，评价活动不可能一次完成，因为评价所反映的是行为的变化，必须经过一次以上的评价活动的比较来反映行为的变化。因此，应在教育计划实施的早期进行一次评估，在活动进行到后期时再进行一次评估，通过两次评估来比较在活动期间所发生的变化。

泰勒认为，在编制课程与教学时，必须回答如下 4 个问题。[④]

（1）应当帮助学生达到什么教育目标，即帮助学生学习什么？在教育计划中，应当帮助学生发展哪些思维、感觉和行为方式？

（2）为了帮助学生达到教育目标，应当提供什么学习经验，即怎样帮助学生学习预期的东西？

（3）怎样组织学习经验以使其累积效果最大，即怎样的学习顺序和学习经验的整体计划会有助于学生内化他们所学之物，并将其应用于适当的环境？

（4）怎样评价方案效果，即随后采取什么步骤以不断检查期望的学习活动发生的情况？

简言之，可以将这 4 个问题简化为：为何而教、教什么、怎样教和教得如何。这四者之间是一个循环往复的过程，如图 4.1 所示。[⑤]

2. 行为目标评价模式的具体过程及评价原则

（1）确定教育方案的目标。

① 鄢超云. 学前教育评价. 北京：高等教育出版社，2010：27.
② 李雁冰. 课程评价论. 上海：上海教育出版社，2004：72.
③ 瞿葆奎. 教育学文集. 教育评价. 北京：人民教育出版社，1989：263.
④ 瞿葆奎. 教育学文集. 教育评价. 北京：人民教育出版社，1989：257.
⑤ 鄢超云. 学前教育评价. 北京：高等教育出版社，2010：28.

图 4.1 泰勒课程模式

（2）根据行为和内容对每个目标加以定义。

（3）确定应用目标的情景。

（4）设计给出应用目标情景的途径。

（5）设计取得记录的途径。

（6）决定评定方式。

（7）决定获取代表性样本的方法。[①]

行为目标评价模式是以目标为中心而展开的，因此在设计教育方案的时候要遵循以下几个原则：第一，确定教育目标；第二，确定达到教育目标所具备的学习条件；第三，最合理地组织学习条件；第四，不断对教育方案的效果进行评价。

行为目标评价模式是一种强调评价判断功能的评价模式。它以目标为中心，将目标视为教育过程和评价的主要依据，同时还要对评价的结果不断地进行修正，以此更进一步地改进教育目标，使教育目标达到最佳效果。从目标的确立到评价结果的修正不是一个单线型的过程，而是循环往复的周期性的过程。行为目标评价模式中目标、教育过程和评价过程三者之间的关系如图 4.2 和图 4.3 所示。

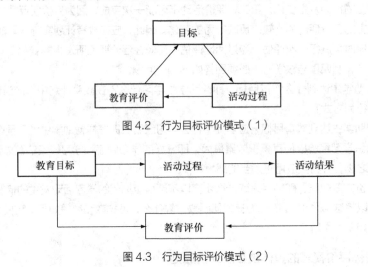

图 4.2 行为目标评价模式（1）

图 4.3 行为目标评价模式（2）

从图 4.2 和图 4.3 可以很好地看出整个评价过程的周期性。评价首先从教育目标入手，以教育目标去指导教育活动，也以教育目标去评价教育活动所达成的效果，接着再以教育活动的结果去反馈教育目标的可行性。

---

① 瞿葆奎. 教育学文集. 教育评价. 北京：人民教育出版社，1989：253-254.

（三）行为目标评价模式的运用

行为目标评价模式强调的是根据目标进行评价，同时，强调目标应该具体、量化、可操作化，评价目的要清晰，评价过程要明确，评价模式本身要具有很强的操作性。行为目标评价模式运用到具体的学前教育活动中，主要从以下四个方面来进行。

（1）针对学前教育的各方面，如园所、教师、幼儿发展等来确定其目标。

（2）将所确定的目标或标准分解成具有可操作性的不同层级的指标，并根据各项指标的重要性程度进行权重赋值，形成一套完整的评价指标体系。

（3）围绕所分解的指标（标准）搜集相关的信息资料。

（4）对所搜集到的信息资料进行整理分析，并判断其是否达到了评价对象所应达到的目标程度。

行为目标评价模式提出后，极大地推动了记忆评价理论与实践的发展。这一模式强调目标的描述应当是具体的、行为化的，使实践者有了比较明确的行为参照系，也为日后的教育测验与评价提供了可操作化的标准和依据。[①]正因如此，这一模式在相当长的时期内得到了广泛的应用，在今天，仍有许多的评价依然在沿用这一模式，或者是对这一模式进行些许的改动以使其更利于自己的评价。但是，这一模式过分强调目标中心，评价活动的整个过程都依赖于目标而进行。然而，需要指出的是，有些目标如幼儿的情感发展是难以对其进行分解、操作和量化的，可见，对那些没有明确目标的教育现象而言，行为目标评价模式是不能准确地评价出其目标的达成度的。因此，在运用这一模式的过程中，必须根据具体的评价活动作出相应的改进，以便使评价得以顺利开展。

此外，行为目标评价模式特别关注对教育结果的评价，教育结果反映出的是教育目标是否达成，因此也有人把这一评价模式称为"事后评价"。但是，我们必须明确一个问题，在整个教育活动当中，活动过程是时时刻刻都在发生变化的，因为活动的主体是人。这一模式是在特定的历史条件与特定的环境中所提出来的，有其自身的历史局限性。尽管行为目标评价模式存在自身缺陷，但是它为其他模式的发展奠定了发展基础，是不容忽略的。

二、目标游离评价模式

（一）目标游离评价模式提出的背景

目标游离（Goal Free）评价模式是由美国学者斯克里文于20世纪60年代中后期首先提出的。该模式是在批判行为目标评价模式的弊端的基础上确立起来的。行为目标评价模式根据预定的目标（标准）进行评价，所关注的是目标（标准）所预期好的效果。斯克里文在考察了教育活动的实际效果后发现，实际所进行的教育效果除了会产生预期的效果外，还会产生预期效果以外的效果，而这恰巧是被行为目标评价模式所忽略掉的，这些被忽略掉的预期目标以外的效果就形成了一种"副效应"（"非预期效应"）。他注意到，有些教育计划试图以典型的方式来实现其预期目标，却因为活动所伴随着的有害的副效应而致使整个计划告终；有些教育计划在达到预期目标方面的成绩甚微甚至没有任何成效，但却取得了预期目标之外的其他重大成效。正因为如此，斯克里文在看到目标评价模式将预期目标和预期目标之外的副效应相隔离的不足之处时，提出了在教育活动评价中，应当关注游离于预期目标以外的效果，以全面考虑教育活动的实际效果。

（二）目标游离评价模式的主要内容

在对以往的以目标为中心和依据的评价模式进行批判的基础上，斯克里文提出了目标游离评价模式。

---

① 胡惠闵，郭良菁. 幼儿园教育评价. 上海：华东师范大学出版社，2009：30.

他认为，评价者不能只从预期的效果出发去评价教育计划或方案，还必须考察游离于目标（目的）以外的非预期效果（即教育活动全部的、真实的效果）。评价者应该搜集大量有关教育活动实际效果的资料，而不是去专注于这些结果是预期的还是非预期的。作为评价者，不应该受到预期的教育目标的影响，尽管这些预期的目标对教育活动而言是有意义的，但要明确一点，这些效果也不一定就是教育活动唯一的评价准则。如果评价者将自己的评价思路围于预期目标及其预期效果中，则会忽视掉非预期的效果，若评价达不到预期的目标，就会怀疑评价的真实性。

斯克里文指出，目标游离评价模式实际上是"以需要、以顾客为基础评价"。以需要为基础，就意味着评价应当关注的是评价方案能够满足确实需要的程度、关注方案结果与受其影响的人员需要之间的一致性，而不是方案应当满足其目的程度以及看结果与目的之间的一致性。因此，评价者的任务就是要确定受影响人员的需要，这些需要是判断方案结果的基础。以顾客为基础，评价方案中的目的应当与顾客的要求相符合。评价者要确定顾客的各种需求，并以此作为准则，任何一种产品应当按照顾客或社会的意愿而不是生产者的愿望受到评价，因此，教育评价应当依据的是活动参与者的意图，而不是方案制定者预定的目标。[1]这种"以需要、以顾客为基础评价"的理念以一种很明确的态度告诉我们，在任何评价中，都要考虑到随时会出现的效果。

（三）目标游离评价模式的运用

在对学前教育的活动进行评价的过程中，目标游离评价模式该怎样融入到评价活动当中，是当前学前教育工作者应当重视的问题。目标游离评价模式不同于目标评价模式，它不以目标为中心，甚至是去忽视目标，努力避免在评价中知道目标的存在。而为了使目标游离评价模式能够真正地得到落实，斯克里文主张采用"三盲"的方法，即计划或方案制定者的预期目标与评价者、评价对象之间互不通气，彼此都没有交流过评价计划或方案该怎样去实施，从而保证整个评价活动在不受任何预期目的影响的情况下得以真实、全部地反映出计划或方案的效果。

目标游离评价模式从评价角度而言，不是一种完善的评价模式，它缺少必要的评价程序和方法，因此，它更多地被视为一种评价的原则。但是，对于我们今天的学前教育评价或者幼儿园教育评价而言，目标游离评价模式的实践价值与意义是不容忽视的。我国目前的幼儿园教育评价基本上都是以《幼儿园教育指导纲要（试行）》为基础，以幼儿教育的五大领域为蓝本，通过制定目标计划，再去实施计划以达到预期的效果。这往往会让我们的幼教工作者将视角放在预期目标的达成度上，因而忽略掉预期目标之外的非预期目标。目标游离评价模式就给我们指出了，评价仅以目标为中心的思想是不够的，评价方案的制定应当考虑到全部的、真实的效果，应当要关注评价计划或方案是否能满足评价对象的实际需要，是否与评价对象的要求相一致。因此，目标游离评价模式对我们今天的幼儿园教育评价而言，有着极其重要的价值与意义。

 ## 三、CIPP 评价模式

（一）CIPP 评价模式提出的背景

CIPP 评价模式是由美国著名教育评价专家斯塔费尔比姆（L. D. Stufflebeam）及其同事在 20 世纪 60 年代提出的，是在对泰勒目标模式的批判中最早出现的教育评价模式。它不同于以目标为中心的目标评价模式，而是一种以决策为中心的评价模式，因此，又被称为决策评价模式。这一模式的提出主要源自美国的《中小学教育法案》。1965 年，为了提高基础教育的水平，美国联邦政府颁布了《中小学教

---

[1] 胡惠闵，郭良菁. 幼儿园教育评价. 上海：华东师范大学出版社，2009：36.

育法案》（Elementary and Secondary Education Act，ESEA）。这一法案决定向美国各学区提供数十亿美元的资助，同时要求对所有受资助的项目进行评价。斯塔费尔比姆便在这一规模巨大的评价工作中提出了 CIPP 评价模式。

在对资助项目进行评价的最初，斯塔费尔比姆等采用目标模式对项目进行评价。他们首先确认每一个方案的行为目标，选择或开发测量学生表现的适当工具，在教学结束后展开测验，然后将学生的表现与方案的目标相比较，由此确定方案的价值。[①]但是他们发现，用这一方式去评判学生的行为是很不现实的，原因主要有三点。第一，评价以目标为中心，而目标制定者没有关于学生的直接经验，那么，所制定出的目标本身是否合理？第二，学生间的差异是千变万化的，方案制定者之间又能否在这千差万别中找到满足学生不同需求的方案以满足学生们不同的发展层次与需要，而这一方案又是否能满足学校的要求？第三，目标模式更多的是关注结果，那么在过程中所遇到的问题又能否得以及时改进？

基于上述原因，斯塔费尔比姆等人认为，应该提供一种整体的、全面的信息，以帮助方案目标的确定、计划的修订、方案的实施以及对实施结果的考核评价，因此，CIPP 评价模式便应运而生。斯塔费尔比姆说过，评价最主要的目的不是为了证明，而是为了改进。[②]

（二）CIPP 评价模式的主要构成内容

斯塔费尔比姆认为，评价应当是为决策提供信息的，而不只是限于确定目标是否达到。评价应该为学校行政人员、方案指导者和学校全体人员的决策提供信息。在教育过程中，存在着 4 种类型的决策，即计划决策、组织决策、实施决策和再循环决策。而与此相对应的是 4 种评价，即背景评价（context evaluation）、输入评价（input evaluation）、过程评价（process evaluation）及结果评价（product evaluation）。CIPP 则是这 4 种评价的英文名首字母的简称。

1. 背景评价

背景评价是对方案目标本身的评价，根据社会发展的需求对目标本身的价值做出判断，看目标的确定是否满足特定情境所存在的需求，这些需求是否具有普遍性和重要性，方案目标反映这些需求的程度如何，方案目标是否需要做出调整以满足特定的需要。换言之，背景评价是为计划决策者提供信息的评价，其常用的方法主要有调查、访谈、查阅资料、问卷测验、听证会等。

2. 输入评价

在背景评价即对目标本身进行评价之后，继而对能够达成目标的几种备择方案设计的优劣进行评价。输入评价需要考虑的问题是：采用了何种程序、计划以及预算来满足目标需要？备择方案有哪些？为何选择此方案而不选择彼方案？这一方案该以怎样的策略进行实施？它的合理性有多大？它潜在的成功程度如何？费用的预算及实施进度如何？输入评价主要采用的方法是：对可供选择的备择方案进行考察，采用小组评定，对不同的方案作出审慎的判断与选择；另外，可采用类似于实验室的方法，在相关实证研究的基础上，选择出最佳的实施策略。换言之，输入评价是对组织决策所提供信息的评价。

3. 过程评价

过程评价是对计划或方案的实施过程进行的评价，对不满足实际需要的情况加以检查，对所存在的问题进行反馈和调整。过程评价所关注的问题是：方案实施的进度如何？是否按照预定的计划实施？怎样对方案进行修正？为何需要修正？换言之，过程评价是为实施决策所提供信息的评价。

---

① 李雁冰. 课程评价论. 上海：上海教育出版社，2004：83.
② 瞿葆奎. 教育学文集. 教育评价. 北京：人民教育出版社，1989：253-298.

4. 结果评价

结果评价即对方案实施后所取得的成果，通过测量、解释和判断来确定目标的达成度，并对所获得的效果进行全面考察，无论是预期的还是非预期的、正面的还是负面的。结果评价所关注的问题是：观察到了何种结果？各类人员如何判定其结果的价值及优点？方案实施者的受益程度如何？进行结果评价最主要的方法是收集与方案结果有关的资料，对结果进行质与量的分析，并将其与方案目标进行比较判断。结果评价并不是最终的判定，而是对方案质量的判断。换言之，结果评价是为再循环决策提供信息的过程。

斯塔费尔比姆将 CIPP 模式中 4 种评价类型的相关关系做了比较，如表 4.1 所示。

表 4.1 CIPP 模式中 4 种评价类型的比较[①]

	背景评价	输入评价	过程评价	结果评价
目标	确定机构的背景，明确评价对象、评价其需要、明确满足需要的机会，诊断需要的基本问题，判断提出的目标是否充分地应答了已评定的需要	确定系统的性能，备择方案的策略，实施这一策略的设计、预算和进度	在过程中确定或预测程序设计、实施中的不足之处，为之前计划好的决策提供信息，记录和判断发生的事件与活动	收集对结果的描述与判断，使之与目标、背景、输入和过程信息联系起来，对其价值与优点做出解释
方法	使用系统分析、调查、文献评论、倾听意见、会谈、诊断性测验和特尔菲技术等方法	调查与分析可用的人力、物力资源，解决问题的策略及相应的程序设计的可能性和经济性，可采用文献调研、访问典型方案、试点试验等方法	通过描述真实过程，持续地与工作人员相互了解，观察其活动，控制活动的潜在障碍，保持对意外障碍的警惕，获得确定的决策的特殊信息	操作性确定和测量结果的标准，收集投资者对结果的判断，进行定性和定量分析
与决策的关系	决定为之服务的背景、满足需要或利用与社会有关的目的以及与问题解决有关的目标	选择资助的来源、解决问题的策略和程序设计	实施和改进方案的设计与程序，使过程控制更有效，并为以后解释结果提供实际过程的资料	决定继续、终止、修正或重组变革活动，提供关于效果的清晰记录

（三）CIPP 评价模式的运用过程

CIPP 评价模式注重的是为决策者或决策机构提供评价信息，以促进系统改进，其所包含的 4 种类型的评价也是 4 个阶段的评价。斯塔费尔比姆曾用流程图来揭示 CIPP 评价模式在促进系统改进中的工作流程，如图 4.4 所示。

从图 4.4 中可以看出评价在教育中所起到的重要作用。定期性的背景评价是机构决策的首要工作，它能够帮助决策者判断当前的教育系统是否需要变革，教育目标是否合理，让决策者可以对所需改进的内容进行思考；而输入评价则是对所形成的一套或若干套方案进行选择、论证，最终形成适合于当前教育系统的实施方案；过程评价和结果评价则是对方案计划实施的评价，以此来确定方案实施的有效程度及是否能继续实施此方案。

CIPP 评价模式的 4 个评价阶段组成了一个共同的运作系统，不同的评价在各自的阶段起着相应的作用，其特征表现在以下几个方面。

（1）决策者决定评价什么，甚至可以选择所用的方法。

（2）评价者起着决策者顾问的作用。

（3）评价工作几乎就是信息采集和报告结果。

---

① 瞿葆奎. 教育学文集. 教育评价. 北京：人民教育出版社，1989：313.

（4）所采集的信息必须是决策者所需要的。

（5）信息的重要性取决于要做的决策。

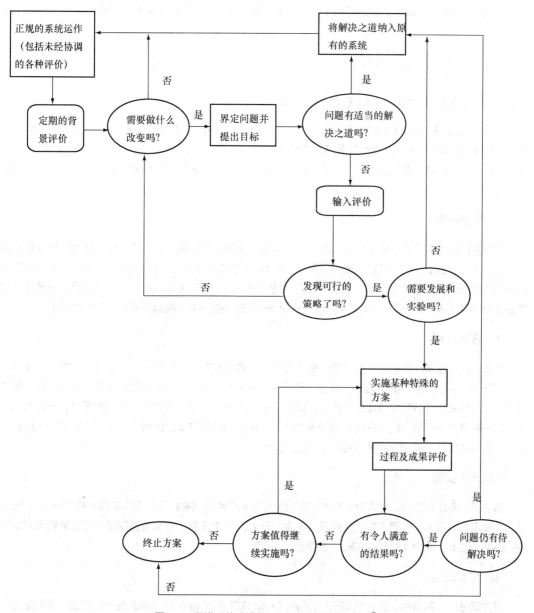

图 4.4　促进系统改进的 CIPP 评价模式流程图[①]

　　CIPP 评价模式以决策为中心，其不同于行为目标评价模式，在以决策为中心的同时，注重于对过程的评价。CIPP 评价模式是在批判行为目标评价模式的基础上建立起来的，针对目标模式缺乏对目标本身、方案本身的评价，在接受与完善"元评价"的基础上，斯塔费尔比姆将评价活动的过程延伸到了对目标及整个活动的评价。

　　在学前教育活动中，CIPP 评价模式告诉我们目标本身也应该被评价。那么，我们在制定学前教育目标的时候，就应当考虑所制定的目标是否与幼儿发展一致。对教育目标的评价，有利于我们教育活动

① 鄢超云. 学前教育评价. 北京：高等教育出版社，2010：34.

的开展与实施。此外，教育目标不是一成不变的，它会随着社会、政治、经济、文化的变化而发生变化；同时，幼儿也是在不断发展的，因此，教育目标也会发生不同程度的改变。CIPP 评价模式注重对过程的评价，这也要求我们在活动的实施过程中去关注活动本身是否满足了幼儿发展的需求。

四、CSE 评价模式

（一）CSE 评价模式及其主要内容

CSE 是美国洛杉矶加州大学评价研究中心（Center for the Study of Evaluation）的简称，而 CSE 评价模式则是由该评价中心的教授阿尔金（Alkin）提出来的。这一模式包括 5 个方面的内容，即系统评价、方案计划、方案实施、方案改进和方案确认。这 5 个方面相互依存，共同促进了 CSE 评价模式的发展。

1. 系统评价

系统评价即对当前的教育系统进行的评价，以帮助决策者了解其现状，并将其与理想的教育系统进行比较，从中找出所存在的差距，进而发现新的需要、建立新的目标。对教育系统的评价主要考虑的是当前的教育系统是否满足儿童身心发展的特点，是否符合社会的需要等问题，若不能满足这些条件，就需要找出当前教育系统的目标所存在的问题及其所缺乏的因素，并对其加以调整、修改或增减。

2. 方案计划

方案计划旨在帮助决策者从众多的方案中选择一个满足教育需求的方案，换言之，方案计划实际上就是用于决定采取哪种方案。因此，在这一阶段中，评价者必须针对各种可能的方案，搜集并分析有关的资料，预测其达成目标的可能性。阿尔金认为，在方案计划中可以采取两种形式的评价，一种是内部评价，一种是外部评价。内部评价是采用各种内部标准来判断各方案的优劣，外部评价则是通过搜集有关方案在类似情景中实施的资料来判断各方案的优劣。[①]

3. 方案实施

确定了方案计划之后，就要对方案进行实施。方案实施也可以被视为对方案实施过程所进行的评价，是为了确定方案是否符合原来的计划以及实施者对计划的忠实程度。方案实施的情况直接影响到方案最终的结果，因此，要加大对方案实施的重视度。

4. 方案改进

对方案进行实施以后，就会从实施的过程中发现方案的符合度以及方案的各个组成部分是否能正常运行。若方案在实施中一切正常并有良好的趋势，那么方案可以继续实施；反之，则将对其进行改进。简言之，方案改进在评价中起着干预者的角色。

5. 方案确认

方案确认可被视为对方案的最终结果所持的态度，需要利用充分的资料来验证其信度和效度，目的是为了使评价者决定方案是否终止、是否需要修正以及是否具有推广的价值。

---

① 霍立岩. 学前教育评价. 北京：北京师范大学出版社，2008：303.

（二）CSE 评价模式的运用

CSE 评价模式为我们提供了一套从系统本身再到方案计划、实施、改进及确认的完整模式，它对系统自身的评价是我们学前教育评价应当予以重视的。在当前的学前教育活动中，有许多工作者都认为，只要在《幼儿教育指导纲要》的指导下，将幼儿发展五大领域具体化为相应的指标就可以将其确定为目标，但是，目标的确定不是问题的简单化。因此，在确定目标时要对整个教育大系统进行考察、评价，并将其与理想的教育系统进行比较，从其差距中发现问题，建立适合幼儿发展的新的教育目标。也只有在对整个教育系统的总体把握下，才能够建立新的教育目标。从方案计划到最后的方案确认则是在为确定一个合理、科学的学前教育方案做准备。CSE 评价模式的各个方面相互协作构成了一套完整的评价体系，而我们可以在这一完整的评价模式中，依次将其各个方面落到实处，进而去更好地制定出适合幼儿发展的学前教育方案。

 # 五、其他评价模式

除了上述几种评价模式外，还有外貌评价模式、应答评价模式、司法评价模式、差距评价模式及认可评价模式，这里将选取外貌评价模式为例进行讲解、归纳。

外貌评价模式又叫外观评价模式，是 20 世纪 60 年代中后期斯塔克（R.Stake）在泰勒评价模式的基础上提出的另一种以目标为中心的评价模式，如表 4.2 所示。

表 4.2　外貌评价模式

矩阵 因素	描述矩阵		评判矩阵	
	意图	观察	标准	判断
前提因素				
过程因素				
结果因素				

资料来源：朱家雄. 幼儿园课程. 上海：华东师范大学出版社，2003：166.

1. 外貌评价模式的主要内容

（1）相关资料的搜集。斯塔克认为，若要评价某一教育活动的价值，必须对其作出详尽的描述和适宜的判断，只有有机地结合描述资料和判断资料两种方法，才能以目标为中心对结果作出全面的、完整的评价。[1]不论是描述还是判断，都要先搜集与被评价对象有关的资料，资料是考察教育评价全貌的前提。而搜集资料的领域包括前提因素、过程因素及结果因素。

① 前提因素。前提因素也称为前提条件，指的是教育计划或方案实施前就已经存在着的可能与教育结果有关的任何因素和条件，如幼儿已有的兴趣、经验、积极性、园所条件、师资等。

② 过程因素。过程因素是指在教育计划或方案实施的过程中出现的与教育活动有关的各种人或物之间的相互作用的情况。因而，过程因素也是最为复杂的动态性因素，如教师与幼儿之间、幼儿与幼儿之间、幼儿与活动材料及活动环境之间相互作用的情况等。

③ 结果因素。结果因素是指教育计划或方案实施以后所取得的效果及其所产生的影响，如教学活动实施之后幼儿所获得的能力、态度、行为、认知等的变化程度，教学对于教师等所产生的影响等。

---

① 胡惠闵，郭良菁. 幼儿园教育评. 上海：华东师范大学出版社，2009：37.

（2）描述和判断的分析。在外貌评价模式中，描述和判断构成了其评价活动的主要部分。

① 描述。描述主要是指考察教育计划或方案即将要实现的内容和实际观察到的事实之间的一种差异或者一致性。描述资料分为意图和观察两部分。前者着重于教育目标、预定的材料、预想的环境、教育教学活动，它更多体现的是方案制定者的思想；后者指的是实际的目标情况、所采用的材料、实际的环境和教育教学活动。通过意图和观察，评价者可以将预设的、即将实行的，与事实上已经存在的进行比较，从中分析两种资料的符合程度。

② 判断。判断是指将实际获得的结果与某种标准进行比较，并对比较所得出的结果作出相应的判断。判断资料分为既定的一般标准和实际标准两种。前者指的是教育应达到的一种理想的、优良的标准；后者指对计划或方案实际上所符合的标准的程度的判断，即是否符合标准或所达到的标准的程度。与此同时，斯塔克提出可采用相对比较的方式，即将评价计划或方案与其他的计划或方案相比较；也可采用绝对比较的方式，即将评价的计划或方案与既定的标准进行比较。

不论是描述资料还是判断资料，都是在相应的教育方案或计划的理论基础上，分别围绕着前提因素（前提条件）、过程因素（相互作用）和结果因素进行判断的。描述资料与判断资料又将其下所属的内容分为两列，即意图和观察、标准和判断，因此，就各自构成了 6 个范畴，如图 4.5 所示。

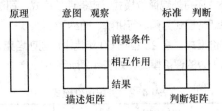

图 4.5 外貌评价模式[1]

（3）外貌评价模式的运用及其现实意义。外貌评价模式虽然也是以目标为取向的模式，但是它让我们知道，在进行学前教育评价活动时，要从方案实施前、实施过程中和实施后三个方面去考察，并搜集与所评价方案或计划有关的资料，然后从描述和判断两个方面各自的维度去进行处理。

2. 应答评价模式

应答评价模式是斯塔克继外貌评价模式之后于 20 世纪 70 年代中期提出的，也有学者将其称之为回应模式，后来则由斯塔克的后继者古巴（E.Guba）和林肯（Y.Lincon）等人进一步发展和完善。

（1）应答评价模式的概念。斯塔克指出，传统的预定式评价把预定的目标作为评价的标准，首先陈述目标，再依据目标搜集资料证据，然后将所获得的结果与预定的目标进行对比，找出其符合程度。但是，这种方式的评价最大的弊端就是目标之外的效果及价值、其他人员的观念等都不能得到很好的反映。斯塔克认为，教育的价值并不一定由其结果直接显性出来，教育的有些价值是扩散的、潜伏的，是长期起作用的，这样的价值显然不可能由即时的评价反映出来。[2]

斯塔克认为，评价一个方案可以有不同的方法，没有哪一种方案是绝对正确的。但无论采用哪一种方案，都是为了使评价产生其相应的效应，因此，有一点是必须关注的，即应当向听取评价结果的人提供他们所关注的信息，评价者应该充分了解他们所关注的问题。

斯塔克认为，衡量一个评价是不是应答评价模式，需关注以下问题。

① 是否牺牲了某些测量上的准确性以换取对评价听取人的有用性，并满足听取人对信息的需求。

② 是否更关心方案的活动而不是方案的内容及意图。

① 瞿葆奎. 教育学文集. 教育评价. 北京：人民教育出版社，1989：330.

② 李雁冰. 课程评价论. 上海：上海教育出版社，2004：96.

③ 是否注意反映方案有关的各方面不同的价值观点。

如果可以做到以上三点，那么该评价就是应答评价模式。

斯塔克的后继者古巴和林肯则明确地指出，所谓应答评价模式，就是以所有与方案有利害关系的人所关的问题为中心的一种评价。换言之，应答评价模式，就是评价者通过各种方法搜集、了解评价听取人的不同需求，在实际的活动中，对评价方案进行修改或更新，以回应或应答绝大多数人的需求的一种评价模式。

（2）应答评价模式的操作结构。斯塔克用了一个类似时钟的图形来解说应答评价模式，该时钟由 12 项工作构成，每一项工作就是一个钟点，这就是斯塔克的"评价时钟"，如图 4.6 所示。

12 时：评价人员与方案评价的委托人、评价听取人及方案计划执行者等进行商谈，确定评价的目的和意义，找出评价中的重要问题。

1 时：识别方案的范围。

2 时：了解方案活动，对整个评价活动进行总览。

3 时：通过与不同参与人员的商谈，确定评价的真正目的，并找出人们所关注的问题和兴趣。

4 时：找出最为关注的问题，形成议题与问题的概念。

5 时：对所需资料进行搜集，并识别所需材料自身的重要性与其需要程度。

6 时：选择观察者、判断者和评价工具。

7 时：观察并探讨指定的前提条件、相互作用和结果。

8 时：理论总结、描述性材料的准备和个案研究。

9 时：检验所得资料的有效性，确认或否定某些证据，提高评价的可靠性。

10 时：对各方人员的反应进行筛选，整理出可供评价听取人使用的资料。

11 时：收集、准备正式报告。

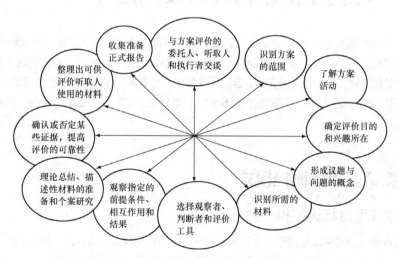

图 4.6　应答评价模式的工作内容[1]

斯塔克指出，在实际的评价中，"评价时钟"内的 12 项工作可以不断地重复，其顺序并不是固定不变的，其操作运行要依据委托人的需求和问题而定，有时可以按顺时针方向进行，有时也可以按逆时针方向进行，甚至可以是跳跃式地进行。

（3）应答评价模式的运用。在学前教育活动中，活动本身的目的是为了促进幼儿身心全面和谐地发展，活动的主体是幼儿，但是，由于幼儿自身发展规律等因素的影响，在考虑幼儿自身的情况下，对活

---

① 瞿葆奎. 教育学文集. 教育评价. 北京：人民教育出版社，1989：332.

动的评价还要听取多方人员的意见与需求，以最大化地满足幼儿生长、发展的需要。而应答评价模式则要求我们尽可能多地收集与方案相关的人员的意见，听取不同人员的需求，以对方案进行改进，对不同人员的需求与意见做出回应。在进行应答评价的过程中，可以同时对 12 项工作根据具体的需求进行不同程度的开展。

信息链接

多种多样的评价模式

根据斯塔弗毕姆 1981 年的统计，20 世纪 80 年代开始就已经出现了 40 多种评价模式，它们大都描述或说明了如何计划和实施评价活动。从教育评价的发展历史来看，最为常见、影响最为广泛的评价模式主要有泰勒的目标导向模式、斯塔弗毕姆的决策制定模式、斯克里文的目标游离模式、艾斯纳的鉴赏模式、欧文斯的对手模式和斯塔克的回应模式 6 种。当然，除了上述 6 种评价模式之外，还存在其他很多评价模式，如目标分类模式、自然探究评价模式、差距模式、外貌模式、解释模式，但是，这些模式与上述 6 种模式之间都或多或少地存在某些相似性，因此本文主要以这 6 种模式为比较对象。

信息来源：孙玲. 教育评价模式的理论假设分析[J]. 天津师范大学学报（基础教育版），2015（01）.

第二节　国内学前教育评价模式述评

从教育评价的发展历史中可以了解到，我国真正开展教育评价工作起步很晚。20 世纪 80 年代以来，随着社会发展和科技进步，尤其是知识经济时代的到来，我国的教育评价工作者在引进、吸收、消化外国有关先进理论的基础上，联系本国实际，运用系统科学、逻辑学和现代数学，参考了过去传统的做法，探讨了教育评价的基本属性，使我国的教育思想和教育模式发生了深刻的变革，提出了具有中国特色的教育评价模式。

一、教育型目标调控模式

（一）教育型目标调控模式的主要内容

教育型目标调控模式是以形成性评价和自我评价为中心，充分发挥多种评价功能而构成的一种教育评价范式。它是由北京市一些教育评价人员在教育评价实践的基础上概括而成的。

"教育型"表明这种评价模式的指导思想是着眼于教育，通过评价使评价对象受到教育，从而自觉地改进和完善自己的教与学活动，以达到预期的目标。

"目标调控"反映教育评价的结构、功能、过程和手段。"目标"是评价的基础，即评价全过程都要以目标为参照标准，体现社会、国家政治、经济发展需要和人的身心发展的要求。评价目标在满足社会发展需要的前提下，重视人的身心发展，在人的身心发展中去满足社会的需要；在统一性下重视差异性，在差异性中实现统一性。

"过程"是评价的重点，过程评价是教育型目标调控模式的重点。自我评价是主要方式，它表明通过過程評价，突出形成性自我评价的作用，充分发挥调控功能，使评价过程具有可控性和有效性。

"调控"以反馈为机制，是实现评价目标的主要手段。所谓反馈，是为了控制教育系统的活动达到目标，及时提供信息、选择校正的策略和措施。运行是通过反馈的调节作用进行的，即以目标为基础，重视形成性评价和自我评价，强调评价对象的自我完善、自我改进和自我提高，同时重视领导部门的具体指导与宏观调控。

（二）教育型目标调控模式的特点与运用

教育型目标调控模式在重视目标评价的同时，十分重视过程评价和结果评价，既重视评价目标的导向，又重视评价过程的反馈和调节，以及评价结果的判断和改进，特别强调形成性评价与自我评价的结合。因此，在学前教育活动中，既要注重对活动自身目标导向性功能的重视，又要注重活动过程中所出现的问题，并及时对活动进行自我反馈。

二、协同自评模式

（一）协同自评模式的主要内容

协同自评模式是由上海市的研究人员在确立被评价者的主体地位和肯定其个性特征的基础上提出的。此模式主要以被评价者的自我评价为主，凸显的是自我评价的理念。自我评价体系的是从被动走向主动、从他律走向自律、从导向走向自我调控。所谓协同自评模式，是指以自评者自评为主，在评价人员的协同下，共同完成包括从制定评价目标在内的一系列评价操作以取得评价结果，如图 4.7 所示。①

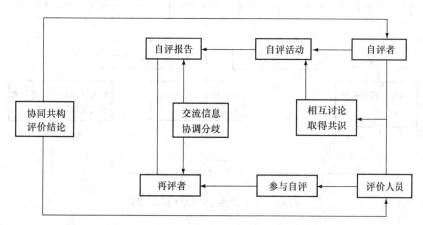

图 4.7　协同评价的通用模式

该模式认为，在任何教育活动中，只有当事人才能全过程地参与，才能全面、真实地收集材料。通常，评价人员只能部分参与其过程，所以评价人员所做出的价值判断有时难免有失实之处；而当事人作自评时，其评价能力又未必符合评价的要求，若能有评价人员的协同，则可弥补其不足。这便形成以自我评价为主体，即以自评为基础，评价人员协同自评者进行评价活动而成为协同者的评价模式。协同成为核心，在评价过程中，自评者与协同者同心协力，经常协商，不断从对评价观点的不同看法中取得共识，一起来完成包括从确立评价目标开始，到制定评价方案、进行评价资料的收集、做出价值判断、撰写评价报告等一系列的评价活动。

---

① 杨佐荣，廖先之. 协同自评模式的研究报告. 科学教育，1995（4）：1-3.

（二）协同自评模式的特点及运用

协同自评模式的特点表现在以下方面。

（1）被评价者进行真正的自我评价活动，表现在具有自主性、自律性、自控性、自励性、自信心等行为和心理特点。

（2）被评价者和评价人员在评价活动中建立起民主、协商的关系。

（3）协同自评使个体内差异评价与目标参照评价的不同参照评价标准通过协同作用统一起来。

在学前教育评价活动中，评价者也必须将自己视为被评价的对象而进行自我评价。因为一个活动的开展，有很多时候都需要较长的周期才能完成，而在一个较长的周期内，全部由评价人员来进行评价也是不现实的，缺乏可行性，因此，就需要通过协同自评模式来开展评价活动。在进行协同自评的过程中，幼儿教师需要了解的是活动设计阶段、活动实施阶段以及活动实施后所取得的结果，并对这三个阶段进行评定。而对这三个阶段的评定可以用解决以下三个问题的程度作为评价目标的主要内容。

（1）为什么做这样的活动设计？重点在教学目标中的确立是否恰当，目的是对活动的价值取向进行评定。

（2）活动实施中怎样才能使幼儿成为活动的主体？目的是评定教师组织活动的水平，重点在于活动能否促进幼儿的发展。

（3）活动的结果重在体现幼儿是否获得良好的发展？

此内容根据单元教学评价中的协同自评模式进行转换而得，如图4.8所示[1]。

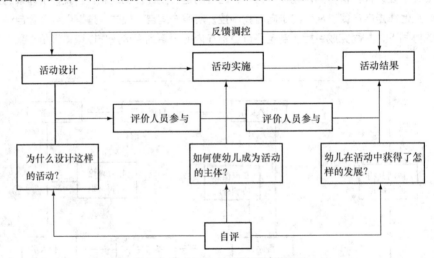

图4.8 幼儿园活动中的协同自评模式

三、发展性目标评价模式

（一）发展性目标评价模式的主要内容

发展性目标评价模式是以中外主要教育评价模式为基础，通过对已有的模式所存在的问题进行分析比较，从中找出已有的不同模式之间的共同优点，具体有如下5点。

（1）教育目标是要进行评价的，只有这样，以其作为依据之一编制成的评价标准才会科学、客观和有效。

---

[1] 杨佐荣，廖先之. 协同自评模式的研究报告（续）. 科学教育，1996（1）: 1-4.

（2）在制定评价标准时，除了要依据教育目标以外，还必须重视与评价活动有关的人员的需要和意图，特别是反对者的意见。

（3）评价标准的内容可以是定量的，也可以是定性的，这要根据评价的具体情况而定。而在具体的评价实践活动中，即使对于能够量化的教育信息，评价也要遵循"定性—定量—定性"的规程，把定量评价和定性评价有机地结合起来，最大限度地提高评价结果的信度和效度。

（4）评价者在评价过程中要注意非预期性的效果，灵活运用各种不同的评价类型，如自我评价和外部评价的结合、过程评价和结果评价的结合、相对评价和绝对评价的结合、单项评价和综合评价的结合等。

（5）整个评价活动要用评价制度来规范，以保证其顺利进行。

在以上这些基础上，发展性目标评价模式应运而生。

发展性目标评价模式的主要内容是：根据社会发展的需要和开展教育活动的现实条件，确定和检验教育目标；依照教育目标，评价对象和条件，评价活动有关人员的愿望、需要和意图以及现有的各种规章制度、科学理论，设计出以评价标准为核心的评价方案；遵照评价方案，实施评价活动。在评价活动中，该模式注重定量方法和定性方法的有机结合以及多种评价类型的结合，重视反对意见和非预期性效果，有效运用计算机技术，完成和反馈教育评价报告，用教育评价制度控制和制约整个评价过程，以确保评价质量。[①]

（二）发展性目标评价模式的特点[②]

1. 科学性

发展性目标评价模式的科学性主要体现在以下三个方面。

（1）发展性目标评价模式与中外教育评价主要模式之间的关系是一种继承和发展的关系。它汲取了中外教育评价主要模式的长处，并与中国的国情相结合，这符合辩证唯物主义和历史唯物主义观点。

（2）发展性目标评价模式强调定性评价和定量评价的结合。教育评价需要运用数学方法来处理和分析评价信息，这种追求精确量化的倾向使评价向客观化、科学化的方向迈进了一大步。但是，鉴于今天的科学发展水平，评价者要对评价信息做到全部量化是不可能的，当然也无此必要。因此，一些定性方法对评价仍是必要的，即使对能量化的评价信息，在操作过程中也要遵循"定性—定量—定性"的规程，真正做到评价结果可靠和有效。另外，就方法本身而言，定量评价方法和定性评价方法各有自己的长处和不足。在教育评价过程中，评价者可以取长补短，把它们有机地结合起来，有利于提高评价工作的质量。

（3）发展性目标评价模式重视在实施评价方案的过程中有效地运用计算机技术。随着电子计算机的进一步普及、教育评价理论和方法的深入发展、评价者计算机知识和运用能力的提高以及计算机教育评价软件开发的日趋成熟，计算机技术在评价工作中的运用将越来越普遍。从现代教育的发展趋势来看，教育种类在不断增多，学校规模在不断扩大，学校内部结构变得更加复杂。针对这种情况，教育评价工作要顺利进行必须借助于计算机技术，否则，将很难广泛和持久地开展下去。

2. 可行性

发展性目标评价模式的可行性主要体现在以下三个方面。

（1）发展性目标评价模式在汲取中外教育评价主要模式的长处的同时，也考虑到了中国的国情。

①② 吴钢. 论发展性目标评价模式. 教育测量与评价，2008：4-6.

（2）发展性目标评价模式要求把评价对象和条件作为编制教育评价标准的依据之一。

（3）发展性目标评价模式内含了教育评价过程的基本要素及其相互关系，与方法体系衔接较为容易。

3. 动态性

发展性目标评价模式认为，对教育目标也是要进行评价的，其评价的依据是社会开展的需要和开展活动的现实条件。只有这样，以其作为依据之一编制而成的评价标准才是科学、客观和有效的。此外，依据发展性目标评价模式设计出的评价方案在教育评价实施过程中也是可以适当调整的，由此更能审视教育评价的非预期性效果。

4. 民主性

发展性目标评价模式要求在编制教育评价标准时必须考虑与评价活动有关人员的愿望、需要和意图，并且要求重视反对者的意见。

5. 选择性

发展性目标评价模式是一种富有"弹性"的评价模式，在设计评价方案时各种评价类型均能被选择使用，如相对评价、绝对评价、形成性评价、终结性评价、自我评价、外部评价等，其根本目的在于提高教育评价质量。

6. 规范性

发展性目标评价是在评价制度的规范下进行的，它至少包含如下4个环节。

（1）要依据教育目标、有关制度、相关科学理论、评价活动有关人员的需要和意图、评价对象和条件设计评价方案。

（2）要实施评价方案。

（3）要完成评价报告，就是在教育评价工作完成以后，为了便于反馈、保存、检验评价信息和结论，对评价过程、结论进行全面叙述和提出相关建议。

（4）要反馈评价结论。

（三）发展性目标评价模式的运用

发展性目标评价模式是通过对多种模式相分析、比较的基础上发展起来的。因此，在学前教育活动中，可以根据发展性目标评价模式的特点及其内容、评价活动是否适合社会发展的需求、是否满足幼儿身心发展的需要，参考所有人员的意见，关注非预期的效果，采用定性方法和定量方法，采用先进的技术对活动进行总体评价。

学前教育活动的目的是使幼儿能得到良好的发展。幼儿是一个完整的个体，有其自身的发展规律，而各阶段的发展又有其自身特定的规律，一个活动的开展，不能定格在某一个特定的时期，而是随着幼儿身心的发展变化而发展的。因此，在对幼儿园活动进行评价时，也不能将活动的好坏定格在某一个特定的范围，而是要用发展的理念去评价整个活动。发展性目标评价模式就给我们提供了这样的一个评价范式。

案例与实践

（1）过去几年，我国幼儿园的主题活动中，大多数教师认为应注重幼儿的技能获得，如评价一个老师上课是否优秀，是看那些孩子掌握了什么技能。现在，不少教师更倾向于培养孩子的想象力和创造力。

也有老师认为，评价一个活动时不能太注重结果，要看在整个活动中幼儿是否积极参与，是否过得轻松愉快。而有的老师则认为，应设计一个合理的活动方案，教师只要按照活动方案组织教学活动，达成目标即可。

　　请选择一种评价模式，制定一份幼儿园主题活动的评价方案。

　　（2）尝试比较国内外教育评价模式之异同，探寻二者之渊源。

拓展阅读推荐

　　（1）罗华玲. 西方主要教育评价模式之新解[J]. 昆明学院学报，2011，33（1）：108-110.

　　（2）葛敬豪，肖欣伟，刘立新. 论我国的教育评价模式[J]. 长春理工大学学报，2006（4）：72-75.

第二篇

评价实施

　　学前教育评价是一门技术性学科，操作性较强，对于学前教育工作者来说，掌握了基本理论还远远不够，还需要在实践中了解评价的具体过程、熟练掌握评价的具体途径与方法，学会正确地实施评价。

　　本部分共 6 章，分别介绍了学前教育领域的 6 大评价，即学前教育课程评价、学前教师评价、学前儿童发展评价、幼儿园教育活动评价、幼儿园保育工作评价及学前教育环境评价。其特点是案例丰富，深入浅出，指导性强。

　　本部分内容将引导学前教育工作者树立现代评价理念，掌握学前教育各部分内容的评价要领，进而为学前教育评价的完善和学前教育事业的发展作出应有的贡献。

第五章　学前教育课程评价

目标导航

知识目标

（1）了解相关的课程评价模式。
（2）理解学前教育课程评价的内涵和意义。
（3）熟悉学前教育课程评价的内容。

能力目标

（1）能构建课程评价指标体系。
（2）掌握学前教育课程评价的具体方法。

　　学前教育课程评价是学前教育课程建设的重要手段，是学前教育质量提升的重要途径。我国学前教育课程的种类繁多，评价滞后，这严重制约了我国学前课程建设的质量，也是学前教育质量难以提升的原因之一。推动学前教育课程评价的发展，是学前教育高质量发展的有力保证。

第一节　学前教育课程

一、学前教育课程的界定

　　学前教育课程，抑或幼儿园课程，指的是各级各类学前教育机构（主体是幼儿园）为实现一定的教育目标而选择和组织的教育内容体系的总和。这个教育内容体系主要包含课程方案和课程内容。课程方案包括课程计划和教学大纲，课程内容主要是相关教材及其编写。从某种意义上说，学前教育就是实施课程方案、展示课程内容的过程。

　　学前教育课程是实现学前教育目标的重要手段，是帮助学前儿童养成良好习惯，引导其获得有意义的学习经验，促使其身心和谐发展的各种活动与环节的总和。相比其他教育课程，学前教育课程具有如下三个特点。

　　（1）学前教育课程是实现学前儿童全面发展的中介。《幼儿园教育指导纲要（试行）》明确规定，幼儿园课程是基础教育课程的基础部分，是我国学校教育和终身教育的基础。幼儿阶段是人生的启蒙阶段，学前教育的目标是使学前儿童在原有发展水平的基础上得到发展和提高。基于此，学前教育课程具有启蒙性，是实现学前儿童发展目标的中介。

　　（2）学前教育课程是以学前儿童的直接经验为主的活动课程。幼儿因为心智发展尚处于初级阶段，只能通过直接的感性经验来认识世界。因此，《幼儿园教育指导纲要（试行）》指出，幼儿园课程的健康、科学、社会、语言和艺术这 5 大领域均要从儿童的经验出发，做到课程内容生活化，要更多地关注幼儿的直接经验。

　　（3）学前儿童的学习内容和学习方式以游戏为主。在学前教育课程实施中，游戏历来都具有重要的价值。好的游戏往往以灵活生动的方式贴近儿童的心灵，既有利于儿童体格的锻炼，又能让儿童在玩乐中学习和感悟，从而为其具体思维的发展奠定基础。可见，游戏是学前教育课程的重要组成部分，也是学前教育课程实施的有效手段。①

二、学前教育课程评价的意义

（一）促进学前儿童发展

学前教育课程的直接体验者和受益者是儿童，儿童的发展是不断诊断、修正及完善学前教育课程体系的最终目的，而评价正是达到这一目的的有效手段。所以，进行学前教育课程的评价，其价值在于促进儿童更好地发展。

（二）提升学前教师水平

教师是课程的实施者，是儿童发展的促进者。教师的理论水平和技能水平决定了学前教育课程实施与儿童发展的水平。对学前教育课程的评价中蕴含有对教师综合水平的检验。

（三）提高学前教育质量

学前教育课程的内容与实施是否适合儿童发展，是学前教育质量优劣的决定因素。因此，通过课程的评价，可以完善课程方案，增强课程实效，为课程的开发和推广奠定基础，进而提高学前教育质量。②

三、学前教育课程评价的要求

（一）理念方面：渗透适宜发展性教育理念

1986 年，美国早期教育协会曾经指出："一个高质量的早期教育机构应该能够提供一种促进幼儿身体、社会、情感及认知发展和安全的保育环境，能够为幼儿提供适宜其年龄特点的、适宜其个体差异的课程及教育教学实践。"③这就是适宜发展性教育。这种理念要求学前教育课程评价也要以儿童的发展为本，从儿童的个性出发，关注个体差异，根据儿童的身心年龄及个性特征，对儿童作出差异性的评价，以促进每一位儿童的和谐发展。

（二）内容方面：凸显情感、态度与价值观

我国也重视儿童社会情感的发展，但缺乏相应的对儿童社会情感与态度发展的评价。与欧美国家相比，我们显然过于强调儿童正规的能力本位测验，不够关注社会情感类课程的开发与评价。事实上，儿童的社会情感与态度同其认知成就是紧密联系的。因此，在进行学前教育课程评价时，应将儿童的情感、态度与价值观纳入评价范畴。

（三）方法方面：注重定性评价的应用

由于一方面学前教育课程越来越多地关注儿童情感、态度与价值观等非智力因素的发展，另一方面很难准确地对快速发展的儿童学习与生活作出定量评价，因此《幼儿园教育指导纲要（试行）》指出，要综合采用观察、谈话、档案袋、作品分析等多种评价方法，对儿童的行为表现进行定性评价。定性评价关注儿童精彩观念的诞生，反映儿童的成长历程，在学前教育课程评价中应占重要地位。

---

① 胡惠闵. 幼儿园教育评价. 上海：华东师范大学出版社，2009：126.
② 胡惠闵. 幼儿园教育评价. 上海：华东师范大学出版社，2009：127.
③ 胡惠闵. 幼儿园教育评价. 上海：华东师范大学出版社，2009：128.

学前教育评价

第五章 — 学前教育课程评价

（四）主体方面：扩展评价主体的范围

在我国，学前教育课程评价的主体往往局限于一个人或一个部门，如课程专家、幼儿园领导、幼儿教师或者幼儿园的上级部门。这显然不利于学前教育课程内容的丰富及课程体系的完善。所以，评价主体的范围应该拓宽至家长、儿童及社区人员。只有让各方共同参与、相互支持，才有可能得出更准确的评价结果。

第二节　学前教育课程评价

学前教育课程也是一个复杂的体系，如果不作划分，评价将无从着手。本节将从课程方案、课程内容、课程实施及实施效果 4 个方面来进行阐述。

一、学前教育课程方案评价

（一）评价内容

学前教育课程方案是全部或某一课程设置的总体规划，反映了课程改革的理念与方向。对其进行评价，意味着分别对其理论基础、课程目标、实施指导等作出价值判断。理论基础方面，要看课程方案是否明确了儿童的发展适宜性理念，是否厘清了儿童发展与社会需求的关系，是否澄清了儿童经验与科学知识的矛盾。课程目标方面，要看目标是否是课程理论的具体化。具体而言，要求该课程目标既参照了知识、能力、情感与态度的具体目标，又参照了《幼儿园教育指导纲要（试行）》所定的总目标。实施指导方面，要看组织与实施的计划是否符合儿童发展的要求，是否符合课程目标所反映的精神，组织与实施在方法与价值取向上是否一致。

（二）评价指标体系

根据课程方案的内容，可尝试构建如表 5.1 所示的评价指标体系。

表 5.1　学前教育课程方案评价指标体系

项目	观测点
理论基础	是否明确了儿童的发展适宜性理念；是否满足了每个儿童对安全与健康、关爱与尊重的基本需要，并为儿童提供了平等的学习与发展的机会；是否与儿童阶段的学习特点与身心发展水平相适应，能激发幼儿积极、主动地学习；是否尊重儿童学习与发展的个体差异，体现个别化教育；是否处理好了儿童发展与社会需求的关系；是否协调好了儿童经验与科学知识的矛盾
课程目标	初步了解并遵守共同生活所必需的规则，体验并认识人与人之间相互关爱与协作的重要和快乐；初步形成文明卫生的生活态度和习惯，独立自信地做力所能及的事，有初步的责任感；积极活动，增强体质，提高运动能力和行动的安全性；亲近自然，接触社会，初步了解人与环境的依存关系，有认识和探索的兴趣；初步接触多元文化，能发现和感受生活中的美，萌发审美情趣；积极地尝试运用语言及其他非语言方式表达和表现生活，具有一定的想象力和创造性
实施指导	课程实施是否符合儿童发展的要求，是否符合课程目标所反映的精神，方法与价值取向是否一致；课程计划是否具有个性化和可操作性；课程内容的选择与开发是否满足当前发展的需要，是否有助于拓展儿童的经验与视野；教学过程是否以激发儿童主动探索、自主活动为主，是否注重儿童的学习过程、学习方式、学习能力、情感及发展水平，是否为儿童提供活动与表现能力的机会、条件，是否创设适合儿童发展的、支持性的环境；教师是否能处理好预设活动与生成活动之间的关系

089

（三）评价模式参考

西方流行的泰勒模式、CIPP 模式与目的游离模式等在前面的章节中已有论述，这里主要介绍梅特费赛尔模式在课程方案评价中的运用。梅特费赛尔模式是美国学者在 20 世纪 60 年代后期提出来的，是在泰勒模式基础上的补充与完善，但更强调了课程评价的持续性与课程的全面整体效果。

梅特费赛尔评价模式包括以下 8 个步骤。[①]

（1）使教育团体全部成员（包括教师、管理人员、学生与普通公民）直接或间接地参与课程编制与评价活动。

（2）提出宽泛的教育目的与具体目标的范例，并对结果按一般到具体的等级顺序加以排列。

（3）将上述具体目标转换成适用于教学方案实施的目标。

（4）设计标准测量必需的方法，使个体能借此判断方案的有效性，得出相应的结论。

（5）用测验、事例以及其他适当的方式，对课程方案实施的整体效果进行持续性的定期观察。

（6）用适当的统计方法收集、分析资料。

（7）根据反映课程哲学思想的特定标准与价值观念来解释资料。

（8）根据有关信息提出建议，进一步实施或修改课程方案。

可见，梅特费赛尔模式在本质上仍是一种目标评价模式，但强调了全体成员的参与、目标的宽泛性与对课程实施效果的持续观察。

 # 二、学前教育课程内容评价

（一）评价内容

每一套学前教育课程方案都会依据课程目标对课程内容作出界定和选择，但无论哪一种课程目标，其根本目的都在于从不同角度促进儿童健康、情感、态度、能力、知识与技能等方面的和谐发展。所以，课程内容多涉及健康、语言、社会、科学和艺术。对课程内容进行评价，就是要对其中的健康课程、语言课程、社会课程、科学课程和艺术课程这 5 大领域的内容进行价值判断，以检验其科学性、合理性及可操作性。

（二）评价指标体系

1995 年美国早期教育协会提出的课程内容如表 5.2 所示。

表 5.2 美国早期教育协会的课程内容评价

项目	观测点
总论	① 课程应建立在坚实的理论基础上，应能反映关于幼儿学习与发展的最新的研究成果和观点； ② 课程内容应当使儿童在各方面，包括社会性、情感、认知和身体等方面得到发展，为儿童成为对民主社会有充分贡献者作准备； ③ 课程应促进儿童知识与理解、方法与技能、性格与态度的发展
认知	① 课程内容应当是相互关联的，与幼儿已有的知识经验相适应； ② 课程内容应该是大多数儿童可以学会的，切合实际的； ③ 课程内容应当从儿童已有的知识经验出发，来帮助他们巩固知识，学习和掌握新的知识和技能； ④ 课程应当为儿童提供一个概念化的框架，以使儿童建立在已有经验基础上的认识结构逐渐复杂化； ⑤ 课程内容既可以突出一定的主题或内容，也可以通过围绕一定的主题或促使观念充分发展的学习经验进行；

---

① 陈玉琨. 教育评价学. 北京：人民教育出版社，2006：164.

续表

项目	观测点
认知	⑥ 课程内容应当具有智力上的完整性，也应符合相关科目的认可标准； ⑦ 课程内容应当是值得学习的，应适宜于儿童的智力水平，而不会浪费儿童的时间； ⑧ 课程应该重视儿童的思维、推理、判断和解决问题的能力
情感	① 课程内容应考虑儿童个体需要和兴趣，并由儿童的需要和兴趣所发起； ② 课程应能够激发儿童的学习积极性，给儿童一定的选择机会； ③ 课程应珍视儿童所犯的错误，而不应为确认"正确"的答案而限制儿童的探索和操作； ④ 课程应当给予儿童心理安全感，即让儿童觉得快乐、放松和舒适； ⑤ 课程应提供让儿童获得对他们自己而言的成功体验，增强儿童在学习中的成就感和愉快体验
社会性	① 课程应当尊重和支持个体的、文化的和语言的多样性，并与儿童家庭建立积极的关系； ② 课程应重视儿童社会交往的价值，提供儿童向同伴学习的机会
身体	课程内容应满足儿童对活动、感官刺激、新鲜空气、休息、健康和营养的生理需要
其他	课程应具有灵活性，教师根据个别或集体的情况进行调整

　　我国《幼儿园教育指导纲要（试行）》也对我国幼儿园课程内容评价有明确规定。根据规定，可构建如表5.3所示的学前教育课程内容的评价指标体系。

表5.3　学前教育课程内容的评价指标

一级指标	二级指标	观测点
健康课程	课程要求	科学合理，符合儿童需要；安全教育、营养教育、保健教育与卫生教育紧密联系儿童生活与环境；符合儿童年龄特征，益智，有利于身体协调
	课程资源	日常生活及幼儿园中与健康相关的事物
	实施方式	营造良好的交往氛围，建立良好的师生关系与同伴关系
语言课程	课程要求	具有符合年龄特征、自由、宽松、灵活的语言交往环境和普通话的语言环境
	课程资源	提供优秀的儿童文学作品，丰富的儿童音像资料
	实施方式	开展丰富多彩的阅读活动，以生动的形式呈现常见的简单标记和文字符号，利用图书、绘画和其他多种方式，为儿童的阅读、书写创造条件
社会课程	课程要求	符合儿童身心特征，活动具有差异和自由的特点
	课程资源	家庭、社区和社会的课程资源
	实施方式	创设社会问题情境，呈现多方面解决问题的实例，组织各种儿童集体活动，通过多种方式呈现基本的社会行为规范
科学课程	课程要求	结合儿童的社会经验，创设有利于激发儿童探究欲的问题和情境；创设宽松的环境，提出适合儿童差异性的探究性问题；提供丰富的可操作的材料，为每个儿童都能运用多种感官、多种方式探索提供活动的条件
	课程资源	儿童的生活经历、身边各种带有科普性质的小事、生活或媒体中儿童熟悉的科技成果
	实施方式	组织简单的科学探究实验，引导幼儿体验科学探究的乐趣
艺术课程	课程要求	氛围宽松，环境丰富，内容与方法符合儿童的年龄特点、心理特征、适合儿童个性发展
	课程资源	美好的人、美好的事、美好的物
	实施方式	提供儿童自由表现的机会，引导儿童欣赏美、表现美；通过手工艺术等教育活动，让儿童创造美

对学前教育课程内容进行评价，要注意以下两点。

（1）课程内容组织要具有科学性。即其内容组织要有利于因材施教：对于不同年龄的儿童，要在难度上凸显内容的差异；对处于困境中的儿童，要有区别于普通儿童的干预措施；对不同的学科，要依据该学科的逻辑合理地展开。

（2）课程内容结构要具有合理性。即一方面，要协调好国家课程、地方课程和园本课程之间的关系，以充分发挥前者的主导作用和后者的辅助作用；另一方面，要协调好学科与活动、知识与游戏的关系，充分发挥活动与游戏的"益智"作用，使儿童在玩乐中成长。①

三、学前教育课程实施评价

（一）评价内容

实施学前教育课程，本质上就是幼儿教师引导学前儿童将课程计划付诸实践、将课程方案逐一落实。在这个过程中，幼儿教师是课程实施成败的关键所在。对学前教育课程的实施进行评价，同样要围绕幼儿教师的教育行为进行。依据幼儿教师实施课程的流程，评价的内容将包括 6 个方面，分别是教师对课程目标的解读、对课程资源的开发、活动内容的确定、活动环境的创设、活动方式的选择和对幼儿活动的监控。

（二）评价指标体系

依据课程实施的流程和评价内容的界定，可尝试构建如表 5.4 所示的评价指标体系。

表 5.4　学前教育课程实施的评价指标体系

项目	观测点
课程目标	课程目标的确立要合理、明确；课程目标要符合儿童身心发展规律；课程目标应可细化、具有可操作性
课程资源	要合理开发与利用 4 大课程资源，包括园内资源、社区资源、家庭资源和信息资源
活动内容	活动目标是课程目标的具体化，活动内容是课程内容的具体化；活动内容要基于儿童的发展水平与兴趣；活动内容要符合幼儿园的客观条件
活动环境	活动环境要与活动内容相匹配，要为活动内容服务；其创设要基于儿童的眼光，要能激发儿童活动的欲望与兴趣；活动环境要具有适当的开放性
活动方式	游戏是主要的活动方式，要保证充分的游戏时间；要让儿童在较大程度上按照自己的兴趣和需要进行游戏；游戏要具有教育性，要能使儿童得到满足与快乐；要将游戏与分区活动、分组活动、个体活动、课堂集体活动以及日常生活、家园联系等活动结合起来开展教育
活动监控	要从儿童的活动力、坚持度、注意力集中程度、适应力、敏感度、情绪表现、平时学习情况、家长的反映及其他教师的评论等方面对儿童的活动进行观察与指导

围绕以上评价指标体系，对学前教育课程的实施进行评价，有利于避免评价过程中容易产生的盲目及混乱。

信息链接

我国民办幼儿园课程评价现状

教育评价在我国学前教育领域起步较晚，目前仍然处于薄弱的境况。无论是 1981年 10 月教育部颁布的《幼儿园教育指导纲要（试行草案）》，还是 1996 年 3 月国家教

---

① 胡惠闵. 幼儿园教育评价. 上海：华东师范大学出版社，2009：133.

信息链接

委颁发的《幼儿园工作规程》，都没有出现关键词"教育评价"。直到 2001 年 9 月教育部颁布《幼儿园教育指导纲要（试行）》，才提到幼儿园"教育活动评价"，首次强调"教育评价是幼儿园教育的重要组成部分"，并明确指出了评价的目的、主体、过程、方式与手段等。但由于长期存在着理论与实践脱节、形式主义严重、课程内容缺乏系统性、教师专业发展滞后、教育"功利化"倾向严重等问题，幼儿园教育评价并没有真正开展起来。与此同时，我国多数幼儿教育机构尤其是民办幼儿园，受到办园环境与条件、师资以及举办者办学目的等诸多因素的制约，其课程建构仍主要处于"拿来"与"效仿"阶段，幼儿园既无能力也无内外动机主动开展课程自我评价。

信息来源：赵南. 湖南民办幼儿园课程自我评价现状与模式建构[J]. 学前教育研究，2014（2）.

四、学前教育课程实施效果评价

（一）评价内容

学前教育课程服务的直接对象是学前儿童，所以衡量课程实施效果最合适的标准就是儿童基于课程学习所获得的发展。因此，评价的内容主要是儿童对于预定课程目标的达标程度。确切地说，这些预定目标指的是儿童在健康、语言、社会、科学和艺术 5 大课程领域的各项目标。

（二）评价指标体系

根据幼儿园 5 大课程领域的目标，可尝试构建如表 5.5 所示的评价指标体系。

表 5.5 学前教育课程实施效果评价指标体系

一级指标	二级指标	观测点
健康	知识	知道必要的安全保健常识
	能力	身体健康；具备基本的生活自理能力；学会保护自己；在体育活动中动作协调、灵活
	情感、态度	在集体中情绪安定、愉快；养成讲卫生的好习惯；喜欢体育活动
语言	知识	理解日常用语
	能力	能清楚地说出自己想说的事；能听懂并会说普通话
	情感、态度	乐意与人交谈，讲话礼貌；注意倾听对方讲话；喜欢听故事、看书
社会	知识	学习互助、合作和分享；理解日常生活中的基本的社会行为准则
	能力	主动参与各项活动；遵守日常生活中基本的社会行为规则；能努力做好力所能及的事
	情感、态度	具备自信心、同情心、乐意与人交往；不怕困难，有初步的责任感；爱父母长辈、老师和同伴，爱集体、爱家乡、爱祖国
科学	知识	了解周围的事物及现象的特点，具有好奇心和求知欲
	能力	能运用各种感官，动手动脑，探究问题；能用适当的方式表达、交流探索的过程和结果；能从生活和游戏中感受事物的数量关系并体验到数学的重要和乐趣
	情感、态度	爱护动植物，关心周围环境，亲近大自然，珍惜自然资源，有初步的环保意识
艺术	知识	初步了解、感受并喜爱环境、生活和艺术中的美
	能力	能用自己喜欢的方式进行艺术表现活动
	情感、态度	喜欢参加艺术活动，并能大胆地表现自己的情感和体验

需要说明的是，评价指标体系并不是唯一的，各幼儿园可根据自身实际，遵循合理性、可操作性及质量结合等原则进行调整。

案例与实践

（1）某机关幼儿园教师为了解决小班幼儿初入园不适应的问题，决定开展主题为"快乐的幼儿园生活"的活动。该活动计划在连续两周内完成，每天20分钟。结合主题活动，教师还抓住日常生活时机，对幼儿实施适应教育。下面是主题活动观察记录：两周内全部幼儿25人都参与过主题活动，但有2名幼儿参与的天数少于7天，5名幼儿参与的天数少于8天。第一周，幼儿、家长与教师一起玩游戏，唱歌，做律动，幼儿的情绪逐日稳定；第二周，家长逐个离开，这虽然引起个别幼儿不安，但是其情绪很快就被安抚了。主题活动结束两周后，全班只有2人仍有一些情绪问题，在家长离开时出现哭闹现象。

请用外貌评价模式对上述主题活动进行评价，形成评价结论和改进措施。

（2）请参考表5.5所示的学前教育课程实施效果评价指标体系选择一所实习幼儿园进行课程实施效果评价。

拓展阅读推荐

（1）杨敏，田景正. 中国学前教育课程发展历程分析及其启示[J]. 学前教育研究，2012（11）.

（2）钱雨. 美国学前教育课程评价研究项目的背景、内容、实施及其启示[J]. 学前教育研究，2011（7）：20-25.

第六章　学前教师评价

目标导航

知识目标

（1）了解学前教师评价的模式。

（2）理解学前教师基本素质与工作绩效的内涵。

（3）熟悉教师基本素质与工作绩效评价的要点。

（4）拓展视野，了解学前教师评价的进展。

能力目标

（1）能熟练构建学前教师评价的指标体系。

（2）掌握学前教师评价的方式与方法。

（3）能在教学实践中对学前教师进行合理评价。

学前教师评价就是对学前教师进行价值判断，是学前教育评价的重要组成部分，事关师资力量的完备、学前教育质量的提升、学前教育事业的成败以及学前教师自身的发展。学前教师评价模式主要有奖惩性评价和发展性评价，评价内容主要包括学前教师基本素质评价和工作绩效评价。

第一节　学前教师评价模式

根据不同的评价目的，学前教师评价主要分为两种模式，分别是奖惩性教师评价和发展性教师评价。

一、奖惩性教师评价

"教师评价"产生与 19 世纪末 20 世纪初。当时，各国纷纷进行教师评价，其主要目的是想通过对教师的表现进行一种自上而下的判断，作出相应的加薪、减薪、晋级、降级以及解聘等奖惩决定，从而取得更好的教育管理效果。这一评价模式的理论假设有三条：①学校教育质量的保证主要靠摒弃不称职的教师；②在可预见的时间内，这些不称职的教师很难把自己提高到预期水平；③教师的动力来自于外部压力。[①]

奖惩性教师评价通常采用以下三种策略。

（1）定级。定级，即根据不同的等级要求，通过评价将教师分为不同等级。等级的评定可以由行政管理者完成，也可以由教师自身、教师群体或学生群体来完成。其优点在于简便易行。

（2）系统观察。系统观察，即根据预先设计的观察方案和指标，对教师大课堂教学行为进行观察与判断。系统观察要求观察指标真正反映课堂教学活动本质，有益于教学质量的提升，这是观察有效的前提。

（3）学生的测验成绩。可根据学生的测验成绩来对教师的教学进行评价。这种评价策略的优点是能

---

① 陈玉琨. 教育评价学. 北京：人民教育出版社，1999：104-105.

在一定程度上很快判明教学的得失，但过多使用则会导致教学误入应试教育的歧途。

随着教育评价理论的不断发展，人们开始对教师评价进行深入思考：教师评价的目的主要是为了绩效管理还是专业发展？教师评价的功能主要是甄别选拔还是共同进步？教师评价的内容是注重结果还是注重过程？随着对这些问题的反思，教师评价开始进入转型期，不少国家开始探索更加合理的教师评价模式。[①]

二、发展性教师评价

到了 20 世纪 80 年代，英国教育界率先推出了发展性教师评价模式，以弥补奖惩性教师评价的不足。发展性教师评价指的是通过制定明确、合理的评价内容和标准，对教师的现状与发展作出判断与诊断，从而有效地促进教师发展的评价活动。

发展性教师评价有 9 个特征：①学校管理者注重教师未来发展；②强调教师评价的真实性和准确性；③注重教师的个人价值、伦理价值和专业价值；④实施同事之间的评价；⑤由评价者和评价对象配对，促进评价对象的未来发展；⑥发挥全体教师的积极性；⑦提高全体教师的参与意识；⑧扩大交流渠道；⑨制定评价者和评价对象认可的评价计划，由评价双方共同承担实施发展目标的职责。[②]

为实现评价的目标，发展性教师评价对评价过程的环节及要求有以下规定。

（1）评价者的确定。发展性教师评价倾向于由同事或同行管理人员担任评价者。一般而言，上级人员比同级人员更适宜担任评价者。

（2）评价标准的设计。设计评价标准时，应参照幼儿园的规章制度，更为重要的是应尽可能地让评价对象参与其中，让教师共同讨论并理解。

（3）评价信息的收集。评价信息包括口头信息和书面信息。评价信息可以通过口头征求意见、面对面交谈、课堂观摩、参观调查、重要事件记录、查阅资料和文献等方法进行收集。

（4）进行评价面谈。面谈是教师评价的核心部分，具体内容有：总结评价对象的教学工作；探讨评价对象在制定学校管理政策方面所发挥的作用；探寻评价对象进一步发展的方向、可能性或支持系统。面谈的目的是指出存在的问题和不足，探讨解决问题和克服不足的方法。

（5）跟踪面谈。跟踪面谈即对评价对象进行周期性的跟踪了解，其周期可以是半年也可以是一年。跟踪面谈的目的是回顾评价过程，探讨之前确定的发展目标是否妥当，进一步落实实现发展目标的措施。如果发展目标有调整或修改，评价者与评价对象应说明其理由。

可见，发展性教师评价关注教师的自主发展，这是对奖惩性教师评价的弊端的克服。随着这种评价模式的推进，教师评价的两个方面的重要性日益凸显，国内外相关人士越来越多地倾向于将两种模式合二为一，以期更好地促进教育的发展。

信息链接

关于幼儿教师的评价势在必行

近年来，随着我国对学前教育的不断关注和家长对优质教育需求的不断增加，全社会对幼儿教师的要求也不断提高。根据幼儿教育发展数据统计，我国 0~6 岁的儿童多达 13 亿，是世界同龄儿童数量的 1/5。通过幼儿教育激发这些儿童巨大的学习和发展潜能，不仅能够产生不可估量的经济效益和社会效益，而且也有利于国民整体素质的提高。目前，基于幼儿教育事业的快速发展，世界各主要发达国家的幼儿教育形成了一股声势浩大的教育革新浪潮，而幼儿教师的发展也成为教育革新浪潮中一个引人注目的调

① 胡惠闵. 幼儿园教育评价. 上海：华东师范大学出版社，2009：110.
② 王斌华. 发展性教师评价制度. 上海：华东师范大学出版社，1998：117.

整方向。伴随着 2001 年《幼儿园教育指导纲要（试行）》的诞生，具有主动性、创造性和团队精神的幼儿教师队伍正在不断壮大。那么，在新的时代背景下，幼儿教师应具备哪些特点、承担哪些职责、扮演什么角色、拥有什么样的素质结构、确定什么样的发展目标，应该如何对目前的幼儿教师进行评价，应该建立哪种形式的评价指标体系并且如何操作，这些都成为当前幼教界亟待解决的问题。因此，探讨一种具体的、可量化的幼儿教师评价指标势在必行。

信息来源：罗蓓，崔玉平. 幼儿教师评价指标体系的构建[J]. 当代教育理论与实践，2011（04）.

第二节　学前教师基本素质评价

一、学前教师基本素质的界定

教师基本素质指的是教师做好教育工作所应具备的素养或条件。一名好教师应该具有哪些素质呢？美国著名教育家保罗·韦地博士在对九万多名学生进行调查后，归纳出好教师的 12 种素质。

（1）友善的态度。"他必须喜欢我们。要知道，我们一眼就能看出他喜欢还是不喜欢教书。"

（2）尊重课堂内每一个人。"老师应对我们有礼貌。我们也是人。"

（3）耐心。"老师，请您耐心地听听我所提出的问题。在您听来也许可笑，但只有您肯听我，我才能向您学习听从。"

（4）兴趣广泛。"她带给我们课堂以外的观点，并帮助我们把所学到的知识用于生活。"

（5）良好的仪表。"我立刻就喜欢她了。她走进来，把名字写在黑板上，马上开始讲课。你能看得出她是熟悉教学工作的。她衣着整洁，事事都安排得有条不紊。她长得并不漂亮，但整节课瞧着她，我没什么反感。她尽力使自己显得自然。"

（6）公正。"老师，只要您保持公正，您对我尽量严格。表面上即使我反对严格，但是我知道我需要您严格。"

（7）幽默感。"他讲课生动活泼、幽默风趣，听他的课简直是一种享受。"

（8）良好的品性。"我相信她与其他人一样会发脾气，不过我从未见过。"

（9）对个人的关注。"老师只和好学生谈话，难道他不知道我也正在努力吗？"

（10）伸缩性。"老师，请您记得，不久之前您也是学生，您是否有时也会忘带东西，在班上您是否样样第一？"

（11）宽容。"她装作不知道我的愚蠢，将来也是这样。"

（12）方法。"忽然间，我能顺利完成我的作业了，我竟然没有察觉这是因为她的指导。"

以上素质大致可以归纳为道德素质、心理素质、文化素质、能力素质和身体素质 5 个方面。学前教师与其他教师相比，是有一定的特殊性的，这也与学前教育对象的特殊性有关。由于学龄前儿童年龄小，各方面发展都还不健全，就更需要教师的关心和爱护，这就要求学前教师具备相应的卫生知识、急救知识、护理知识与技能技巧等。当然，这在我国学前教育的相关法律法规中都有相应的要求，是开展评价工作的重要依据。

二、学前教师基本素质的评价

（一）评价的内容

依据教师素质的概念及组成部分，学前教师基本素质的评价可从道德素质、心理素质、文化素质、能力素质和身体素质5个部分着手，如表6.1所示。

表6.1 学前教师基本素质的评价内容

项目	评价内容
道德素质	① 道德认识、道德情感、道德意志、道德行为； ② 人生观、价值观、世界观； ③ 职业理想、职业态度、职业道德
心理素质	① 认识因素，即注意力、记忆力、思维力、想象力、观察力等； ② 兴趣因素，即兴趣及其品质，如兴趣的广度、深度、稳定性等； ③ 一般情绪因素，即情绪、心境、激情、热情等； ④ 情绪品质，即情绪的稳定性、深刻性等； ⑤ 社会情感，即道德感、理智感、美感等； ⑥ 意志因素，即意志及其品质，如意志的果断性、顽强性、自制性、目的性（自觉性）等； ⑦ 性格因素，即性格特征，如谦逊、自我批评精神、勤奋精神、献身精神、内向性、外向性等； ⑧ 气质因素，即个性情绪和活动的反应强度、速度与表现趋向
文化素质	① 学前教育理念：系统、先进； ② 学前专业理论：深厚、扎实； ③ 教育心理知识：科学、先进； ④ 文化基础知识：丰富、广博； ⑤ 卫生与急救知识：熟练、精深
能力素质	① 制定教育工作计划的能力； ② 分析与确定课程目标的能力； ③ 组织与实施教育活动的能力； ④ 护理技能与技巧； ⑤ 开展科学评价的能力； ⑥ 语言表达与沟通的能力； ⑦ 自我控制与创造思维的能力； ⑧ 开展课外活动的能力； ⑨ 学前教育科研的能力； ⑩ 教育资源的选择、开发与利用的能力； ⑪ 审美能力
身体素质	① 体格状况，即身体的生长发育情况、身体形态与身体姿势状况； ② 体能状况，即耐受力、敏捷的反应力、充沛的精力、较强的视力和听力、宏亮的声音等状况； ③ 身体的适应能力情况，即对外界环境的适应、应急能力和对疾病的抵抗力

对学前教师基本素质进行评价，内容很广。简便起见，通常可以根据需要，只对某一个方面进行评价。

（二）评价的方式

1. 教师自评

教师自评，简而言之就是教师自己评价自己，是教师自我反思式的一种评价方法，它应该是教师日常工作的组成部分。这种方法有利于教师对自身工作进行及时的自我监督、自我调整，也有利于实现教师自身的专业成长和自我超越。以下是一位幼儿教师在对环境创设过程中的自我反思的一个案例呈现。

"在环境创设中，我能充分体现幼儿是环境主人的思想，体现课程的发展性，但在活动区材料的提供上，缺乏一些挑战性的材料，导致幼儿有一段时间对聪明屋、图书区等区域兴趣减弱。后来，通过对图书区提出新的要求，采取一定的干预措施，如让幼儿寻找自己认识的字宝宝等活动，使图书区又焕发了生机。"[①]

此外，教师在平时的教学工作中，还可以运用教学后记、反思日记、案例研究等方式来进行教师自身的自我反思。为了让评价结果更加直观，也可以构建相应的评价指标体系，用数据说明问题。

2. 作品分析

作品分析，是指通过对教师在工作过程中积累的成果或作品等进行分析，来评价教师教育活动观念和组织实施能力的变化发展的方法。对于学前教师来说，日常工作中的作品主要包括教育工作计划、具体的教育活动方案、环境的创设、教玩具的制作和投放等；学前教师的教科研成果主要包括幼儿园组织汇编的教师作品、教师个人平时撰写的作品、教师在课题研究中形成的作品等。

在这里，以学前教师在教育活动过程中的具体教育活动方案设计为例进行探讨。教案设计不仅是教师日常工作的重要组成部分，也是评价幼儿教师发展的重要依据。由于每个教师的教育活动观念不同，这就决定了对于同样的教育活动主题或内容，不同的教师所设计的活动方案也就不一样。以下是某幼儿园教师对组织幼儿进行"野营活动"的方案设计。

最初的活动方案设计如下。

（1）教师根据活动目标认真选择野营活动的时间和地点。

（2）教师根据所选地点的环境特征和条件，确定两天野营活动的内容。

（3）做好家长工作，教师列出幼儿参加野营活动所需物品的清单，请家长配合准备。

最终的活动方案设计如下。

（1）在幼儿明确了野营活动的时间安排和地点后，让幼儿自己想一想，需要做哪些准备——让幼儿主动思考。

（2）让幼儿自己把野营活动所需的物品用图画画下来——让幼儿提高绘画、表达技巧，学习记录方法。

（3）让幼儿相互交流野营活动需要带些什么——让幼儿相互学习，提高口语表达和分析能力。

（4）让幼儿确定所带物品内容，并制定计划表——让幼儿调整自己原有计划，体现个人、小组、集体间的相互关系。

（5）让幼儿对照所需物品计划表由自己准备相应物品——让幼儿从小学会生活自理。

（6）野营活动结束后让幼儿对照计划表由自己整理物品——让幼儿从小学会管好自己的物品。[②]

从上述案例中可以看出，幼儿从先前的活动方案设计中的"被动地位"到现在的活动方案设计中"主动地位"的转变，比较两种不同的教育方案，可以看得出教师教育观念的变化和组织实施能力的提高。

3. 家长和园长评价

园长和家长作为重要的评价主体，他们的评价结果在学前教育活动中具有重要的作用。成都市教育局曾对家长和园长进行过关于幼儿教师最重要的品质和最缺乏的品质的调查，结果如表6.2所示。

---

① 宋红卫. 为教师创造成长的空间[J]. 早期教育，2005（4）.

② 陈国强. 从野营活动的组织看教师从观念到行为的转化[J]. 早期教育，2003（11）.

表6.2 家长和园长对幼儿老师基本品质的看法（百分比）

项目 \ 基本品质	慈爱热情	家长工作	主要问题	经验丰富	善于创造	善于观察	理解喜欢	教育心理	宽容	护理	耐心
（家长）重要	26.8	1.1	2.1	8.5	0.5	5.0	25.7	5.3	0.3	14.4	10.5
（家长）缺乏	6.9	7.9	4.4	6.5	11.1	8.5	6.4	21.6	0.7	13.9	12.1
（园长）重要	25.7	4.1	1.1	8.3	1.8	9.4	16.0	5.9	1.8	13.8	10.3
（园长）缺乏	3.8	6.6	3.8	5.5	9.8	12.6	7.1	21.3	1.1	17.8	7.4

资料来源：鄢超云. 学前教育评价[M]. 北京：高等教育出版社，2010：162.

可见，在家长和园长眼中，慈爱、热情、理解和喜欢儿童、具有较好的护理知识和技巧等基本素质是学前教师最重要的品质。这些品质往往是教育部门甄别幼儿教育人才的标准之一，也是考核或评价学前教师时比较重视的指标。

4. 儿童评价

儿童评价就是让学前儿童参与到评价活动中来。现代教育要求评价主体多元化，所以学前儿童不能被忽视，可以考虑把他们作为评价主体对学前教师进行评价。然而，由于学前儿童认知水平有限，他们对老师的评价往往是根据自己的喜欢与否出发，常常凭借第一感觉，甚至仅凭教师的外表及穿着打扮作出判断，带有强烈的主观性。因此，儿童评价在当前学前教育评价中不占主导地位，但儿童评价的结果也具有一定的参考价值。

信息链接

教学活动中评价幼儿教师素养

多元智能理论要求教师在教学中应该尊重学生的差异性，坚持有教无类，重视扬长避短、因材施教，倡导全面发展。教学活动中，评价幼儿教师素养有以下几个指标。第一，讲解技能。教师的讲解思路是否清晰？对特定活动内容的讲述解释是否适宜？讲解语言是否精准、生动形象、富有感染力？普通话是否标准？教态是否自然亲切？举止是否从容大方？第二，提问技能。教师提问是否有效？是否根据教学内容、幼儿已有经验水平、幼儿发展的兴趣与需要精心设计提问？是否全面考虑问题的类型与难度？是否给予幼儿思考的时间？是否允许幼儿按照自己方式回答？是否引导幼儿通过操作、体验、思索、交谈、大胆猜想、合作学习解决问题？是否引导幼儿主动质疑？第三，教学策略。教学结构层次是否清楚？组织形式是否具有灵活性？各教学环节安排顺序是否合理？衔接是否自然、紧凑？重点是否突出？时空分配是否合理？教学方法是否做到量体裁衣、灵活多样化？教具的使用是否熟练？运用现代教学手段是否恰当？第四，面对幼儿。教师能否面向全体，注意个别？是否注重引导幼儿主动参与学习的全过程？是否能公正地对待每一位幼儿，关心、信任每一位孩子，给每一位幼儿提供相同的学习机会，尤其是对那些能力发展较迟缓的幼儿，相信所有的幼儿都能学习？是否关注幼儿的现实需要、兴趣及遇到的具体问题等？是否注重幼儿良好的学习习惯及个性品质的教育，体现课程的整合观和全面发展观？第五，教师总结和评价。教师在活动过程中及活动结束后是否根据需要开展适当的评价？评价形式是否多样？

信息来源：谢应琴. 幼儿园教师教学活动评价要素研究[J]，内蒙古师范大学学报（教育科学版），2014（10）.

第三节 学前教师工作绩效评价

 ## 一、学前教师工作绩效简介

工作绩效是人的能力和积极性的共同体现，学前教师工作绩效评价是对学前教师工作现实的或潜在的价值作出判断的活动，主要是对教师教学工作过程和工作结果的评价。其结果往往与奖惩或评优等利益直接相关，其目的不仅在于将教师的表现与一定的标准相比较后，判断教师的优劣，还在于充分调动教师工作的积极性、主动性和创造性。

学前教师的职务绩效是绩效评价的基础，主要包括 6 个维度，分别为职业道德、合作意识、奉献精神、教学效能、师幼互动和教学价值，前 3 个维度属于关系绩效，后 3 个维度属于任务绩效。

 ## 二、学前教师工作绩效评价

（一）评价指标体系

在具体评价中，往往将职务绩效的 6 个维度概括为德、能、勤、绩 4 个指标，根据这 4 个指标，可构建如表 6.3 所示的评价指标体系。

表 6.3　教师工作绩效评价指标体系与权重表

评价方面	项目指标	权重/分值
德	工作态度和职业道德，道德意识与敬业精神，强烈的责任心和事业心	20%
	① 幼儿教师道德；	2
	② 爱岗敬业；	2
	③ 工作责任心；	5
	④ 遵纪守法；	5
	⑤ 协助合作与配班工作；	4
	⑥ 社会公德与家庭美德	2
能	从事本职工作的能力	40%
	① 体能（健康而充沛的体能）；	3
	② 专业学历与培训进修（积极参加进修、培训，自身专业发展有成效）；	5
	③ 教育智能（指观察幼儿的能力、综合分析与判断能力、创造能力等，反思实践、提出合理化工作建议、解决实际问题的能力，提供适宜的解决工作问题的方案及创新能力）；	8
	④ 教学技能（指工作岗位需要的技能技巧、实施能力、组织能力和与人交往能力等）；	10
	⑤ 师幼互动；	7
	⑥ 家长沟通	7
勤	高出勤率以及强烈的责任感和事业心，工作积极性	15%
	① 工作主动性；	3
	② 工作积极性；	2
	③ 出勤率（无病假、事假）	10

续表

评价方面	项目指标	权重/分值
绩	工作效率和效果	25%
	① 无安全责任事故；	5
	② 完成岗位工作的实绩（日常工作检查、评比结果）；	5
	③ 参与园内教研活动；	5
	④ 个人教科研成果（备课笔记、观摩课、论文、课题研究情况）；	8
	⑤ 岗位之外的绩效（党、团、工会及社区公益活动）	2

资料来源：王坚红. 学前教育评价[M]. 北京：人民教育出版社，2010：371-372.

（二）评价的方式

对教师的工作绩效进行评价，主要有教师自评、同行互评、园领导评价及家长评价等方式。为了使评价的结果更加全面、系统、客观、准确，通常将多种评价方式结合起来进行，有时甚至要考虑幼儿反馈的信息。

1. 教师自评

学前教师工作绩效自评可以依据表 6.3 所构建的评价指标体系开展，也可以有所侧重，尝试着重新搭建符合自身情况的体系，如表 6.4 所示。

表 6.4　教师工作绩效之教师自评表

自评教师姓名：　　　　所在班级：　　　　评定日期：

评价项目	要素	评分	小计
管理能力（40%）	1. 尊重孩子的人格、兴趣和权利		
	2. 倾听孩子说话，随机给予孩子奖励		
	3. 鼓励孩子表达自己的情绪		
	4. 遵守既定的一切规则		
	5. 通过观察来了解每个孩子的特质		
	6. 帮助孩子建立良好的自我概念		
	7. 详述你希望孩子更正的行为		
	8. 提供孩子自我约束的机会，鼓励孩子发展独立性		
计划与教学实施能力（60%）	1. 以既定教学目标为基础评价每位孩子		
	2. 依据既定目标设计适当的教育活动		
	3. 安排适当的活动空间和适度的活动时间		
	4. 教学活动设计有弹性，可临时更换		
	5. 为孩子提供根据兴趣选择活动的机会		
	6. 运用、尝试各种教学技巧		
	7. 对于孩子所提的问题有适当的反应		
	8. 依据目前的教育目标布置活动环境		
	9. 通过自我评价来改进教学水平		
	10. 为孩子提供各种探索、认识周围环境中有趣事物的机会，鼓励家长参与幼儿活动		

续表

自评教师姓名：	所在班级：	评定日期：		
评价项目	要素		评分	小计
计划与教学实施能力（60%）	11. 为孩子提供表达自我经验的机会			
	12. 经常注意到孩子的安全问题			
总分				
备注：优秀（90~100分）、良好（80~89分）、及格（60~79分）、不及格（60分以下）				

资料来源：霍力岩. 学前教育评价[M]. 北京师范大学出版社，2000：136-137.

2. 同行与园领导评价

在学前教育活动中，每位教师的工作都离不开同事间的相互配合与协作，又由于教师间工作的相似性、共鸣性和理解性等特点，可以通过同事间的互评来了解学前教师实际工作的能力和效果。同时，幼儿园园长作为工作上的直接领导，需要考核教师的工作能力与效果，也可以通过直接评价对学前教师实际工作的能力和效果进行深入了解。为此，可构建同行与园领导评价表，如表 6.5 所示。

表 6.5 教师工作绩效之同行与园领导评价表

被评教师姓名：	所在班级：	评定日期：		
评价项目（权重）	要素		评分	小计
思想品德工作态度（15%）	1. 事业心与责任感			
	2. 工作积极性			
	3. 对幼儿的态度			
	4. 教育思想			
	5. 品德修养			
知识能力（30%）	1. 一般文化知识			
	2. 学前专业理论、知识与技能			
	3. 语言表达能力			
	4. 组织活动与观察了解幼儿的能力			
	5. 教玩具的制作与使用			
	6. 自学创新能力			
工作负荷（10%）	1. 出勤情况			
	2. 工作量			
工作质量、成绩与效果（45%）	1. 工作计划的制定与执行			
	2. 作息制度的执行			
	3. 活动环境的创设与利用			
	4. 教育活动的组织与开展			
	5. 教育效果、经验总结及研究成果			
突出特点				
总分				

备注：根据实际情况，评出分数后，进行加权计算。满分为 100 分。突出表现可加分。

等级评定：优秀（90~100分）、良好（80~89分）、及格（60~79分）、不及格（60分以下）

资料来源：谢秀丽. 幼儿园工作管理[M]. 广东高等教育出版社，2000：265.

3. 家长评价

对学前教师工作绩效的评价，也可以从幼儿家长的角度进行。尽管文化、认知水平等原因，可能会导致评价结果有所偏差，家长评价的相关信息仍可作为衡量教师工作绩效的有益参考。家长评价学前教师的依据主要来源于三个方面：①观察孩子的智力、心理与行为表现；②通过接送孩子时与教师的交流；③到幼儿园考查与观摩教育活动。为便于家长们进行教师工作绩效评价，可尝试构建如表6.6所示的家长评价表。

表 6.6 教师工作绩效之家长评价表

被评教师姓名：　　　　所在班级：　　　　评定日期：

评价项目（权重）	要素	评分	小计
孩子的发展（40%）	1. 身体发育		
	2. 心理发展		
	3. 智力发展		
	4. 个性的成长		
	5. 良好行为习惯的养成		
教师待人接物（30%）	1. 对孩子的关爱		
	2. 对工作的热爱程度		
	3. 与家长的沟通		
	4. 对家长的尊重情况		
	5. 做事是否客观、公正		
教师教育活动（30%）	1. 教师的仪表、仪容及表达能力		
	2. 教育活动的组织与掌控		
	3. 师幼互动情况		
	4. 教师的专业理论知识		
	5. 教师的护理技能		
总分			

备注：优秀（90~100分）、良好（80~89分）、及格（60~79分）、不及格（60分以下）

信息链接

英国中小学教师工作绩效评价的发展历程及特点

1. 奖惩性教师评价制度阶段（1983~1990年）

英国教育和科学部于1983年和1985年分别颁布了《教学质量》和《把学校办得更好》两份"白皮书"，提出了奖惩性教师评价制度。其主要内容是依据对教师工作效绩的评价结果，做出加薪、增加津贴、解聘、晋级或降级等的决定。

2. 发展性教师评价制度阶段（1991~1998年）

1987~1989年，英国教育行政管理部门在6个地方对新的教师评价制度进行了试点研究，并从20世纪90年代初开始推行发展性教师评价制度。其主要内容是依据一定的发展价值观，评价者与被评者配对，制定双方认可的发展目标，由评价者和被评者共同承担责任，运用评价技术和方法，对被评者的素质发展、工作责任和绩效进行价值判断，使其不断认识自我、发展自我和完善自我。

信息链接

3. 绩效性教师评价制度阶段（1998～2000 年）

1998 年 12 月，英政府发布了《英国教师职业现代化》"绿皮书"，将教师和校长的薪金与绩效挂钩，提出了绩效性教师评价制度。其主要内容包括三个方面：一是校长评价；二是教师评价；三是学校评价。

4. 管理性教师评价制度阶段（2000 年至今）

为了确保教师评价的有效性，英国设立了三个层级的办学主体来推动教师评价的实施。第一层级是地方教育局，督促学校根据教师评价标准对教师进行检查；第二层级是各个学校董事会，负责对校长进行检查和评估；第三层级是学校本身，负责对教学实施监控和向教师提供反馈信息。各所学校根据各自的特点设立教师小组，作为促进教师职业发展和评价的基本单位。

信息来源：梁丽萍，吴钢. 英国中小学教师工作绩效评价的演变及启示[J]. 教育测量与评价（理论版），2014（08）.

案例与实践

某幼儿园年终要从 30 名教师中评选两名作为本年度的优秀教师，其中有十名教师实力相当，对工作都很负责，这就给评选增加了难度。园长与几位评选人员让这十名教师先进行自评，然后再进行综合评价。

（1）假设你是一名幼儿教师，请尝试对自己的基本素质进行评价。

（2）请为园长制定一份幼儿教师评价指标体系，作为评选优秀教师的参考方案。

拓展阅读推荐

（1）郭良菁. 上海市幼儿园教师专业发展自我评价体系研制简介——构建幼儿园教师专业标准的尝试[J]. 学前教育研究，2007（7）：10-13.

（2）罗蓓，崔玉平. 幼儿教师评价指标体系的构建[J]. 当代教育理论与实践，2011（4）：15-18.

第七章 学前儿童发展评价

目标导航

知识目标

（1）了解学前儿童发展评价的内容。
（2）掌握学前儿童各方面发展的评价指标和标准。
（3）掌握学前儿童各方面发展的评价方法。

能力目标

（1）能够制定简单的学前儿童发展评价方案。
（2）能够对给出的具体的评价指标和体系进行操作。
（3）能够对学前儿童发展评价的最终评价结果进行处理与分析。

第一节 学前儿童体格发展评价

学前儿童体格的发展也叫学前儿童身体健康与动作的发展。学前教育中，一般都讲"体、智、德、美"，把"体"放在第一位，足以说明"体"对学前儿童来说的重要性。这里的"体"就是"体格"。对学前儿童来说，体格的发育和生长不只是身高和体重等的增长，还包括各种动作的发展。也就是说，"体格"包括身体与动作的发展。学前阶段是儿童身体和动作迅速发展的时期。动作的发展与儿童其他方面的发展密切相关，认知等方面的发展又与身体动作的发展关系密切，所以在对学前儿童进行智力测量的时候，有很多都是涉及动作的。由于学前儿童身体健康和发展是父母肉眼就可以看到的，所以父母对学前儿童的身体健康和动作的发展也十分关注。

学前儿童体格的发展十分迅速，有些特征可能在很短的时间内就没有了，因此对学前儿童体格发展的评价，需要评价者对学前儿童随时进行直接的观察，最好是一对一的观察或测查，还要特别留意时间的问题。

在学前儿童的体格发展进行评价时，常采用量化的方法，这样能够使评价结果更加准确。但是也要看到，学前儿童体格的发展与意识、情感等方面也有一定关系，而意识、情感方面是比较难以量化的，所以在测量的时候要考虑将多种方法结合起来运用。

一、学前儿童身体健康发展评价

（一）学前儿童生长发育的评价

1. 学前儿童生长发育的评价指标

（1）生长发育的形态指标。[1]生长发育的评价指标是指身体及其各部分在形态上可测出的各种量度，如长、宽、高、围度和重量等。对于学前儿童来说，最常用和最重要的形态指标是体重和身高，此外还

---

[1] 麦少美，高秀欣. 学前卫生学. 上海：复旦大学出版社，2010：57-58.

有其他的形态指标，如长度（手长、脚长、上肢长、下肢长等），宽度（肩宽、胸廓横径、前后径等），围度（头围、胸围等）等。下面具体论述几个比较重要的指标。

① 体重。体重是指人体各器官、系统、体液的总重量，在一定程度上可以作为儿童的骨骼、肌肉、皮下脂肪和内脏重量及其增长的综合情况。从体重可以大致推测出儿童的营养状况和体型特点。体重是一个很好测量的指标，而且结果一般都很准确。

正常足月新生儿的体重为 2.5～4 千克；出生后 3 个月时的体重是出生时的 2 倍；0～6 个月期间平均每个月增加 0.7～0.8 千克；7～12 个月时增长量减少，平均每个月增长 0.25 千克；满 1 岁时体重大概是出生时的 3 倍；满 2 岁时体重达到了出生时的 4 倍。

- 一岁以内儿童体重的计算公式如下。

前半年（1～6 个月）：体重（千克）=出生体重（千克）+月龄×0.6（或×0.7）（千克）。

后半年（7～12 个月）：体重（千克）=出生体重（千克）+6×0.5（千克）。

- 1～10 岁儿童体重的计算公式如下。

$$体重（千克）=年龄×2+8（或+7）。$$

进入青春期时体重增长较快，就不能按照以上公式推算了。

用体重评价儿童的营养状况时一般用两种方法。

第一，按照年龄来评价。按照儿童年龄分组，用体重的平均值作标准，以均值加上或减去 10% 作为正常的范围，大于 10% 为超重，大于 20% 以上为肥胖；相反，小于 10% 为轻度营养不良。

第二，按照身高（身长）来评价。根据世界卫生组织（WTO）的标准，用不同数值的身高（身长）所应有的体重为标准，不分年龄和性别，用百分位数列表，使用时按照儿童的身高（身长）值去查找标准体重。如果所测儿童的体重位于第 20～80 百分位数之间，说明该儿童的体重属于正常范围（可参见附表 1 和附表 2）。

② 身长（身高）。身长是指人体站立的时候头顶到脚底的垂直高度，是最基本的形态指标之一，经常被用来表示全身生长的水平和速度。身高要比体重所表现的个体差异更大。

正常足月出生的婴儿平均身长为 50 厘米；出生后第一年身长的增长速度是最快的，前半年每月平均增长 2.5 厘米，后半年每月平均增长 1～1.5 厘米，全身共增长 25 厘米；等到 1 岁的时候，身长大约为出生时的 1.5 倍，即 75 厘米；出生后第二年增长速度变慢，平均年增长 10 厘米，2 岁的时候身长约为 85 厘米。

2～12 岁儿童的身长计算公式如下。

$$身高（厘米）=年龄×5+80（或 75）厘米。$$

进入青春期后，身长就不能用上面的计算公式了，因为此时身高出现了第二次生长高峰，增长速度达到儿童期的 2 倍，能够持续 2～3 年；身体各部分长度的增长速度是不一致的。出生后的第一年，头部生长最快，躯干次之；而到了青春期，下肢的生长速度最快。因此，不同年龄身体各部分所占全身的比例不同，婴幼儿时期头部所占比例明显比成人时期要大。

③ 头围。头围是反映孩子颅和脑的大小和发育的重要指标，也是个别疾病诊断的依据，如脑积水、小头畸形等疾病。儿童出生时，头围平均为 34 厘米，已经达到成人头围的 65% 左右；出生后第一年头围的增长速度最快，1 岁时头围平均为 46 厘米；第二年增加 2 厘米；第三年增加 1～2 厘米；以后增长得更少，此时已经和成人的头围差不多了；10 岁时达到成人头围的 95%。由此可见，脑发育主要在出生后前三年，所以出生后的检测在这个时间范围内为最佳。

④ 胸围。胸围是胸廓的最大围度，表示胸廓的容积及胸部骨骼、胸肌和脂肪层的发育状况，是人体宽度和厚度最有代表性的指标之一，在一定程度上反映身体形态和呼吸器官的发育情况，同时也是一项评价幼儿生长发育水平的重要指标，也可以反映体育锻炼的效果。新生儿胸围平均为 32 厘米，比头围小 1～2 厘米；1 岁左右胸围与头围大致是一样的；1 岁后头围小于胸围。营养摄入得不够、缺乏体育锻炼

以及一些疾病造成的胸廓畸形（如佝偻病）均会影响到胸围的生长发育。到了青春期，胸围的生长发育速度很快，向成人体型转变。

⑤ 坐高（顶臀长）。坐高通常表示躯干的长度，是指坐着时从颅顶点到臀部接触底座平面的垂直高度，也就是头顶到坐骨结节的长度。坐高可表示躯干的生长情况，也可以直接了解内脏器官的发育状况。儿童随年龄的增长，下肢的生长速度不断加快，所以坐高占整个身体的比例也随之而降低。

（2）生长发育的生理功能指标。生长发育的生理功能指标是指身体各器官、各系统在生理功能上可测出的各种量度。例如，反映骨骼肌系统基本功能的指标有握力、拉力、背肌力；反映心血管系统功能的指标有心率、脉搏和血压；反映呼吸系统功能的基本指标有肺活量和呼吸频率；反映心血管和呼吸机能的综合指标是最大耗氧量；还可以检验血液中红细胞数和血红蛋白等生化指标。这些指标有助于对儿童生长发育状况进行全面地评价。下面列举了几项生理功能的指标。

① 心率与脉搏。心率是心脏搏动的频率，反映了心脏的生理机能是否正常。婴幼儿的年龄越小，心脏搏动的频率越快，则心率越快。

② 血压。血压是指血管内的血液对于单位面积血管壁的侧压力，即压强。它是反映心血管系统功能的另一个重要指标。

③ 肺活量。肺活量是指在不限时间的情况下，一次最大吸气后再尽最大能力所呼出的气体量。它代表肺一次最大的机能活动量，是反映人体生长发育水平的重要机能指标之一。《国家学生体质健康标准》要求，肺活量是小学五、六年级及初中、高中、大学各年级学生的必测项目。

（3）生长发育的其他评价指标。下面列举了几项生长发育的其他评价指标。

① 视力。对 3 岁以下婴幼儿的视力检查不能用视力表，因为他们还不能配合检查，所以只能用客观观察的方法对其视力进行粗略的测查；而对 3 岁以上幼儿的视力可以用可辨认图像的儿童视力表来测查；对更大些的幼儿的视力则可以用国际标准视力表、对数视力表或儿童图形视力表来测查。

② 听力。听力检查或测听，是通过测查声的刺激所引起的反应来了解儿童的听觉功能状态的，最常用的方法有主观测听法中的耳语检查和秒表检查法。

③ 微量元素。微量元素一般指含量小于体重 0.01%的矿物质，对孩子的生长发育起着非常重要的作用。我国儿童比较容易缺乏铁、碘、锌。目前，血液检测和头发检测是比较常用的两种检测方法。

④ 血红蛋白。血红蛋白是高等生物体内负责运载氧的一种蛋白质，是红细胞的主要成分，一般为了较好地反应贫血的类型和程度都要测定血红蛋白。幼儿各年龄的血红蛋白正常值为：出生后两周为 150 克/升，出生后 3 个月为 111 克/升，出生后 6 个月为 123 克/升，1～2 岁为 118 克/升，4～5 岁为 134 克/升，8～14 岁为 139 克/升。

2. 学前儿童生长发育的评价标准

学前儿童生长发育的评价标准是评价个体和群体儿童生长发育状况的统一尺度。一般来说，在某段时间内，在某地区范围内，经过大量对有代表性的学前儿童生长发育的某几项发育指标进行调查，取得相应的测量数据，再经过统计方法处理后所得到的结果和资料，就是该地区的学前儿童发展评价标准。

由于这种标准是建立在大量群体调查的基础上的，所以比较客观和准确，具有一定的代表性。但是这种标准具有一定的限制性和时效性，所以也只是相对的和暂时的。它们只是在一定的地区和时间起作用，因此一般只适用于本地区。因为儿童生长发育过程始终受遗传和环境因素的影响，所以不同地区儿童生长发育的水平有一定的差距。同时，在不同的年代，各个地区卫生事业的状况及人群的平均营养水平不同，因此经过多年后，儿童生长发育水平会有很大的不同。

学前儿童生长发育评价标准可以分为现实标准和理想标准，这是由选择的样本不同而划分的，具体如下。

（1）现实标准。现实标准是指一个国家或者地区一般儿童的发育水平。所选用的样本是除去那些特殊儿童外的其他所有正常儿童,对样本不做严格的挑选。

(2)理想标准。理想标准是生活在最适宜的环境中的儿童,其生长潜力得到较好的发挥,所以生长发育的状况比较理想。所谓最适宜的环境有如下几个因素。

① 营养和膳食安排合理,营养素供给充足。

② 良好的生活居住环境。

③ 可以得到及时的、良好的医疗保健服务。

把在最适宜环境下生活的学前儿童作为样本所制定出来的生长发育评价标准一般高于一般儿童的发育水平。[1]

3. 评价方法

(1)离差评价法。离差评价法是将个体儿童的发育数值与作为标准的均值及标准差进行比较,从而评价个体儿童发育状况的方法。它是根据某一指标数值和均值差异的大小和高低来判定该儿童发育状况的。离差法一般可以分为以下几种。[2]

① 等级评价法。等级评价法是某项评价指标,如身高,以均值 $\overline{X}$ 为基准值,以其标准差 s 为离散,将发育水平划分为 5 个等级,制定出五等级评价表,如表 7.1 所示。

表 7.1 生长发育五等级评价表

等级	均值标准差法	百分位数法
上等	$> \overline{X} + 2s$	$>P_{97}$
中上等	$> \overline{X} + s \sim \overline{X} + 2s$	$>P_{75}$
中等	$\overline{X} \pm s$	$P_{25} \sim P_{75}$
中下等	$< \overline{X} - s \sim \overline{X} - 2s$	$<P_{25}$
下等	$< \overline{X} - 2s$	$<P_{3}$

儿童生长发育等级曲线图如图 7.1 所示。

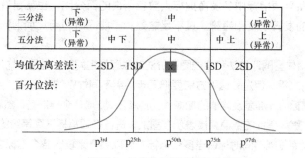

图 7.1 儿童生长发育等级曲线图

五等级评价常用的评价指标是身高和体重。个体儿童的身高、体重的均值加减 1 个标准差为中等,均值加 1～2 个标准差为中下等,减 2 个标准差以下为下等。身高、体重数值为"中等"、"中上等"、"中下等"均为正常范围,大约 95% 的儿童是属于此范围内的。但是,评级在这个范围以外的也不能就简单地被判断为异常,必须结合疾病、营养等方面进行连续观察、深入了解,再得出结论。

---

① 顾荣芳. 学前儿童卫生学. 南京:江苏教育出版社,2009:73-83.

② 麦少美,高秀欣. 学前卫生学. 上海:复旦大学出版社,2010:57-58.

等级评价法的优点是简单易行，而且能直观地反映儿童发育的情况，可以清楚地知道幼儿园机构中各种不同发育水平的儿童人数的比例。但是，这种方法也存在不足，它只适用于单项指标，不能对学前儿童的生长发育进行动态的评价。

② 曲线图评价法。曲线图评价法的原理和等级评价法是一样的，只是将等级评价中的 5 个等级用曲线来表示。例如，以年龄为横坐标，身高为纵坐标，将不同年龄组儿童的身高均值+s、+2s、−s、−2s分别标在坐标图上，连成曲线，既成了身高发育标准曲线图，如图 7.2 所示。评价的时候也非常简单和方便，只要将个体年龄的实测值在图中标示出来，就能够了解该儿童的发育水平了。如果个体评价的身高数值在均值加减 1 个标准差以内，则可以肯定是正常的；数值在加减 2 个标准差以内，也应视为正常；而数值在加减 2 个标准差边缘及其以外的儿童就应多加注意了，看有没有其他不正常的现象，当然也不能轻易下结论。如果将儿童在不同时期的连续实测值都表示在图中，并连接成曲线，则既可以看出该幼儿各个时期的发育水平，又能了解其发育速度和趋势。掌握儿童的这种发展动态和趋势比掌握儿童在某一时期特点的状况更有意义。

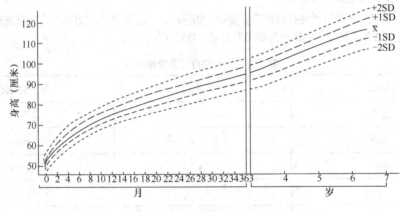

图 7.2 儿童身高发育标准曲线图

曲线图评价法的优点：评价方法简单易行，评价结果直观明确；能清楚地说明儿童发育所处的等级，而且还能追踪观察某项指标中各发育指标人数和所占的百分比，也就是进行横向比较；能够追踪儿童某项发育指标的发育速度和趋势。其不足之处：不能同时利用几项指标来评价儿童发育的匀称情况。

③ 体型图评价法。体型图评价法和曲线图评价法的原理是相同的，也是将均值和标准差结合起来评价幼儿某项指标的发育水平。但是，这种方法要把同年龄组不同性别的儿童分别各用一张体型图，每张体型图上都标有多个指标的标准差及均值的加减 1、加减 2、加减 3 个标准差，然后将年龄相同、性别相同的个体儿童身高、体重等指标的数值直接表示在图上，进行各项指标发育等级的评价。

体型图评价法的优点是能够同时标识出多个指标，可以大概比较出各个指标之间的关系，但不能够精确地说明儿童发育的匀称程度。

（2）指数评价法。指数评价法是利用人体各部分的比例关系，借助数学公式编制成指数，用来评价学前儿童身体发育水平的方法。一般有以下几种评价方法。

① 身高体重指数：$\dfrac{\text{体重（g）}}{\text{身高（cm）}}$。又称作"克托莱指数"或"肥胖指数"。它表示每 1cm 身高的体重，常作为一个相对体重或等长体重来反映人体的围度、宽度和厚度以及人体组织的密度，是评价人体形态发育水平和匀称程度的重要复合指标。用此公式可以反映出儿童体重与身高的比例关系，指数如果越大，就说明其体重相对较大。

② BMI 指数：$\dfrac{体重（kg）}{身高（m）^2}$。BMI 指数即身体质量指数,简称体质指数,又称体重指数,是 Body Mass Index 的缩写,是目前国际上常用的衡量人体肥瘦程度以及是否健康的一个标准。用此公式计算出的结果,可反映出儿童身体单位面积所含的体重数。

③ Rohrer 指数：$\dfrac{体重（kg）}{身高（cm）^3}\times 10^7$。此指数于 1886 年由意大利医生 R.Livi 最早提出，描述的是儿童单位体积所含的体重数，用以反映其肌肉、骨骼、脂肪和内脏器官的发育状态，由此评价机体充实程度及营养状况。该指数均值曲线呈"V"字形，7 岁以后随着年龄的增大而减小，女 11 岁、男 13 岁的时候为最低点，以后就随着年龄的增大而增大。该指数能够敏感的反映儿童的体型的胖瘦程度，因此被广泛地应用到营养状况评价中。但是，这很容易受到个子高矮的影响，还有可能会导致评价结果的不准确。如，一个身材比较壮的儿童有时候的指数还没有瘦弱的儿童高。

④ 身高胸围指数：×100。它反映了儿童的胸廓发育情况以及胸围与身高之间的比例关系，指数越大，说明其胸围相对越大。

⑤ 身高坐高指数：×100。该指数反映了人体躯干和下肢的比例关系，从而反映形体特征。

（3）百分数评价法。百分数评价法是根据以某项儿童生长发育指标的第 50 个百分位数为基准点、以其余百分位数为离散距所制成的生长发育标准，对个体或集体儿童的发育水平进行评价的一种方法。它的原理与离差法大致是一样的，只是它的基准值和离散距都是用百分位数来表示的。通常，以 3、10、25、50、75、90、97 等几个百分位数划分发育等级。百分位数评价法可以分为等级评价法和曲线图评价法两种。图 7.3 所示为儿童体重百分位数曲线图法。[1]

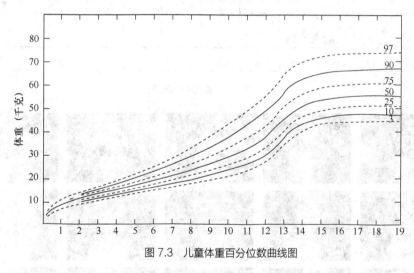

图 7.3 儿童体重百分位数曲线图

百分数评价法的优点：对于某些指标体系的偏态分布指标也能较准确地反映分散的趋势。现在很多国家已经将这种评价方法作为对生长发育状况和发展趋势的主要评价方法。其缺点：对样本数量的要求较高，一般每个年龄组人数要多于 150 人。

（4）发育年龄评价法。发育年龄又称为生物年龄。发育年龄评价法是指利用某些发育指标的平均水平及其正常变异制成的标准年龄，来对个体儿童的发育情况进行评价。儿童的生长发育是存在着较大的差异的，这是因为其遗传和环境因素不同。可以用发育年龄来进行生长发育的评价，具体方法有以下三种。

① 形态年龄。形态年龄是指用某些形态指标（如身高、体重等）制成的标准年龄表示个体儿童的发

① 顾荣芳. 学前儿童卫生学（第 3 版）. 南京：江苏教育出版社，2009：81.

育程度。这种方法的优点是用法简单、容易操作，而且得出的结果比较明确。

② 牙齿年龄。牙齿年龄，简称"齿龄"，是指用按儿童牙齿发育顺序制定的标准年龄反映个体儿童的生长发育情况。具体的评价方法有两种：一是用牙齿萌生出的数量和质量来表示发育年龄，这一般只适用于两岁之前的幼儿；二是用 X 射线来观察牙齿，包括从第一颗牙开始钙化到最后一颗牙钙化完成的全发育过程。这种评价方法比较粗糙，也不方便，因此很少被用到。

③ 骨骼年龄。骨骼年龄，简称"骨龄"，是指通过测量儿童的骨骼钙化程度与标准骨龄进行比较而得到其生长发育情况。这种方法能够对幼儿从出生到完全成熟的全过程中各年龄阶段的发育水平做出精确的反映，在学前儿童发育年龄评价中经常被用到。判断骨骼钙化程度的主要依据是骨化中心出现的数目和大小、骨化中心和骨骺的形态变化、骨骺和骨干的愈合。图 7.4 所示为骨化中心示意图。图 7.5 所示为新生儿左手无名指骨化中心发育过程。

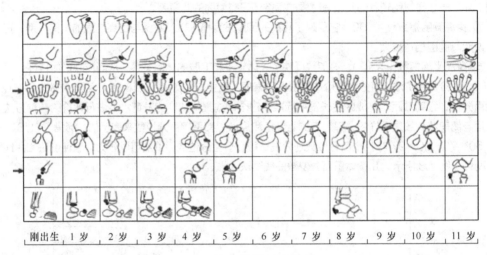

| 刚出生 | 1 岁 | 2 岁 | 3 岁 | 4 岁 | 5 岁 | 6 岁 | 7 岁 | 8 岁 | 9 岁 | 10 岁 | 11 岁 |

图 7.4　骨化中心示意图

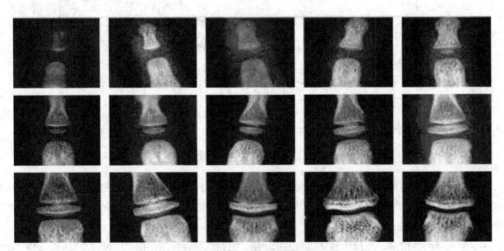

图 7.5　新生儿左手无名指骨化中心发育的过程

（5）三项指标综合评价法。三项指标综合评价法是从儿童个体的年龄别体重、年龄别身高和身高别体重三项指标综合、全面地来了解儿童的生长发育状况，如表 7.2 所示。[1]

---

① 郦燕君. 学前儿童卫生保健. 北京: 高等教育出版社, 2007: 62.

表7.2　三项指标综合评价

按身高别体重	按年龄别身高	按年龄别体重	评价
高	低	高	肥胖++
高	中	高	目前营养过剩
高	低	中	目前营养好，既往营养不良
高	高	高	高个子，近期营养过度
中	高	高	高个子，体型匀称，营养正常
中	中	中	营养正常
中	中	高	营养正常
中	中	低	营养尚可
低	高	中	瘦高体型，目前轻度营养不良
低	中	低	目前营养不良+
低	高	低	目前营养不良++
低	低	低	近期营养不良，过去营养不良

　　三项指标综合评价法的优点是可以对儿童的营养状况进行评价和判断，但是评价过程显得复杂和繁琐，实施有难度。

　　（6）相关回归评价法。相关回归评价法是利用相关系数和相关回归表评价个体生长发育的方法，是以离差法为基础的。人体是一个有机的整体，在生长发育的过程中，各种形态的发展指标会存在相应的联系。例如，身高的增长与骨骼、肌肉以及其他组织的发育有关，体重的增加也与骨骼、肌肉以及其他组织的发育关系密切，它们相互之间存在着一定的影响。

　　相关回归评价法的优点是，不仅能反映出个体发育的水平，而且还可以把两项指标结合起来进行比较，以分析儿童体格的匀称程度。[①]

二、学前儿童动作发展评价

（一）学前儿童大动作发展评价

1. 评价的指标与标准

　　学前儿童的大动作发展评价是指对学前儿童全身的大肌肉协调运动、腿部肌肉爆发力以及动作灵活性的评价。例如，走、跑、跳、投、平衡、钻爬、攀登、滚、上举等，都是学前儿童的基本动作，也是评价儿童大肌肉运动的重要指标。当然，以上这些基本动作也是可以有其他类型，如单腿跳、双腿跳、立定跳、拍球、悬吊等。

　　类似走、跑、跳这样的大肌肉动作的评价也需要一个标准体系。表 7.3 所示为一个有关大肌肉动作发展的指标体系和标准，包括三个等级，每个等级都有一定的标准与之相对应。[②]

① 朱家雄. 学前儿童卫生学. 上海：华东师范大学出版社，2006：56.

② 鄢超云. 学前教育评价. 北京：高等教育出版社，2010：111.

表7.3 大肌肉动作的等级标准[①]

内容	等级标准		
	一	二	三
走	上体正直，自然地走	上体正直，上下肢协调地走	听信号自然、协调地走
跑	两臂在体侧屈肘，自然跑	协调、轻松地跑	听信号变向、变速跑
跳	立定跳远60厘米	立定跳远80厘米	立定跳远100厘米
平衡	单脚站立10秒	单脚站立20秒	单脚站立30秒
拍球	单手连续拍球10下	走右手交替拍球15下	单手运球10米

2. 评价信息的搜集方式

在搜集大肌肉运动发展的评价信息时可以采用以下两种方式。

（1）在自然情景中观察或直接对儿童进行测查。例如，走、跑这样的动作，是儿童在日常生活中出现的，所以评价者在日常生活中就可以对其进行观察，获取评价信息。又如，听信号改变方向和变速跑、听信号自然、协调地走等，可以在儿童做早操的时候对其进行观察来获取评价信息。

（2）创设专门的情景或者直接测查儿童。对于跳、平衡、拍球等动作可以在自然情景中观察或直接对儿童进行测查，也可以创设专门的情境或直接对儿童进行测查。日常生活中，儿童表现出来的跳、平衡等能力也许并不是其最佳能力和水平，为了能够得到更加准确和真实的测量结果，往往要用到创设专门情景或直接测查的方法。

3. 评价信息的获得

以下是某些指标体系评价信息的获得过程。

（1）走。走是日常活动中必然出现的动作，因此可以在日常生活中进行观察。走的观测等级有：自然地走（走的时候上体正直，不低头，不东张西望，两臂前后自然摆动，身体不摇晃，轻轻落地，不跺脚）；协调、轻松地走；听信号自然走（按照口令，一步一步地走，步伐均匀，摆臂自然、适度）；听信号急走、慢走；改变信号走等。

（2）跑。跑和走一样，在日常生活中就可以进行评价信息的收集，如在户外活动或者体育活动的时候进行观测，也可以创设一定的儿童跑步情景，如快跑、慢跑、听口令跑等。

（3）跳。可以通过直接测量的方式来考察儿童跳的动作，如通过立定跳或跑跳来进行测查。在测查前，要保证儿童明白立定跳或跑跳的要求和规则，可以事先让儿童做一些跑跳练习，必要的时候由成人做出示范，以保证测查到幼儿真正的跳远能力。此外，为了激发孩子的跳跃兴趣，也可以创设一定的游戏环节，在游戏中完成测查。

（4）平衡。评价儿童的平衡能力有一定的难度，通常可以通过单脚站立的方法来完成；也可以通过创设游戏环节，在游戏中进行，如搭积木、走直线、走平衡木等。

（5）拍球。有关拍球的测查一般是在户外体育活动的时候进行，可通过单手连续拍球和左右手交替拍球来完成。

4. 多彩光谱中的运动能力评价

多彩光谱中的对学前儿童能力的评价都要求儿童在自然、日常情景中进行，运动能力评价则可以在创造性运动课程和障碍活动课程中进行。

---

① 鄢超云. 学前教育评价. 北京：高等教育出版社，2010：111.

（1）在创造性运动课程中的评价。在创造性评价课程中，主要是评价儿童对节奏的敏感性、表现力、身体控制、运动的创意、与音乐的配合 5 个方面的运动能力。此课程的核心活动包括一些同步模仿游戏、镜子游戏、鼓和铃的游戏等，目的是根据音乐、道具、口头描述动作等，运动身体的不同部位。

以下是各个方面的评价标准。

① 对节奏的敏感性。对节奏的敏感性的标准包括两个方面：一是看儿童能否与固定的和变化的节奏同步；二是看儿童当节奏发生变化的时候能否意识到变化，同时做出相应的调整和反映，保持与节奏一致。例如，儿童随着节奏做出摆手的动作，评价者要观察儿童摆手的动作能否跟上节奏，能否随着节奏变化。

② 表现力。表现力的评价标准是：通过动作引发情感和表现的能力，活动可以由口头描述的情景、道具或音乐引发。看儿童是否能够自然地运用手势和身体姿态表现自己，对不同的口头描述、不同的道具和音乐是否能够灵敏地表现感情，是否能够随音乐的变化而变化，是否能用自己的动作来表现音乐的特质。

③ 身体控制。身体控制的评价标准是：儿童活动身体或有效利用身体某个部位以获得想要的效果的能力，如不动、保持平衡、由不动到开始活动、由活动到保持不动等。儿童的动作不是随意的，而是有一定的规划、排列和执行动作，能够精准地执行他人的动作指令。评价者应注意观察儿童是否在需要的时候将身体保持不动或者运动，同时还注意到对身体各个部位的意识和动作的记忆等。

④ 运动的创意。运动的创意是指儿童对新奇的动作的创意能力或对动作创意的扩展运用的能力，如将手放在肩上来代表背书包。评价此项内容的标准是看儿童是否能立即用新颖的方式表现动作的构思和表象，不要求动作的完美。

⑤ 配合音乐的能力。配合音乐的能力是指儿童能够根据不同的音乐做出不同动作的能力，这其实是对儿童节奏敏感性和表现力的综合。此项内容的评价标准是：看儿童是否能根据音乐的节奏、音乐的风格或者根据二者做出动作；是否能够利用不同高度的空间自如地挖掘可利用的空间；是否能简洁流畅地完成动作；是否能用身体比他人领先占有公用空间或尝试用身体占领空间，如翻转等。

创造性评价课程中的运动评价可以通过填写表格来搜集信息，如表 7.4 所示。[①]

表 7.4　创造性动作观察表

儿童 （年龄）	对节奏的敏感性	表现力	身体控制	动作创意	配合音乐的能力	观察

（2）在障碍性运动课程中的评价。这一课程主要是对儿童运动能力的评价。此课程需要布置场景，如图 7.6 所示。

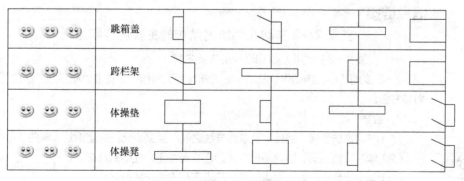

图 7.6　课程场景布置

① 鄢超云. 学前教育评价. 北京：高等教育出版社，2010：114.

此课程要让每一名儿童根据要求运动，观察其在障碍运动中的表现，并根据评价标准对其运动能力进行评价。

此课程同户外体育活动一样，在活动进行前要向儿童讲清楚活动进行的方式和规则，做出必要的示范，并且让其预先练习一下。活动正式开始后，评价者注意观察，并搜集相关的资料。此时，儿童是动态的，评价者应该及时地作出观察、纪录和判断。

在此课程中评价儿童运动的时候涉及儿童的跳远、平衡木、障碍跑、从高处跳、跨栏和最后的冲刺 6 个方面；还可以有其他的一些方面，如跳房子、扔沙包等。在评价的时候可以通过打分的方式来进行。多彩光谱的打分方式是 1 分、2 分、3 分，也可以根据实际需要将打分方式细化，按 10 分制打分。

（二）学前儿童精细动作发展评价

学前儿童精细动作也称小肌肉动作，是指胳膊、手、手指等小肌肉相关动作的准确性、协调性和顺序性，以及手眼动作的协调和手部动作的综合能力。手眼协调能力是儿童小肌肉动作发展的一个非常重要的方面。反映小肌肉动作发展情况的活动有画画、折纸、剪纸、穿珠、扣扣子、系鞋带等。

学前儿童的小肌肉动作和大肌肉动作发展是一样的，其发展与否可以直接观察和测量到。更重要的是，小肌肉动作不只是动作，也是认知发展的指标。入学的时候，孩子是否做好了书写准备，与孩子的手、手部的动作、手眼协调等是密切相关的。

以下是有关儿童小肌肉发展的一些具体评价指标。[1]

（1）0～18 个月。能抓住照看者的手指；能双手伸出去拿玩具、物品、瓶子等物件；学拍手，能做表达再见时的挥手动作；能把小物件从一只手放入另一只手中；能把物件从盒子里取出；能用食指和拇指拿物件；能翻大书，通常可能一翻好几页；能用较粗大的书写工具在纸上做记号。

（2）18～36 个月。大多数情况下，能一页一页地翻书；用水彩笔涂鸦，开始模仿画符号（如一个圆）；能使用刷子；在帮助下，能将毛巾、纸等折叠起来；把水从小杯子里倒出来；在帮助下，能通过转动、拉动等把门打开；能较好地使用一些餐具。

（3）36～60 个月。用餐具吃东西；使用各种绘画、手工用的工具（如蜡笔、刷子等）；能照着画出形状、几何图形等；能用一只手把剪刀张开和并拢；能沿着直线或曲线剪，不一定准确；能很容易地操作小物体（如穿珠、把小东西放在小洞里）；能把大扣子扣好；能拉大的拉链；能使用订书机；能写出一些可被人们认得出的字（如数字、汉字、字母）。

（4）60～72 个月。能打开或盖紧盖子（不是很难的那种）；在帮助下，能折出一些东西（如纸飞机等）；在帮助下，能打结、系好鞋带；能写出自己姓名里的某些字；能扣好衣服上的大扣子。

信息链接

发展 2～3 岁幼儿小肌肉动作的主要内容和原则

一、发展 2～3 岁幼儿小肌肉动作的主要内容

2～3 岁幼儿小肌肉动作涉及幼儿的绘画、手工制作、结构造型和日常生活自理能力等方面。

1. 绘画

（1）学习模仿画横、竖线，要求线与线之间不交叉，允许轻度歪斜、弯曲及不齐。

（2）学习模仿画圆，要求圆形必须闭合，允许闭合处稍有角度。

（3）学习涂色或印章，要求涂色或印章不超出指定的范围。

---

[1] 鄢超云. 学前教育评价. 北京：高等教育出版社，2010：117.

信息链接

（4）学习画填充画和简单意愿画。

2．手工制作

（1）学习折正方形、三角形，要求边角较整齐。

（2）折简单的物体 3～4 种。

（3）初步学习使用剪刀，剪出直线。

（4）学习自己用糨糊粘贴。

（5）学习用多彩泥搓、团、压出简单物体。

3．结构造型

（1）学习用 5～8 块积木搭出简单物体。

（2）将套珠由大到小逐一往上套。

（3）学习隔色穿珠。

（4）用积塑插出简单物体（飞机等）。

（5）学习用正方形、长方形、圆形、三角形等材料拼出简单的物体（机器人等）。

4．日常生活自理能力

（1）用手腕、手指协调地使用勺子。

（2）学会开、关水龙头，抹肥皂，搓洗、冲净小手。

（3）学习按次序穿脱衣服、鞋子，知道衣服的前后，会穿开衫、扣大纽扣。

（4）学习边对边折叠手帕、毛巾，会正确擦嘴、擦手。

二、发展 2～3 岁幼儿小肌肉动作遵循的原则

1．生活化原则

培养幼儿小肌肉的发展应与幼儿的日常生活相结合。幼儿在日常生活中的进餐、饮水、睡眠、盥洗和学习、游戏等活动都与小肌肉动作能力有着密切的关系。

2．游戏化原则

游戏是幼儿基本的活动，它不仅给幼儿带来特有的欢乐，而且帮助幼儿以特有的方式去学习和发展。各种游戏都伴随着大大小小的动作，如用蜡笔涂色、使用剪刀等，在丰富多彩的活动中，促进了小肌肉运动和手眼协调能力的发展。

3．差异性原则

由于受家庭、环境和所处的教育条件的影响，幼儿的生活经验、兴趣爱好、认知特点、发展水平都有差异，在活动中的表现各不相同。培养幼儿小肌肉动作能力的发展，要从每个幼儿的实际出发，创设良好的环境，促进幼儿在原有基础上得到最大限度的发展。

4．协同教育原则

发展幼儿小肌肉动作应注意家园教育的协同性。幼儿园要有的放矢地对家长进行指导，转变家长传统的保教观念，让家长明确幼儿小肌肉动作发展的意义所在，了解发展幼儿小肌肉动作的目标、内容和方法，以取得教育措施上的一致性，形成合力，促进幼儿小肌肉动作的发展。

信息来源：施红卫. 2～3 岁幼儿小肌肉动作发展初探[J]. 上海教育科研，2004（10）.

第二节 学前儿童情感态度评价

学前儿童情感态度的发展与学前儿童的社会性和情绪的发展息息相关。广义的社会性是指生物作为集体活动的个体，或作为社会的一员而活动时所表现出的有利于集体和社会发展的特性，是人的不能脱离社会而孤立生存的属性。狭义的社会性是指由于个体参与社会生活、与人交往，在他固有的生物特性基础上形成的独特的心理特征。儿童情感态度的形成和发展离不开其社会化的过程。

由于儿童的情感态度极大地影响着其行为、活动，甚至影响着其生活质量和学习质量，因此它与儿童现在和将来的学习、生活、工作都有紧密的联系。但是，对学前儿童情感态度发展的评价十分困难，因为所涉及的内容太广，很难量化，而且个体差异和文化差异也会影响情感态度。

 ## 一、学前儿童情感态度发展评价的指标

学前儿童情感态度发展有诸多的评价指标，下面列举了比较重要的几项。

（一）学前儿童的自我认识

自我认识是自我意识的认知成分，也是自我意识的首要成分，同时还是自我调节控制的心理基础。它又包括自我感觉、自我概念、自我观察、自我分析和自我评价。自我分析是在自我观察的基础上对自身状况的反思。自我评价是对自己能力、品德、行为等方面社会价值的评估，最能代表一个人自我认识的水平，是对自己及自己与周围环境关系的认识，包括对自己存在的认识，对个体身体、心理、社会特征等方面的认识。这种认识是个体通过观察、分析外部活动及情景、社会比较等途径获得的，是一个多维度、多层次的心理系统。3 岁以前，幼儿主要是发展对自我生理特征的认识，如对身体的认识、对自己动作的认识等。3 岁以后，幼儿开始对自我的社会角色以及心理活动进行认识，如知道自己的兴趣、需要等。

（二）学前儿童的社会行为

对学前儿童社会行为的评级是可观察和可测量的，具有可操作性。

1. 对同伴互动的观察

可以将对同伴互动的观察进一步划分一下，构建指标体系如表 7.5 所示。

表 7.5 同伴互动观察记录表

一级指标	二级指标	三级指标
儿童的行为	攻击	敌意
		利己
		争执
	友善	利己
		利他
		互利
	其他	

2. 学前儿童告状行为的评价

在幼儿园，告状是幼儿的一种常见行为。幼儿告状的原因有很多，如与人争吵、争夺玩具、受人指

使、被人拒绝、被人撞倒、被人欺负等。告状者的表现很容易被老师观察到，但告状的原因及真假判断就需要一定的智慧了。老师要学会处理告状事件，让告状和被告状的幼儿得到互相道歉、握手言和的良好结果。

（三）学前儿童的同伴关系

同伴关系，是指年龄相同或者相近的儿童之间的一种共同和相互协作的关系。这不仅是学前儿童社会性发展的途径，也是学前儿童社会性发展的重要内容之一。

学前儿童情感态度发展指标还有很多，如自我控制、情绪表达、自我效能、与成人互动等。

二、学前儿童情感态度发展评价的标准

（一）学前儿童的自我认识

对学前儿童的自我认识进行评价的一般标准为：知道自己的名字、性别、年龄，知道自己的爱好（如最喜欢什么事情、最喜欢玩什么游戏等）、知道自己的优点和缺点（如小朋友是否喜欢和自己玩，为什么；自己是否是好孩子，为什么；老师是否常常批评自己，为什么等）。

（二）学前儿童的社会行为

对学前儿童的社会行为，可尝试构建如表 7.6 所示的评价标准。

表7.6　儿童社会行为指标

三级指标	表现
敌意	打人、抢夺、设法要回、告状、要求、挑战、命令、破坏、不接受
利己	告诫、维护自己、占据、批评、耍赖
争执	被拒绝、被反驳、被要求、被命令
利己	被赞美、被接受、请求、独自玩、转换活动
利他	给予、有礼、接受意见、接受失败、被请求
互利	合作、分享、互动

在测量的时候可以提炼出儿童的各种行为，统计这些行为的频数，以便进行量化处理。

（三）学前儿童的同伴关系

学前儿童的同伴关系评价标准比较简单，可通过同伴提名法进行描述，可以是孤立（无人选择、也不选择别人）、被拒（自己会选他人，但是没有人选自己）、互选（两名儿童之间相互选，是一对好朋友）、串联（三人以上的连锁关系）、小团体（封闭的连锁关系）、明星、领袖。

三、学前儿童情感态度发展评价的方法

对学前儿童情感态度发展进行评价，一般有以下几种方法。

（1）访谈法。和儿童进行交谈，记录谈话过程，最后做出定性总结。

（2）观察法。例如，对学前儿童的社会行为作出评价的时候，最多的是通过观察对学前儿童的行为做记录和统计，统计某儿童某种行为出现的次数，最后得出数据，分析总结，以此进一步了解儿童。

（3）同伴提名法。例如，对学前儿童同伴关系进行评价的时候，通常采用同伴提名法，即让每个儿童根据所给定的名单或者照片限定提名，让每个儿童说出他最喜欢和最不喜欢的同伴的名字或指出照片，根据儿童的正负提名情况，对儿童进行分类。

第三节 学前儿童心智发展评价

对学前儿童心智发展的评价主要是从语言的发展和认知的发展两方面来进行。

一、学前儿童语言的发展评价

学前时期是儿童语言发展的关键期，也是其发展最迅速的时期。儿童语言的发展与认知、情感、社会交往等方面其他领域的发展有密切的联系。儿童在学前期就已经表现出了语言的个体差异，不同的儿童，其说话的多少、句子的长短、语言的使用方式都是不同的。这些差异是有一定原因的，儿童生活环境、文化和风俗及家庭教养方式的不同等都会对儿童的语言产生很大的影响。

对学前儿童语言发展进行评价十分必要，因为这能更好地把握学前儿童语言发展的状况，从而更好地促进学前儿童语言的发展。

（一）学前儿童语言发展评价的指标

根据《3～6岁儿童学习与发展指南》（征求意见稿）可以将学前儿童语言发展评价的指标规定为以下两个大的方面。

1. 听与说

（1）听常用语言。
（2）讲话和表达。
（3）语言习惯。

2. 阅读和书写准备

（1）听故事、看图书。
（2）阅读理解能力。
（3）书面表达的愿望和初步技能。

（二）学前儿童语言发展评价的标准

不同年龄阶段学前儿童的语言发展水平有很大不同。基于学前儿童语言发展评价指标，学前儿童语言发展的评价标准可从以下几个方面构建。

1. 听与说

（1）听常用语言。

3～4岁：别人对自己说话时能注意听并做出回应；能听懂日常会话。

4～5岁：在群体中能有意识地听与自己有关的信息；能结合情境感受到不同语气、语调所表达的不同意思；少数民族幼儿能基本听懂普通话。

5～6岁：能集体中注意力听老师或其他人讲话；听不懂或有疑问时能主动提问；能结合情境理解一些表示因果、假设等关系的相对复杂的句子。

（2）讲话和表达。

3～4岁：愿意在熟悉的人面前说话，能大方地与人打招呼；愿意表达自己的需要和想法，必要时能配以手势动作；能口齿清楚地唱儿歌、童谣或复述简短的故事。

4～5岁：愿意与他人交谈，喜欢谈论自己感兴趣的话题；基本会用普通话进行日常会话；少数民族聚居地区幼儿愿意学说普通话；能基本完整地讲述自己的所见所闻和经历的事情；讲述比较连贯。

5～6岁：愿意与他人讨论问题，敢在众人面前说话；会说普通话，发音正确、清晰；少数民族聚居地区幼儿会用普通话进行日常简单会话；能有序、连贯、清楚地讲述一件事情；讲述时能使用常见的形容词、同义词等，语言比较生动。

（3）语言习惯。

3～4岁：与别人讲话时知道眼睛要看着对方；说话自然，声音大小适中；能在成人的提醒下使用恰当的礼貌用语。

4～5岁：别人同自己说话时能回应；能根据场合调节自己说话声音的大小；能主动使用礼貌用语，不说脏话、粗话。

5～6岁：别人讲话时能积极主动地回应；能根据谈话对象和需要，调整说话的语气；懂得按次序轮流讲话，不随意打断别人；能依据所处情境使用恰当的语言，如在别人悲伤时会用恰当的语言表示安慰。

2. 阅读和书写准备

（1）听故事、看图书。

3～4岁：经常主动要求成人讲故事、读图书；喜欢跟读韵律感强的儿歌、童谣；爱护图书，不乱撕乱扔。

4～5岁：经常反复看自己喜欢的图书；喜欢把听过的故事或看过的图书讲给别人听；对生活中常见的标识、符号感兴趣，知道它们表示一定的意义。

5～6岁：经常专注地阅读图书；喜欢与他人一起谈论图书和故事的有关内容；在阅读图书时、在生活情境中对文字符号感兴趣，知道文字表示一定的意义。

（2）阅读理解能力。

3～4岁：能听懂短小的儿歌或故事；会看画面，能根据画面说出图中有什么，发生了什么事等；能理解图书上的文字是和画面相对应的，是用来表达画面意义的。

4～5岁：能大体讲出所听故事的主要内容；能根据连续画面提供的信息，大致说出故事的情节；能随着作品的展开产生喜悦、担忧等相应的情绪反应，体会作品所表达的情绪、情感。

5～6岁：能说出所阅读的幼儿文学作品的主要内容；能根据故事的部分情节或图书画面的线索猜想故事情节的发展或续编、创编故事；对看过的图书、听过的故事能说出自己的看法；能初步感受文学语言的美。

（3）书面表达的愿望和初步技能。

3～4岁：喜欢用涂涂画画表达一定的意思；尝试正确握笔。

4～5岁：愿意用图画和符号表达自己的愿望和想法；在成人的提醒下，写字、画画时姿势正确。

5～6岁：愿意用图画和符号表现事物或故事；会正确地写自己的名字；写字、画画时姿势正确。

（三）学前儿童语言发展评价的方法

可以借鉴多彩光谱中的评价方法，运用多彩光谱中的评价工具对学前儿童语言发展进行评价。

二、学前儿童认知发展的评价

认知是个体认识客观世界的信息加工活动。感觉、知觉、记忆、想象、思维等认知活动按照一定的关系组成一定的功能系统，从而实现对个体认知活动的调节作用。在个体与环境的作用过程中，个体认知的功能系统不断发展，并趋于完善。认知是人类最为基本的心理活动。学前儿童认知发展评价是非常重要的，也是实践性非常强的一个领域。

（一）学前儿童认知发展评价的指标

根据认知对象的不同，可以把认知分为自然认知和社会认知。自然认知是对物理世界的认知，即对自然界各种现象、事物以及它们之间关系的认知，如对数量、时间、空间、因果关系、类别、序列等的认知。社会认知是指对人和人类社会的认知，如对人、人与人之间的关系、社会规则的认知等。

儿童的认知有一个逐渐发展的过程，即由身边的到距离更远的、由局部到整体、由片面到比较全面、由表面现象到本质属性、由水平低到水平高。

学前儿童认知发展评价的指标可以从不同的角度着手，这与评价者有关。但无论基于什么角度，都会涉及数的概念。下面是基于不同角度制定的一些评价指标。

1. 美国华盛顿州制定的有关认知评价的评价指标

（1）逻辑与推理。

① 因果。

② 批判与分析思维。

③ 问题解决。

④ 表征思想。

（2）数量与数字。

① 数字。

② 测量。

③ 排序。

（3）科学。

① 科学思维。

② 科学知识。

（4）社会探究。

① 历史。

② 地理。

③ 经济。

④ 生态。

⑤ 技术。

（5）家庭、社区与文化。

（6）艺术创造。

① 表达与表征。

② 理解与表现。

2. 标准化试验中认知发展的评价指标

（1）韦克斯勒智力测查量表中关于儿童认知发展评价的指标。

① 言语：常识、类同、算数、词汇、理解和数字广度。

② 操作：图画补缺、图片排序、积木图案、物体拼组、译码、迷宫。

（2）伍德考克-约翰逊心理-教育测验（修订版）。这不是专门针对学前儿童认知发展进行测量的，而是适用于 3~90 岁的人。所以，如果对学前儿童这个范围进行这种测验，是宽泛而无针对性的。

3. 自编测验中的认知发展评价指标

（1）感知能力。

（2）观察力。

（3）注意力。

（二）学前儿童认知发展评价的标准

以下是一些根据评价指标制定的儿童认知发展评价标准。

1. 美国华盛顿州制定的有关认真评价的评价标准。

（1）逻辑与推理。

① 因果：意识到事物的因与果。

② 批判与分析思维：比较、对比、检验、评价经验、任务与事件。

③ 问题解决：能找到多种方法来解决问题、克服困难、完成任务和迎接挑战。

④ 表征思想：用象征符号来表征物体。

（2）数量与数字。

① 数字：具有数字和数数方面的知识和技能。

② 测量：具有大小、体积、高度、重量、长度方面的知识。

③ 排序：对物体的分类排序与组织；对形状的知识。

（3）科学。

① 科学思维：通过观察、操作搜集信息；在操作物体、问问题、做假设、归纳中探索周围的自然世界。

② 科学知识：观察并描述生物的特征；观察并描述地球的特征。

（4）社会探究。

① 历史：能区分已经发生、正在发生和将要发生的事件。

② 地理：对位置和空间关系的理解；对人、地点、区域关系的理解和认识。

③ 经济：对经济概念的理解。

④ 生态：对人与环境关系的理解。

⑤ 技术：能合理运用技术、技术产品。

（5）家庭、社区与文化。

① 对家庭特性与功能的理解。

② 对所处社区人们之间相互依存、社会角色的理解；表现出公民责任感。

③ 对自己的文化、他人的文化的理解与欣赏。

（6）艺术创造。

① 表达与表征：用艺术创造来表达与表征他们知道什么、想什么、相信什么和感觉到了什么等。

② 理解与表现：对创造性艺术的理解和表现。

2. 标准化试验中认知发展的评价标准

韦克斯勒智力测查量表中关于儿童认知发展评价的标准如下。

（1）言语。

① 常识：知道儿童在日常生活中经常遇到的问题。

② 类同：能概括出简单词之间的相似之处。

③ 算数：进行心算，从简单到难。

④ 词汇：能对出现的词汇进行定义。

⑤ 理解：能对题目中的问题进行解释。

⑥ 数字广度：能背出一系列不断增长的数。

（2）操作。

① 图画补缺：能指出画上哪些地方没有画完。

② 图片排序：能把打乱顺序的图片按某种逻辑顺序排好。

③ 积木图案：能摆出与范例一样的图案。

④ 物体拼组：能用提供的拼版拼图。

⑤ 译码：能按示例把符号填入相应的图形中。

⑥ 迷宫：能找到迷宫的出口。

3. 自编测验中的认知发展评价

（1）感知能力。感知是否准确、灵敏，是否能注意到精细或隐蔽的特征，是否能清晰、完整地反映事物。

（2）观察力。是否有目的性，观察持续的时间，观察的概括性和精确水平，能够使用一定的观察方法。

（3）注意力。有意性，选择性，稳定性，集中性，注意力的范围、分配和方法。

（三）学前儿童认知发展评价的方法

在标准化测验中用量表直接测量，然后根据最后得分进行统计，得出结论。

在自编测验中使用的量表都是自编的，没有常模，也通常不会有信度和效度的检验，比较简便易行。

对学前儿童认知发展评价还有一些其他的方法，读者可以查阅相关资料，这里就不一一列举了。

第四节　学前儿童学习品质评价

学习品质是指能反映儿童自己以多种方式进行学习的倾向、态度、习惯、风格等，它不是儿童要获得哪些技能，而是儿童怎样使自己去获得各种技能。也就是说，学习品质是儿童获得其他方面知识和技能的前提和基础。虽然《3~6岁儿童学习与发展指南》（征求意见稿）中已经把学习品质融汇在其他领域中了，学习品质已经不再是一个单独的领域了。但是，学习品质对学前儿童来说还是十分重要的，对学前儿童的学习品质的评价也是必不可少的，因为学习品质对儿童未来的学习将会产生很大的影响。

一、学前儿童学习品质评价的指标

学前儿童学习品质的评价指标有很多，不同地域会有不同的评价指标，但是有很多重要的学习品质评价指标不受限制，无论在什么时候、什么地方都不可缺少。下面是几项重要的学习品质评价指标。

（一）学前儿童的好奇心与兴趣

好奇心是个体遇到新奇事物或处在新的外界条件下所产生的注意、操作、提问的心理倾向。好奇心是个体学习的内在动机，是个体寻求知识的动力，是创造性人才的重要特征。兴趣是个体对事物喜好或关切的情绪，它表现为人们对某件事物、某项活动的选择性态度和积极的情绪反应。兴趣在人的实践活动中具有重要的意义，可以使人集中注意力，产生愉快或紧张的心理状态。好奇心是强烈的本能，受环境的影响很大；兴趣虽然也有先天性的一面，但是更多的是后天环境熏陶和养成的结果。

学前儿童的好奇心与兴趣通常包括：具有好奇感、有寻求新信息的兴趣、对新事物、新知识、新技能的敏锐、渴望学习等。好奇心与兴趣，通常是在儿童面对新的人、事、物的时候产生的想进一步学习和探索的欲望。儿童面对新事物的倾向性的大小表示其好奇心的大小与感兴趣的程度。学前儿童的好奇心与兴趣通常会逐渐拓展到一些社会性领域。

（二）学前儿童学习的主动性

学前儿童的主动性对其以后的学习质量有着很大的影响。主动性是指个体面对任务时表现出来的积极程度与状态。主动性与积极性、能动性等是密切相关的，但不能用积极性和能动性等来代替主动性，因为学习的主动性有自己的内容。

主动性是一个耳熟能详的词，无论是家长还是老师都经常会提到这个词，但是对主动性的内涵和定义却不一定很明确，这就有可能会给评价工作带来障碍。因此，在对儿童的主动性进行评价时，主要是从儿童面对任务的态度和目标意识的角度来探讨的。

（三）学前儿童的坚持与专注

坚持是指个人在行动中坚定不移、坚持不懈地克服一切困难和障碍，完成既定目标的品质。坚持是意志力的完美表现。

专注是指在一定的时间内，一个个体的心理充分指向并集中于当时应当指向和集中的对象，就是集中精力、全神贯注、专心致志。一个专注的人，往往能够把自己的时间、精力和智慧凝聚到所要干的事情上，从而最大限度地发挥积极性、主动性和创造性，努力实现自己的目标。当一个人专注于某一事物的时候会有很多外部表现，如注视、倾听等。

坚持和专注在学前儿童发展中是非常值得培养的，因为这对学前儿童以后的学习生活等都非常有意义。

学前儿童的坚持和专注时间都不会很长，因为此时他们的坚持和专注正处于发展时期，长时间的坚持和专注会让他们感觉很疲劳和不适应。但是，我们不能因噎废食，还是要注意对学前儿童的坚持和专注进行培养，而且这一时期反而是培养坚持和专注的最佳时期。学前儿童的坚持与专注具体包括，在完成任务的时候能够集中注意力，不易被他人干扰等。在此过程中，儿童是会有任务意识的，所以在面对干扰困难的时候会通过自己的调节机制进行自我调节，从而去完成具有一定持续性的任务（3~5天）。

（四）学前儿童的想象与创造

想象是在头脑中对已有表象进行加工、改选、重新组合形成新形象的心理过程；创造则是产生新思想、发现和创造新事物的能力。这里的"新事物"只是相对于学前儿童本身而言的，不是对所有人都是"新事物"。学前儿童的想象是非常丰富的，并且是有自己独特的形式。

这里的"想象"与"创造"同我们平时所说的"想象力"与"创造力"不同，评价方法、工具等也不一样。一个拥有丰富想象力和很好创造力的儿童不一定具有想象和创造的学习品质，也就是说他们不一定能把想象力和创造力运用到学习之中，正如"一个听力很好的人不一定是一个很好的倾听者"。这里说的想象与创造更强调的是一种学习品质，儿童能够利用这种学习品质去拓展知识，进行新的学习。因此，在对学前儿童想象与创造进行评价的时候要让评价者与被评价者知道，我们要测量和评价的不是想象与创造的本身，而是儿童能否在新的学习中很好地利用想象与创造。

（五）学前儿童的反思与解释

反思与解释指向的是儿童曾经经历过的事，对于儿童来说有效的反思与解释是指能够记起并且清晰地描述出来。儿童的反思与解释属于心理学里"元认知"的范畴，是儿童对已经发生的事情、言行、思想的认识。儿童的反思与解释同儿童是否能够从经验中学习有着极其密切的联系。换言之，儿童的反思与解释是儿童如何利用自己原有的信息来帮助自己学习和解决问题的基础和前提。反思和解释不仅仅指向自己，还指向他人。

对于儿童来说，解释的内容有如下多种。

（1）指向想法和观点的解释，如"我是怎么想的"。

（2）指向证据和事实的解释，如"我是怎么做的"、"我看到了什么"。

（3）自我导向的解释，其目的是让自己更加清楚。

（4）他人导向的解释，其目的是想让他人更加清楚。

（5）涉及自我的解释，解释的是自己的言行。

（6）涉及他人的解释，解释的是他人的行为。

以上这些不同的解释，对儿童来说具有不同的意义。

二、学前儿童学习品质评价的标准

（一）学前儿童的好奇心与兴趣

学前儿童的好奇心与兴趣通常不是外显的，而是内隐的，是非量化的，因此评价起来十分困难。下面是从可观察、可量化的角度，通过儿童的言行来探讨学前儿童好奇心与兴趣的评价标准。

1. 提问

提问是儿童好奇心与兴趣的重要表现形式。儿童的提问频率、类型（"是什么"、"为什么"、"怎么样"、"怎么办"等）、所提问题的质量（思维参与程度的高低）、如何面对自己所提出的问题（是否习惯从他人获取答案）等都可以作为评价的标准。

2. 对自然事物的态度

对事物的态度也是儿童好奇心和兴趣的表现形式。儿童对事物是接近还是疏远、是靠近还是远离，可以作为对儿童好奇心与兴趣的评价标准之一。要注意这种好奇心与兴趣可能表现在对新事物的态度上，也可能表现在不同时期对同一事物的态度上。例如，当孩子面对新玩具的时候会表现出强烈的好奇心和兴趣；儿童每天都会把自己的玩具口袋当成是"百宝箱"。以上这些表现都是儿童好奇心和兴趣的表现。

3. 对人、社会事件的态度

儿童对人和事物的态度也是其好奇心和兴趣的表现形式。儿童是否对自己身边发生的事情感兴趣、是否参与讨论，也可以作为评价儿童好奇心与兴趣的标准。

儿童的年龄不同，其好奇心与兴趣也有差异，下面是对儿童好奇心与兴趣的一些具体评价标准的分年龄段的描述。

从出生到 18 个月：对周围的人感兴趣，可以通过自己的行为表现出来；对新声音、语调表现出兴趣，如变得更加安静或积极，改变自己的面部表情等；对环境里的新事物表现出兴趣，想去弄一弄、动一动，或者是盯着看；运用自己的各种感官去探索环境（如伸手去摸雨）。

18~36 个月：对当下的环境积极探索，找出有什么（如询问一个他所找到的新事物，收集玩具等）；对新的活动、别人的活动表现出兴趣；提出一些简单的问题（如为什么、有什么、在哪里等）；对熟悉的人问问题。

36~60 个月：通过问问题来获得自己想要的信息（如"那个是什么东西？""为什么月亮是圆的？"等）；用材料进行探索或做实验；对他人怎么做事、为什么要做那件事情表现出兴趣；运用"为什么"之类的问题获得周围世界运作的知识；有自己相对比较稳定的兴趣（如火车、农场、动物等）。

60~72个月：参与讨论新事物或一些突发事件（如"怎么会这样呢？"）；就周围环境中的变化问问题；对野外活动或去一些新地方表现出极大的热情；在他人帮助下，寻求新信息。

（二）学前儿童学习的主动性

在对学前儿童学习的主动性进行评价的时候，可以从下面两个方面来谈。

1. 面对任务的态度

学前儿童面对任务的态度是其学习主动性的一个方面。具体评价标准有：儿童是否愿意接受任务和参与各种学习活动，在学习新事物时是否能够合理冒险等。具体表现为以下两个方面。

（1）幼儿无论是面对喜欢的还是不喜欢的任务，都可以表现出主动性。面对喜欢的任务（如喜欢玩的游戏）时，幼儿会表现出极大的主动性；面对并不非常喜欢的任务（如收拾整理玩具）时，也表现出主动性。

（2）幼儿面对"合理风险"的态度，也是其主动性的表现。当儿童面对一项新任务的时候，总是存在一定的合理风险。合理风险是指向儿童敢于尝试一些有难度、有挑战性的活动，也指向那些有风险的活动（可能成功或失败）。但是这里的"合理风险"并不是指儿童粗心、莽撞的行为。

2. 儿童的目标意识以及设立目标、形成计划、实施计划的能力

儿童的目标意识以及设立目标、形成计划、实施计划的能力是儿童学习主动性的又一表现。主动性是个体按照自己规定或设置的目标进行行动，而不是依赖外力，如他人的推动等来完成目标的一种行为品质。可以看出，儿童主动性的核心要素是目标。

下面是对儿童学习主动性的一些具体评价标准的分年龄段的描述。

从出生至18个月：积极探索周围的新事物；与熟悉的成人、儿童互动（如微笑、接近、不退缩）；表达出想吃东西的愿望；从几件物品中选出一个（如一本书、一个玩具）；表现出对活动、经历、互动的喜欢。

18~36个月：尝试用新方法做事情，开始能够冒一定风险；与别的小朋友一起玩，发起游戏；在众多活动中选择某一个活动，并且在随后的一定时间内一直参与该活动；提出如何安排时间；对打扮自己表现出兴趣（如穿衣服）；在成人的建议下能够发起活动；享受学习新技能、新经验的快乐。

36~60个月：邀请同伴加入游戏；在帮助下，能够加入已经开始的游戏活动；在游戏时间里能够选择新活动；在乱糟糟时提供帮助（如扫走地上的沙，帮忙把溢出的牛奶擦掉等）；发现、使用材料来实现某一想法（如找积木来修一座塔）；在帮助下，能够在做什么活动、用什么材料时做出自己的决定。

60~72个月：对自己感兴趣的活动，能够主动进行选择；基本不需要帮助，就形成一个方案（计划），并按照方案做事；在他人帮助下，能说出适宜的冒险和不适宜的冒险（或者危险）之间的区别。

（三）学前儿童的坚持与专注

坚持与专注可通过量化的方式进行测量，因为它们都有外显行为。例如，通过对儿童坚持与专注时间的测量，来对儿童的坚持力和专注力进行评价。

学前儿童的坚持和专注是在其完成任务的过程中表现出来的，所以可以设置不同的任务情境，对幼儿在完成不同情境任务的过程中其表现进行观察和记录。在对学前儿童学习的主动性进行评价时，可以从以下两个方面来进行。

1. 坚持和专注的时间

可以测量儿童在完成不同任务时所能坚持和专注的时间，如记录儿童对感兴趣的任务的坚持和专注的时间；对没有兴趣的任务的坚持与专注的时间；在集体做任务中的坚持时间；在自己做任务时坚持与

专注的时间等。

2. 坚持和专注的程度

可以测量儿童在完成不同任务时坚持和专注的程度，如是否需要他人的提醒和督促；活动过程中是否能专心；是否会出现东张西望的行为等。

下面是对儿童坚持和专注的一些具体评价标准的分年龄段的描述。

18～36 个月：一遍又一遍地做自己喜欢的事情；能够完成一些简单的事情（如用七巧板拼出简单的图形等）；在一段时间里坚持用相同的方法做事情（如在 3～5 分钟里一直用积木拼一个房子等）；坚持自己的选择（如做一件事情等）；当遭遇问题时，能够寻求帮助、接受帮助；别人讲故事的时候能认真听，并能够有一些参与（如用手指点等）。

36～60 个月：对自己感兴趣的任务能够专注；能至少专注于活动 5～10 分钟；一再地完成自己喜欢的任务；失败以后，仍然能坚持尝试完成任务；用至少两种以上的方法尝试解决问题；进餐的时候不分心。

60～72 个月：在完成以前，保持对方案或活动的兴趣；在帮助下，能够设立目标，形成计划，并根据计划进行；其他同伴和成人集中注意力时，自己也能保持注意力集中（如在故事活动中集中注意力）；能较长时间地坚持完成某一任务，在中断一段时间后还能重新回到任务上（如玩积木）；在受到干扰后，能将注意力重新转移到原来的活动上；受到干扰时也能集中注意力；接受合理的挑战，能在沮丧中继续。

（四）学前儿童的想象与创造

下面是对儿童想象与创造的一些具体评价标准的分年龄段的描述。

从出生至 18 个月：探索自己的手、脚；用嘴咬、拉物体；模仿在别的场景里观察到的行为（如看到他别人用积木搭建东西，自己也学着去搭建）；用不同的方式或创造性地使用物体（如将桶口朝下作为城堡的底部）。

18～36 个月：在成人的帮助下，能够发明一些日常材料的新玩法；能解释事物是如何运用的；喜欢玩装扮游戏；在游戏中大量使用假装、想象。

36～60 个月：创造发明一些新的游戏、玩法；运用想象以产生一些新的想法；集体活动时，想出一些大家都能接受的规则；编歌词、续编故事；通过艺术、建造、运动、音乐等表达自己的想法；更多地参与使用假装的游戏。

60～72 个月：用戏剧游戏或象征游戏进行假装；用新的方式组合活动、材料与设备；用与其他儿童不同的方式来完成活动（如在某些游戏中能找到与他人不同的玩法）；通过添加动作或角色等改编一个熟悉的故事；通过多种方式表征现实（如假装游戏、绘画等）。

（五）学前儿童的反思与解释能力

概括来说，学前儿童的反思与解释就是从经验和信息中学习，可以理解为以下三个方面。

1. 从自己的经验中学习

反思和解释自己过去的行为活动，为帮助自己解决问题，从曾经经历过的事件中学到相应的东西。

2. 从他人的经验中学习

通过仔细观察他人，猜测当时的情况等，把自己想象成当事人，从中学习。

3. 从已有信息中学习

即在自己过去所获取的信息之基础上，使用新接收到的信息与其发生联系，从而认可并接受新的信息。

下面是对儿童反思与解释能力的一些具体评价标准的分年龄段的描述。

18~36个月：用类似物体作为替代物；认识到行为可以产生、导致事件（如知道妈妈往洗衣机里放水，接下来就要洗衣服了）；根据先前发生的事件来调整自己的行为（如这样做不行，那就换个方法来看看）；把今天的经验与过去的某个经验联系起来。

36~60个月：告诉他人曾经发生过的事件；可以用适宜的材料表征周围的事物，从简单的表征到比较复杂的表征（如可以用手表示打针用的针管）；发声思考（做事情的时候会把自己心里想的讲出来）；在心理上把问题解决好，而不是仅仅通过尝试错误的方法来解决。

60~72个月：用多种方法来表达自己的想法与意见；对一些有趣的事件或想法表现出较长时间的记忆；对记忆中的一个情景或动作能够表演出来；需求信息，以进一步理解；在帮助下，能用多方面的信息来完成某一项目（活动），或获得新的信息；基于过去的经验，计划活动、设置目标；开始能够理解他人在想什么，或者他人的意图、动机。[1]

三、学前儿童学习品质评价的方法

儿童学习品质发展的评价，主要借鉴美国多彩光谱中活动风格评价的方法。美国多彩光谱项目中对儿童工作风格的评价是具有开创性意义的，它对开展儿童学习品质的评价具有借鉴意义，也为评价工作提供了直接可行的工具。

在评价学习品质的时候应注意以下两点。

（1）学习品质常常渗透在其他各个领域中，新学习指南也表明了这一点，无论是语言、认知还是艺术都包含学习品质。所以，不能孤立地对学习品质进行评价。

（2）在对学习品质进行评价的过程中，要尽量让儿童在学习品质方面的学习与发展具有显性，因为原本学习品质就是难以量化的，在评价过程中要尽可能量化，但是又不能忽视学习品质的本身特点。

信息链接

基于多元智能理论的评价情境

20世纪80年代，美国著名的发展心理学家和教育家霍华德·加德纳提出了一个全新的理论——多元智能理论，随即在美国的教育界引起了强烈反响，并很快成为当今美国和许多西方国家教育教学改革的重要指导思想。

加德纳在1983年出版的《智力的结构》一书中提出了一个全新的智力定义，即就智力的本质而言，它是指"在一定的社会文化背景下，个体用以解决自己面临的真正难题和生产创造出社会所需要的有效产品的能力"；就智力的结构而言，它不是某一种能力或以某一种能力为核心的多种能力的整合，而是相对独立、相对平等的8种智力，即"言语—语言智力、音乐—节奏智力、逻辑—数理智力、视觉—空间智力、身体—动觉智力、自知—自省智力、交往—交流智力和自然观察智力"。多元智能理论认为，每个人身上都同时存在着这8种相对独立的智力，而且这8种智力是错综复杂的、有机的，以不同的形式和程度组合在一起；每个人都有自己的智力强项和弱项，并且也有自己独特的智力表现形式；环境和教育会影响和制约个体智力的发展方向和程度，要重视从多维度看待个体的智力问题。

---

① 鄢超云. 学前教育评价. 北京：高等教育出版社，2010：105.

信息链接

　　基于多元智能理论，加德纳和费尔德曼等人合作开发了"多彩光谱方案"，旨在测试和描述学龄前儿童或者小学低年级学生的智力轮廓。他们创设了一个丰富的环境——光谱教室，其中有丰富的活动材料，如自然标本、故事板游戏、美术和音乐材料、运动区、建构区等，让儿童在与操作材料互动中展示他们独特的智力光谱。他们不像心理学家那样将幼儿引入评估，而是在情境化的环境中让评估接近幼儿，教师可以凭借儿童在光谱教室中的真实情况为儿童提供一份"智力速写"。多元智能理论倡导的情境化评价要求学生发挥自己智能组合的作用来解决某一现实问题，评价必须植根于学生真实情境中的学习，如他们设置的光谱教室。因此，教师可以将教学活动和评估活动合二为一，形成真实性评价。不仅沿用了传统的标准化测验，而且融合进学生在更广泛的学习情境和实际生活中的评价，这样教师就可以从不同的侧面了解和分析学生的智能特点。

　　信息来源：赵静. 多元智能理论对幼儿评价的启示[J]. 教育教学论坛，2014（03）.

案例与实践

　　（1）某市机关幼儿园为了提高幼儿教师的专业水平，要求每位教师每个月至少找两名幼儿进行观察，记录其生活行为、社会行为和学习行为，反映其生活品质、心理品质和学习品质，并对观察对象进行客观评价。

　　假设你是该幼儿园中班的老师，请结合《3～6岁儿童学习与发展指南》，从上述三种品质中任选一项，构建一个品质发展的评价指标体系。

　　（2）查询"多彩光谱"的相关资料，采用其中的模型活动对某一班级儿童的情绪进行评价。

拓展阅读推荐

（1）黄爽，周彬. 美国幼儿发展评价的经验及其对我国的启示[J]. 中国特殊教育，2014（03）.

（2）彭辉. 浅谈多彩光谱项目对学前儿童发展评价的启示[J]. 基础教育研究，2013（21）.

第八章　幼儿园教育活动评价

 目标导航

知识目标 ──────────────────────────────●

（1）了解幼儿教师在日常教育活动中观察的内容和形式。

（2）领悟幼儿教育活动评价的价值和意义。

（3）熟悉幼儿园教育活动内容和过程的评价。

能力目标 ──────────────────────────────●

（1）掌握幼儿园教育活动的评价方法。

（2）能将量化评价与质性评价结合起来实施。

（3）能熟练评价幼儿的学习效果。

　　幼儿园教育活动是幼儿教育工作者为实现幼儿园的培养目标，在一日活动中安排的各种活动的总和。幼儿园教育活动具有社会目的性、计划性、幼儿主体性和教师主导性的统一、过程与结果的统一、多样化、游戏化、综合性等特点。幼儿园教育活动根据教育活动预设程度的不同，可分为正规教育活动和非正规教育活动；根据教育活动组织形式的不同，可分为集体教育活动、小组教育活动、个别教育活动、自选教育活动；根据教育活动组织途径的不同，可分为游戏、区域活动、教学活动、实践活动、日常生活活动等。幼儿园教育活动评价是学前教育评价的重要内容，本章将围绕内容、过程、结果等方面对幼儿园教育活动进行评价。

第一节　活动内容评价

一、正规教育活动内容评价

　　正规教育活动是指教师按计划专门设计并组织实施的，以教师直接指导为主的，组织严密的教育活动。所以，本小节将围绕健康、科学、语言、社会和艺术 5 大领域对正规教育活动的评价进行介绍。

（一）健康领域评价

　　健康包括身体和心理两个方面，是一种在身体上和精神上的完满状态及良好的适应能力。幼儿阶段是儿童身体发育和机能发展极为迅速的时期，也是形成安全感和乐观态度的重要阶段。发育良好的身体、愉快的情绪、强健的体质、协调的动作、良好的生活习惯和基本生活能力是幼儿身心健康的重要标志，也是其他领域学习与发展的基础，更是对幼儿的健康领域内容进行评价的重要标准。这里，我们主要探讨幼儿的身体与运动方面。

　　身体与运动是幼儿健康领域的重要组成部分。幼儿的身体与运动评价内容涉及身体生长、动作发展和创造性运动这三个方面，如表 8.1 所示。

表8.1 幼儿身体与运动评价内容

一级指标	二级指标	具体内容
身体生长	生长发育形态	身高、体重、胸围、头围、坐高、上臂围、皮褶厚度
	生长发育生理功能	脉搏、血压、握力、肺活量、呼吸差
	疾病或缺陷	有无贫血、佝偻病、龋齿、斜视、弱视、脊柱弯曲等常见缺陷
动作发展	大肌肉动作	走、跑（自然跑、障碍跑、最后冲刺）； 跳（跳远、从高处跳）、跨栏、单脚站立； 拍球（单手拍、左右手交替拍）
	小肌肉动作	描线、剪、折纸、穿珠子
创造性运动	运动节奏	和着乐器节拍同步动作、根据固定或变化的音乐同步动作
	表现力	根据音乐做出不同的动作、用动作表现自我感受

资料来源：胡惠闵，郭良菁. 幼儿园教育评价[M]. 上海：华东师范大学出版社，2009：93.

1. 幼儿身体生长方面

幼儿身体生长主要指幼儿在生理方面的发展状况。衡量幼儿身体健康生长的指标主要有生长发育形态、生长发育生理功能、疾病或缺陷这三个方面。

2. 幼儿动作发展方面

对幼儿动作发展的评价主要有大肌肉动作和小肌肉动作两个方面。大肌肉动作的等级标准如表 8.2 所示。

表8.2 大肌肉动作的等级标准

内容	等级标准		
	一	二	三
走	上体正直自然的走	上体正直，上下肢协调地走	听信号自然、协调地走
跑	两臂在体侧屈肘自然而然地跑	协调、轻松地跑	听信号改变方向和变速跑
跳	立定跳远60厘米	立定跳远80厘米	立定跳远100厘米
平衡	单脚站立10秒	单脚站立20秒	单脚站立30秒
拍球	单手连续拍球10下	左右手交替拍球15下	单手运球10米

资料来源：白爱宝. 幼儿发展评价手册. 北京：教育科学出版社，2002：61.

3. 幼儿创造性运动方面

幼儿的创造性运动能力关注的是运动的节奏和表现力。对该能力进行评价主要涉及对节奏的敏感性、动作的表现力、动作创意等方面。对创造性动作能力的评价，通过如表8.3所示的观察表来收集信息。

表8.3 创造性动作观察表

儿童（年龄）	对节奏的敏感	表现力	身体控制	动作创意	配合音乐动作	评注和观察

资料来源：鄢超云. 学前教育评价[M]. 北京：高等教育出版社，2011（8）：114.

（二）科学领域评价

幼儿的科学学习是幼儿在解决实际问题的过程中发现和理解事物本质和事物间关系的过程，主要包括科学探究和数学认知。幼儿在对自然事物的科学探究和运用数学解决实际生活问题的过程中，不仅获得了丰富的感性经验，充分发展形象思维，而且在感知具体事物基础上初步尝试了归类、排序、概括、抽象，逐步发展了逻辑思维能力，为其他领域的深入学习奠定了基础。幼儿科学学习的核心是激发探究欲望，培养探究能力。成人要善于发现和保护幼儿的好奇心，充分利用自然和实际生活的机会，引导幼儿通过观察、比较、操作、实验等方法，学会发现问题、分析问题和解决问题，帮助幼儿不断积累经验，并运用于新的学习活动，形成受益终身的学习方法和能力。这里，主要探讨幼儿的科学探究能力方面，具体评价指标如表8.4所示。

表8.4　幼儿的科学探究能力的评价目标

目标＼年龄	3~4岁	4~5岁	5~6岁
亲近自然，喜欢探究	① 喜欢接触大自然，对周围的很多事物和现象感兴趣； ② 经常问各种问题，或好奇地摆弄物品	① 喜欢接触新事物，经常问一些与新事物有关的问题； ② 常常动手动脑探索物体和材料，并乐在其中	① 对自己感兴趣的问题总是刨根问底； ② 能经常动手动脑寻找问题的答案； ③ 探索中有所发现时感到兴奋和满足
具有初步的探究能力	① 对感兴趣的事物能仔细观察，发现其明显特征； ② 能用多种感官或动作去探索物体，关注动作所产生的结果	① 能对事物或现象进行观察比较，发现其相同与不同； ② 能根据观察结果提出问题，并大胆猜测答案； ③ 能通过简单的调查收集信息； ④ 能用图画或其他符号进行记录	① 能通过观察、比较与分析，发现并描述不同种类物体的特征或某个事物前后的变化； ② 能用一定的方法验证自己的猜测； ③ 在成人的帮助下能制定简单的调查计划并执行； ④ 能用数字、图画、图表或其他符号记录； ⑤ 探究中能同他人合作与交流
在探究中认识周围的事物和现象	① 认识常见的动植物，能注意并发现周围的动植物是多种多样的； ② 能感知和发现物体和材料的软硬、光滑和粗糙等特性； ③ 能感知和体验天气对自己生活和活动的影响； ④ 初步了解和体会动植物对人类的贡献	① 能感知和发现动植物的生长变化及其基本条件； ② 能感知和发现常见材料的溶解、传热等性质或用途； ③ 能感知和发现简单的物理现象，如物体形态或位置变化等； ④ 能感知和发现不同季节的特点，体验季节对动植物和人的影响； ⑤ 初步感知常用科技产品与自己生活的关系，知道科技产品有利也有弊	① 能察觉到动植物的外形特征、习性与生存环境的适应关系； ② 能发现常见物体的结构与功能之间的关系； ③ 能探索并发现常见的物理现象产生的条件或影响因素，如影子、沉浮等； ④ 感知并了解季节变化的周期性，知道变化的顺序； ⑤ 初步了解人们的生活与自然环境的密切关系，知道尊重和珍惜生命，保护环境

资料来源：《3~6岁儿童学习与发展指南》（征求意见稿）.

（三）语言领域评价

语言是交流和思维的工具。幼儿期是语言发展，特别是口语发展的重要时期。幼儿语言发展贯穿于身心发展的各个领域,对其他领域的发展有着至关重要的影响。幼儿在运用语言进行交流的同时,也在发展人际交往能力、对交往情境的判断能力、组织自己思想的能力等,并通过语言获取信息,逐步使学习超越个体的直接感知。以下主要围绕语言领域的多彩光谱项目的活动设计和评价内容作简要介绍。在该领域中主要通过故事板和报告两大类活动,对幼儿的语言发展进行评价,如表 8.5 所示。

表 8.5 语言领域评价内容与标准

活动	评价内容	评价等级标准及评分
故事板活动	讲述结构的特性	水平 1:用最一般的词指代事件、物体、人物; 水平 2:人物之间的关系提及但未建立;偶尔插入人物的心理活动和动机; 水平 3:能分清几个不同的角色并为他们建立关系;详细描述角色的认知、情感和身体状态
	主题贴切	水平 1:故事线索断开不衔接; 水平 2:故事线索含糊且只能维持一小段; 水平 3:连续超过 4 句话保持故事线索的一致性和相对连续性;把事件联系起来,并最终构成故事线索,很少偏离故事的发展
	叙述语气的使用	水平 1:很少采用叙述语气详细地解释故事的意思; 水平 2:采用叙述语气,偶尔详细地解释故事中所发生的事情; 水平 3:常常采用叙述语气,详细地解释、说明或加注故事细节;加以评判、对比的评论,使用明喻或暗喻,或对故事发表评论
	对话的使用	水平 1:故事中没有或有很少对话; 水平 2:有对话出现,但角色之间的对话模糊而简短; 水平 3:大量出现对话,并且对话可持续几句;角色之间的对话富有意义,包含思想、情感和信息
	时间标记的使用	水平 1:在说明故事过程中仅仅使用简单的时序连词; 水平 2:有时用较复杂的时间标记,如用逻辑连词来表明事件之间的时间关系,用时间副词说明事件发生的时间; 水平 3:连续使用比较复杂的时间标记(如从前、后来、夜晚)
	表现性	水平 1:未使用或很少使用语调;用单一的语调呈现故事,而未根据角色的不同而运用不同的语气或声音效果; 水平 2:偶尔用声音效果,或者其他形式的表达,或二者兼用; 水平 3:不断使用声音效果、生动的角色语气、高度表现力的叙述
	词汇水平	水平 1:主要使用简单的语言,很少使用形容词; 水平 2:使用水平 1 的词汇,但有时用描述性、表现性的语言和一些形容词; 水平 3:运用大量的词汇,包括形容词和副词;使用描述性、情感性的词汇
	句子结构	水平 1:使用简单、不连贯、并列的句子和句子成分; 水平 2:使用水平 1 的句子,但讲述中出现介词性词组和复合句; 水平 3:使用大量的句子结构,包括水平 1 的句子,出现状语从句、定语从句、分词短语或者几者综合使用
报告活动(电影报告)	参与活动及需提示的状况	水平 0:很少或无报告行为; 水平 1:只有在提示下才出现报告行为; 水平 2:在提示或提问下出现报告行为,也有自发行为; 水平 3:在没有提示或少量提示下就会报告影片中出现的事件
	内容的准确性	水平 0:不讲述影片中所发生的事,只讲自己的故事; 水平 1:只记住影片中极少的主要事件或角色; 水平 2:记得影片中的一些事件、角色或主要事件和角色;

续表

活动	评价内容	评价等级标准及评分
报告活动（电影报告）	内容的准确性	水平 3：记得影片中大多数或几乎全部事件和角色
	结构性、主题感	水平 0：不讲述影片中所发生的事，只讲自己的故事； 水平 1：极少关注影片中的主题，关注是局限的，不能把各零碎的事件概括为影片的主题； 水平 2：能揭示影片框架有限的某个方面；多少能说明影片的主题，但描述贫乏； 水平 3：较广范围内关注影片中各个零碎的事件，并将之概括为一个基本或多次出现的主题；对影片的框架有所了解
	词汇的复杂性、详细程度	水平 1：对影片的描述空洞而不详细；使用简单的语言，几乎不使用形容词； 水平 2：对影片事件的描述有时详细；对影片中的某些事件的某些细节描述详细，而忽略其他；使用一些清楚而详细、具有表现力的词汇； 水平 3：对影片中的事件往往作详细的描述；使用多种词汇；语言常常是清楚而详细的，并具有表现力
	句子结构	水平 1：使用简单的句子和段落； 水平 2：使用水平 1 的句子，但也使用介词性词组、复合句或二者同时使用； 水平 3：使用各种句子结构，包括水平 1 和水平 2 的句子结构

资料来源：玛拉·克瑞克维斯基编，李季湄、方钧君译：《多元智能理论与学前儿童能力评价》，北京：北京师范大学出版社，2002.

方钧君：《学前儿童个体差异的再认识——应用多彩光谱评估系统的一次实证研究》，上海：华东师范大学硕士学位论文，2001.

（四）社会领域评价

幼儿社会领域的学习和发展过程是幼儿社会性不断完善并奠定健全人格基础的过程，主要包括人际交往与社会适应。幼儿阶段是社会性发展的关键时期，良好的人际关系和社会适应能力对幼儿身心健康的发展以及知识、能力和智慧作用的发挥具有重要影响。幼儿在与成人和同伴交往的过程中，不仅在学习如何与人友好相处，也在学习如何看待自己、对待他人，不断发展适应社会生活的能力。

幼儿的社会性发展是指幼儿在家庭、幼儿园和社会等环境因素的影响下，逐步学会掌握社会行为规范、形成社会行为的过程，是幼儿从一个生物个体逐渐转变为一个社会成员的过程。幼儿社会性发展的内容非常广泛，如幼儿对自我和他人的认知、对社会规范的认知、社会情感的发展与变化、道德的发展等都属于幼儿的社会性发展。所以，从这方面来说，可以把幼儿园教育在该领域的任务总结为以下几点。

（1）帮助幼儿形成自我意识，并对自己的身心状况有基本的了解和认识。

（2）帮助幼儿学习扮演社会角色，使其能和他人建立良好的社会交往关系。

（3）帮助幼儿理解社会规则。

（4）帮助幼儿树立良好的社会态度。

当然，这几方面的内容也是我们对幼儿社会领域进行评价的主要内容，如表 8.6 所示。

表 8.6　幼儿社会性与情感的评价内容

一级指标	二级指标	具体说明
自我意识	自我认识	了解自己的身份；了解家庭和幼儿园的大致情况；了解自己的兴趣和爱好
	自我体验	欣赏自己做的事情；喜欢带头做事情；选择有难度的活动；愿意发表观点；寻求肯定评价
情绪情感	爱心和同情心	关心家人；能察觉同伴的困难并给予帮助；关心能力差或有生理缺陷的人
	责任感	活动结束后收拾好用过的物品；爱惜集体的物品

续表

一级指标	二级指标	具体说明
情绪情感	集体感	喜欢参加幼儿园的活动；主动为集体做事；关心集体活动（比赛）的结果
人际交往	交往态度	愿意与老师交流；和老师一起游戏表现快乐；主动与同伴交往；愿意接受同伴的邀请或邀请同伴加入游戏；与他人交往时使用礼貌用语
	交往行为	愿意与同伴一起完成任务；能接受老师或同伴的建议；当同伴有需要时愿意让出自己正在玩的玩具；愿意把自己的玩具拿出来和同伴一起玩；为同伴的成功而感到高兴；接受同伴不同的意见和做法；自己的意见受到同伴反对时能作出让步
守规约行	规则意识	有轮流和等待意识；遵守游戏规则
	自我调控	主动选择活动并专注于活动；完成交给自己的任务；掌握基本生活自理能力；能做的事不寻求帮助；不理会周围的干扰，把事情做完；有始有终地完成一件事；对被禁止的事情能控制不做

资料来源：胡惠闵，郭良菁. 幼儿园教育评价[M]. 上海：华东师范大学出版社，2009：97-98.

（五）艺术领域评价

艺术是人类感受美、表现美和创造美的重要形式，也是表达自己对周围世界的认识和情绪态度的特有方式。每个幼儿的心里都有一颗美的种子。幼儿艺术领域的学习关键在于充分创造条件和机会，在大自然和社会文化生活中萌发幼儿对美的感受和体验，丰富其想象力和创造力，引导幼儿学会用心灵去感受和发现美，用自己的方式去表现和创造美。

艺术教育领域的内容要求主要体现为以下几点。

（1）引导幼儿接触周围环境和生活中美好的人、事、物等，丰富他们的感性经验与审美情趣，激发他们表现美、创造美的欲望。

（2）在艺术活动中做到面向全体幼儿的同时，也要照顾到幼儿的个体差异。

（3）为幼儿提供自由表现的机会，鼓励幼儿用不同的艺术形式大胆表达自己的情感、理解和想象，做到尊重每个幼儿的想法和创造。

（4）在支持和鼓励幼儿大胆表现的同时，要帮助幼儿提高表现的技巧和能力。

（5）指导幼儿利用身边的物品或废旧材料等制作玩具、手工艺品等，来美化自己的生活或开展其他活动。

（6）为幼儿创设展示自己作品的条件，引导幼儿相互交流、相互欣赏、相互学习、共同提高。

幼儿园艺术领域的内容具体体现在幼儿音乐、美术等教育活动中，这些活动也作为幼儿艺术领域的评价内容。

1. 幼儿音乐教育的内容评价

幼儿音乐教育的内容包括歌唱、韵律活动、打击乐器演奏音乐和欣赏音乐 4 个方面，其详细内容如表 8.7 所示。

表 8.7　幼儿音乐教育内容的评价标准

内容	具体要求
歌唱	① 应选择一些内容与文字有趣，且为幼儿所理解，歌词内容能用动作表现，且有重复、发展余地的歌曲； ② 应选择一些适合幼儿音域范围和带有前奏、间奏、切分节奏及附点音符的歌曲； ③ 应选择一些不同题材、性质，适合多种演唱形式的歌曲或国外有名的儿歌

续表

内容	具体要求
韵律活动	① 应选择一些简单的、易被模仿的、较形象的动作，让幼儿在音乐伴奏下，合乎节拍地做动作； ② 应选择适合幼儿年龄阶段的基本动作和舞蹈动作； ③ 可让幼儿进行其他节奏活动，如拍出语言的节奏、拍出唱过的简单歌曲的节奏等
乐器演奏	为幼儿提供的乐器演奏乐曲，应尽可能选择中国著名的民族民间乐曲、中外童谣和世界经典乐曲等
音乐欣赏	① 应选择一些幼儿喜欢听的歌曲供幼儿欣赏； ② 应选择一些有标题的，性质鲜明、结构适中，且有一定内容、情节的乐曲供幼儿欣赏； ③ 可让幼儿欣赏各种具有"音乐性"的声音（如动物的叫声、风雨声等），及结合生活专门创编的，可供感知音的高低、节奏的速度、音的强弱及音色的乐曲与歌曲

2. 幼儿美术教育的内容评价

幼儿美术教育的内容涵盖了幼儿生活的全部，幼儿所看见所听到的，都可能成为他们进行美术活动的源泉。这些内容在表现形式上可分为绘画、手工和欣赏三大部分，如表 8.8 所示。

表 8.8 幼儿美术教育内容评价标准

表现形式	具体内容要求
绘画	① 命题画：可分为物体画和情节画，以单一物体为描绘对象，主要培养幼儿的造型能力； ② 意愿画：可分为记忆画和想象画，主要培养幼儿的视觉形象记忆能力； ③ 图案画：又称装饰画，其内容讲究系列性，有助于幼儿装饰水平的提高
手工	① 引导幼儿学习多种手工工具和材料的使用方法，在手工活动中，教给幼儿点状材料的粘贴，线状材料的粘贴、缠绕，面状材料的粘贴、撕、剪、折，块状材料的粘贴、塑造、分割、组合等； ② 根据各个不同年龄段孩子的特点，进行适当的活动，如各年龄段的泥工活动，也可利用废旧材料进行制作活动
美术欣赏	① 绘画：选择绘画作品时要注意作品的内容和表现形式要是幼儿可以理解和接受的，如"向日葵"、"奔马"； ② 雕塑：有圆雕和浮雕两种。选择作品时要注意形体的动作，如"渔童"； ③ 工艺美术：有日用工艺和陈设工艺两类。选择作品时应注意日用工艺，应结合儿童的生活。陈设工艺要有可玩性，如"玩具汽车"、"布娃娃"； ④ 建筑：在选择作品时要注意别致性，如"天安门"、"民居建筑"； ⑤ 自然景物：可选择有显著美感并与幼儿生活贴近的自然景物，如"秋天的树叶"； ⑥ 环境布置：可选择幼儿生活中的室内环境，如"节日的环境"

 ## 二、非正规教育活动内容评价

非正规教育活动是指由教师组织和实施的，以教师间接指导或影响为主的、组织较为松散的教育活动，如自选教育活动，进餐、如厕等常规的生活活动，自我服务劳动及简单的公益劳动等，都属于这一类型。这里，主要探讨幼儿园进餐、如厕等常规性的生活活动评价。

在幼儿园一日教育的各个环节中，有不少环节属于生活活动环节，如入园、盥洗、进餐、如厕、喝水、睡眠、离园等。值得注意的是，在对生活活动进行评价时，应尽可能与其他的"常规评价"部分相结合，不能孤立地进行，但也应坚持适度的原则，不能简单地将教育生活化，也不能简单地将生活教育化。表 8.9 所示是对生活活动进行评价的一些要求。

表 8.9　幼儿一日生活制度常规及保教人员工作程序要求（部分）

环节	幼儿常规	教师职责	生活老师职责
入园及晨间活动	① 衣着整洁，愉快进园，接受晨检，带手绢； ② 有礼貌地向老师、小朋友问好，与家长说再见； ③ 将外衣、帽子等叠整齐，放在固定的地方； ④ 用盐水漱口； ⑤ 进行简单劳动，如擦自己的桌椅； ⑥ 进行自制玩具等游戏； ⑦ 值日生清洁餐桌，分发餐具	① 做好室内外清洁工作及室内通风； ② 接待家长，做好交接手续； ③ 晨间检查； ④ 提醒幼儿做简单劳动； ⑤ 组织晨间游戏活动； ⑥ 组织幼儿早操（冬天例外），精神饱满地与幼儿共同锻炼	① 预先为幼儿盛好盐水； ② 指导值日生把工作做好； ③ 做好盥洗准备，发放毛巾、肥皂等
餐后游戏	① 谁吃完谁游戏； ② 可在指定范围内自选游戏玩具	① 餐后安排轻松、安静的活动，如室内游戏、散步； ② 与幼儿个别谈话	收拾餐具、餐桌，清理地面、做卫生消毒等
如厕与喝水	① 养成定时大小便的习惯； ② 学习自己擦屁股，穿好衣裤； ③ 便后洗手； ④ 需要时能随时如厕； ⑤ 用自己的水杯按时喝水； ⑥ 活动或口渴时随时喝水； ⑦ 自己接水，排队不拥挤； ⑧ 不浪费水； ⑨ 将水杯放在固定的位置	① 饭前、外出前、集体活动前、入睡前安排、提醒幼儿如厕； ② 允许幼儿按需要随时大小便，掌握幼儿蹲坑时间； ③ 提醒幼儿便后洗手； ④ 提醒并指导幼儿用自己的水杯接水，不浪费； ⑤ 检查幼儿饮水量	① 准备好手纸等； ② 提前消毒水杯，每人一杯； ③ 随时准备温水，供幼儿饮用； ④ 其他同教师职责
午睡	① 安静地进入寝室； ② 按顺序脱衣、鞋，折叠好放在固定位置； ③ 铺好被子，安静入睡； ④ 不带小玩具上床； ⑤ 养成良好睡姿与习惯	① 预先拉上窗帘，使寝室保持一定的室温； ② 指导或帮助幼儿脱衣，提醒正确顺序、方法； ③ 检查盖被情况，纠正不良睡姿； ④ 随时检查睡眠情况，值班人员不得离岗	照顾幼儿入睡
餐后活动与离园	① 安静地进行自选活动； ② 收拾整理好玩具； ③ 穿戴衣帽； ④ 向家长问好，与老师、小朋友说再见	① 安排幼儿自选玩具、图书，安静地活动； ② 提醒幼儿收放玩具； ③ 检查幼儿穿戴； ④ 提醒值日生第二天工作； ⑤ 与家长简单交流，有计划地与家长谈话，做家长工作	同教师职责

资料来源：陈帼眉. 学前儿童发展与教育评价手册. 北京：北京师范大学出版社，1994：909-913.

第二节　活动过程评价

 ## 一、活动的组织形式评价

根据组织形式的不同，幼儿园教育活动可分为集体教育活动、小组教育活动、个别教育活动、自选教育活动等形式。

　　集体教育活动是教师和全体幼儿的直接联系方式，并主要由教师选择活动的内容、手段和方法，布置相应的教育环境，整个教育活动的过程以教师的直接引导或指导为主，幼儿在同一时间内做相同的事情。集体教育活动通常指向健康、艺术、语言、社会和科学 5 大领域中的某一个或某些领域。

　　小组教育活动是教师与部分幼儿（以小组为单位）的直接联系方式，一般有两种形式：一是活动过程基本等同于集体教育活动，同一内容、同一要求、同一步骤和方法；二是活动过程以幼儿主动学习为主，他们可以主动积极地操作材料，可以用自己的速度和方式学习、做事，可以与同伴及教师谈论他们所做的事，教师的作用只是提供环境与材料，观察并了解幼儿并给予适当的引导和指导。

　　个别教育活动是教师和幼儿个体的直接联系方式，是教师按照个别幼儿的特殊需要而展开的教育活动。个别幼儿的自发活动，从形式上看大多是幼儿与环境中的因素直接联系的方式，但若教师能直接参与并加以指导，使活动得以顺利、有效地进行，也是个别教育活动的一种形式。

　　自选教育活动是幼儿与环境的直接联系方式，幼儿可根据自己的兴趣和需要，自由选择活动的内容、材料，并由自己决定活动的方式和合作伙伴等。教师的作用是创设环境，为幼儿提供活动的材料和空间，面向全体，间接参与观察或指导幼儿的活动。幼儿园开展的各种区角活动、自选游戏活动，都属于这一类型。

　　对于大多数家长或教师而言，集体教育活动仍是大家心目中最为重要的或最为看重的活动，当然，这样的活动评价也相对较多。但事实上，我们通常所说的集体教育活动，也未必就一定采取集体活动的方式，也常常会采用其他方式，如小组、个别、自选等多种活动方式。这里，我们主要讨论对集体活动形式的评价。

（一）对集体教育活动评价的原则

　　对幼儿园集体教育活动进行评价，应主要遵循以下原则。

　　（1）在教育活动中，是否做到了以幼儿为中心。

　　（2）教育活动计划的实施是否体现了灵活性和开放性。

　　（3）在教育活动中，是否体现了师幼之间的交互主体性。

　　（4）教育活动计划的实施过程中，资源和环境是否得到了有效的利用。

（二）评价实例展示

　　幼儿园教师在日常对同行进行听课时，为方便对现场进行记录和即时评价，一般会将各种标准或指标等集中在"听课本"的第一页，而每一页采用相对较为开放的方式。在听课过程中，听课教师可以用一些速记的记录策略，如用大写字母代替老师姓名、记要点等。表 8.10 所示是听课记录本中的一页，其中有听课老师运用此听课表的一些听课记录和部分相关评价。

表 8.10　听课记录

时间：2008.5.22	内容：集教、创游	班级：大 A 班	执教：曹老师
材料:（空，未填）			活动形式:（空，未填）

活动过程	评析
一、教学引入 1. T 出示图片。T：想看吗？仔细观察，什么时候，在什么地方，有谁，在做什么？ C 观察第一幅图。C：晚上，小兔，小熊。 T：你怎么知道是冬天的晚上？（看出来）谁在家，谁在窗户这儿？ 2. T：看看第二幅图发生了什么变化？什么时间，出现第二幅图。 T：小熊到了小兔家，小兔会怎样招待小熊，又是什么时间？出现第三幅图。 T：看看下一幅图是什么样的？你怎样看出来的？你想到了什么	给幼儿观察的时间不够，根据要素进行指导，避免了零散画面。整体的指导够吗？ T 说得太多。 教师提问的针对性

续表

时间：2008.5.22	内容：集教、创游	班级：大 A 班	执教：曹老师
材料：（空，未填）			活动形式：（空，未填）
活动过程			评析
3. T：4 幅图连起来是一个故事，名字叫"小熊和小兔"（出现子卡）。 二、每组 C 拿一张图，自己看图讲故事 T 听幼儿讲的情况 三、把画剪开，做成小册子，回家给爸爸妈妈讲讲 T：故事名字叫什么？ 创游： 一、导入 服务员应该做什么？看到外面的服务员是怎样做的？昨天建构区修了什么？今天，大家都要先商量，要一直修那个，想玩建构区的举手（8 个人），理发店（3 个人），人很多怎么办？医院（4 个医生），烧烤（2 个）。 二、幼儿布置场地，开始游戏 T：你是做什么的？做什么好吃的，用什么做面条？ 三、评价 参观建构区，请 C 介绍，里面有些什么？用来干什么的？用什么修的			引导幼儿观察人物的动作、表情、内心活动，对幼儿现有语言水平有何提升？大多是高控制行为。 如何尊重孩子的游戏意愿？ 游戏行为、水平？替代物的使用。教师在帮忙，C 收拾整理的意识还要加强
小结	（空，未填）		

资料来源：鄢超云. 学前教育评价[M]. 北京：高等教育出版社，2011（8）：208-209.

根据上表，可以从这位教师比较简短的评价中，发现执教老师所存在的一些问题，如说得多、对课堂有比较高的控制性、给幼儿的时间和机会不够等。

二、活动的组织途径评价

（一）游戏活动评价

通常认为"游戏是游戏者能动地驾驭活动对象的主体性活动，它现实直观地表现为幼儿的主动性、独立性和创造性活动"。[①]《幼儿园工作规程》中明确指出，"游戏是对幼儿进行全面发展教育的重要形式"，幼儿园的教育工作者应"以游戏为基本活动"，应"因地制宜地为幼儿创设游戏条件"，应"充分尊重幼儿选择游戏的意愿"等。由此可见，游戏作为组织和实施幼儿园教育活动的最佳途径，已被幼儿教育工作者普遍认同和接受。幼儿园游戏活动的评价不仅是幼儿园教育评价的组成部分，也是对幼儿园游戏活动的各方面进行价值判断的过程。所以，本小节所讨论的幼儿园游戏活动既是幼儿园教育活动的组织形式，也是幼儿园教育活动的重要组成部分。

1. 游戏活动评价的原则

（1）发展性原则。《幼儿园教育指导纲要（试行）》中关于"教育评价"部分的第一条就明确指出："教育评价是促进每一个幼儿发展，提高教育质量的必要手段。"也就是说，在评价的过程中，我们需要在了解幼儿原有发展水平的基础上，给幼儿提供更加适宜的帮助、机会和指导等，促进幼儿游戏水平的不断提高，最终促进幼儿的身心全面、健康、和谐地发展。

（2）过程性原则。《幼儿园教育指导纲要（试行）》中明确指出："幼儿的行为表现和发展变化具有重要的评价意义，教师应视之为重要的评价信息和改进工作的依据。"也就是说，我们在对幼儿的游戏活动

---

① 刘焱. 幼儿园游戏教学论. 北京：中国社会出版社，1999：92-93.

进行评价时，应当更看重的是幼儿在游戏中所表现出来的能力与倾向，而不能仅仅关注活动的结果。

（3）个体性原则。在同一游戏活动中，不同的幼儿发展水平往往处于不同的层次水平；同一幼儿在不同的游戏类型中，其行为表现也是有很大的差异的。这就要求，我们在对幼儿的游戏活动进行评价时，要尊重幼儿的个体差异性，从多个维度描述记录幼儿在游戏中的表现，使我们的评价更加符合幼儿的实际情况。

（4）整合性原则。在对幼儿的游戏活动进行评价时，我们需要对幼儿的认知、情感、身体动作、自主性和社会交往能力等做多方面的考察，从而对幼儿做出较为完整和全面的评价。

2．游戏活动环境的评价

对幼儿园游戏活动环境的评价主要包括物质环境和精神环境。幼儿园游戏的物质环境是指"幼儿园各种人工或非人工的游戏空间、场地、游戏材料、游戏时间等"。幼儿园游戏的精神环境是指"幼儿游戏中的人际交往和心理氛围，包括教师与幼儿之间的师幼关系、幼儿与幼儿之间的同伴关系以及宽松、自由、平等、和谐的游戏氛围等"。[1]本小节对幼儿园游戏物质环境的评价，主要考察幼儿园户外游戏场地设置、室内游戏区创设、游戏材料、游戏时间安排等方面。而对幼儿园游戏精神环境的评价，则主要考察游戏的心理氛围、师幼关系等方面。

（1）对幼儿园户外游戏场地设置的评价。对幼儿园户外游戏场地设置的评价主要包括对户外游戏场地的面积和活动器械的设置、质量、结构等的评价，详细内容如表8.11所示。

表8.11　幼儿园户外游戏场地评价表

评价项目	评价标准	评价方法	得分
场地面积	① 无游戏场地； ② 未达标，尚无有效的变通措施； ③ 未达标，但已采取有效的变通措施； ④ 达标	对照国家相关规定实地检测	0 1 2 3
场地质量	① 全部为水泥地或其他不合格地面； ② 沙土、土地占60%以上，其他为水泥地； ③ 沙土、土地，并有一定的草坪	实地观察、测量	0 1 2
设施器械	① 无或数量极少，不能满足游戏活动的需要； ② 数量适宜，质量一般； ③ 数量达标，并且器械具有多功能和经济适用的特点	实地观察	0 1 2
结构安排	① 有不同区域的划分； ② 各区域安排合理； ③ 各区域之间有过渡； ④ 能满足幼儿的不同需要	实地观察	1 1 1 1
安全	① 地面上无危险物； ② 器械安装牢固； ③ 设备功能完善； ④ 设备适合幼儿身体和运动特点	实地观察、检查	1 1 1 1
其他	① 有绿化带； ② 绿化带安排合理； ③ 有防雨棚或其他防雨设施	实地观察	1 1 1

说明：前三项只能选择一个分值，后三项可多项选择分值；最高得分为18分。

资料来源：虞永平等．幼儿园课程评价[M]．南京：江苏教育出版社，2005（11）：154-155．

---

[1] 顾荣芳．学前教育诊断与咨询．大连：辽宁师范大学出版社，2002：43．

（2）对幼儿园室内游戏区创设的评价。对幼儿园游戏区的创设应根据幼儿的数量和年龄特点来定。室内游戏区一般包括图书角、积木区、角色扮演区等，其具体的评价项目和标准如表 8.12 所示。

表 8.12　室内活动区设置评价表

评价项目	评价标准	得分
占用面积	与室内总面积之比： 达 50%以上 达 70%以上 达 80%以上	1 2 3
活动区内容的丰富性（不同活动区的数量）	4 个区 6~7 个区 8 个区以上	1 2 3
活动内容的合理性（活动区的总体特征）	符合班级特征 符合教育要求	2 2
活动区数量的适宜性（班内人数与可使用面积之比）	数量适宜 数量较适宜	2 1
活动区的外部结构	有区域划分但不明显 有明显的区域划分 区域安排合理 有明显的交通要道利于幼儿活动交往 无教师观察上的死角	1 2 1 1 1
活动区的内部结构	材料与物品的设置具有层次性、系统性 材料与物品的设置便于儿童取放及游戏开展 具有暗示性 有封闭，但程度不适宜 有适宜的封闭 具有相应的游戏心理氛围	1 1 1 1 2 2
活动区的安全、卫生状况	区内设备和材料与其空间大小相匹配 区的性质与其所处的位置相匹配 区内没有锐利、有毒、易破碎、易对幼儿身体造成伤害的物品	1 1 1

注：根据实际情况选择分值，除 1、2、4 项外，可多项选择；最高得分为 29 分。

资料来源：王坚红. 学前教育评价[M]. 北京：人民教育出版社，2010：275-276.

（3）对幼儿园游戏材料的评价。游戏材料是幼儿进行游戏活动的物质基础，是幼儿进行游戏活动必不可少的条件之一，适宜的、符合幼儿年龄特征的游戏材料，不仅可以激发幼儿的兴趣，而且能维持游戏活动的开展。可以从以下几个方面来考察幼儿园游戏材料的合理性。

① 游戏材料是否安全、卫生。

② 游戏材料的数量是否充足。

③ 游戏材料是否具有可操作性。

④ 游戏材料是否符合幼儿的经验水平。

⑤ 游戏材料是否具有经济实用性和多功能性。

（4）对幼儿园游戏时间安排的评价。充足的游戏时间是保证幼儿愉悦、顺利地进行游戏活动的重要保证，可从以下几个方面来对其进行考察。

① 每次游戏活动的时间是否恰当。

② 在一日活动中安排的游戏活动时间总和是否达到相关要求。

③ 户外和室内游戏活动时间的分配是否合理。

④ 游戏活动中的时间是得到了充分的利用。

（5）对幼儿园游戏的精神环境的评价。该评价主要考察以下几个方面。

① 游戏活动中的心理氛围是否是宽松、自由、和谐、融洽的。

② 幼儿与教师之间是否能相互接纳、相互尊重。

③ 教师是否赞成幼儿的游戏权；是否用欣赏、赞许的眼光看待幼儿；是否对幼儿用鼓励性和启发性的语言。

④ 幼儿是否能进行安心的游戏，师幼之间是否是开放、愉快、合作的关系。

其具体评价项目和等级如表 8.13 所示。

表 8.13　幼儿园游戏条件评价表

评价项目	评价等级	评价方法	说明
户外游戏场地的设置	① 无户外游戏场地； ② 部分符合国家的规定； ③ 完全符合国家的规定	实地考察	
室内游戏区的设置	① 面积小，内容单一； ② 面积较大，但区域划分不够合理； ③ 面积大，且区域划分合理	实地考察	
游戏材料的提供	① 游戏材料数量少，且有很多安全隐患； ② 游戏材料较多，有一定的材料安全意识，但品种不够丰富，材料操作性不够强； ③ 游戏材料丰富，品种多，有特色，材料富有操作性和针对性，能注重游戏材料的安全卫生	实地考察	
游戏时间的安排	① 游戏时间短； ② 游戏时间较长，但不能灵活调整； ③ 游戏时间长，能根据幼儿需要灵活调整	观察游戏	
游戏的心理氛围	① 无良好的心理氛围； ② 有较良好的心理氛围，但不够稳定； ③ 有良好的心理氛围，幼儿能感受到支持与接纳，能快乐、自然地投入游戏活动	观察游戏	

资料来源：王坚红. 学前教育评价[M]. 北京：人民教育出版社，2010：278.

3. 对不同类型游戏活动的评价

对于幼儿游戏有多种不同的分类方式，例如，瑞士心理学家皮亚杰从儿童认知发展的角度，把儿童游戏分为练习性游戏、象征性游戏、结构性游戏和规则游戏；美国的帕顿从儿童社会性发展的角度，把儿童游戏分为旁观游戏、独自游戏、平行游戏、联合游戏与合作游戏；斯波戴克把幼儿园的游戏分为操作性游戏、运动性游戏、主题角色游戏和规则游戏；加维则根据游戏中运用材料的不同，把游戏分为以身体为材料的游戏、以物体为材料的游戏、以语言为材料的游戏、以社会生活为材料的游戏、以规则为材料的游戏等。

在不同的幼儿园游戏中，幼儿的表现和水平是有差异的，对于各种不同类型的游戏，教师的指导也是不一样的，教师应根据游戏评价的原则和基本方法对不同的游戏加以评价。下面就幼儿园中最常见的几种游戏活动进行评价。

（1）对幼儿园角色游戏活动的评价。角色游戏是幼儿通过扮演角色，运用模仿和想象，创造性地反映现实生活的一种游戏，如娃娃家游戏、理发店游戏、商店游戏、小吃店游戏、邮局游戏等。此类游戏是幼儿园中较为常见的一类游戏。对该类游戏活动进行评价，主要考察角色游戏中幼儿的游戏水平和角色游戏中教师的组织或指导水平两方面。其具体评价项目如表 8.14 和表 8.15 所示。

表 8.14　幼儿园角色游戏水平评价表

评价项目	评价标准	评价方法	备注说明
游戏主题的选定	① 教师指定或听从教师建议； ② 模仿别人； ③ 独立或与同伴商定，并能较快进入游戏情境中	观察幼儿游戏	记录幼儿的表现，通过典型事例进行描述性说明
情节内容的反映与发展	① 反映的情节内容简单、零星、片段； ② 情节内容一般，基本能反映家庭或日常的生活现象； ③ 内容丰富，能较广泛地反映社会生活现象或重大事件，并能使情节不断发展与延伸	同上	同上
材料的运用	① 使用实物或模拟玩具进行游戏； ② 使用替代物进行游戏； ③ 使用材料组合或自制替代物，并能用语言、动作进行游戏	同上	同上
角色意识	① 无角色意识，只能重复角色的个别简单动作语言； ② 有角色意识和角色系列动作模仿，但不稳定； ③ 角色意识稳定，行为、态度、语言符合角色的要求	同上	同上
社会性水平	① 旁观游戏； ② 独自游戏； ③ 平行游戏； ④ 联合游戏； ⑤ 合作游戏	同上	同上
兴趣和参与程度	① 缺乏兴趣，游戏呈间断性，经常离开主题或情境； ② 兴趣一般，游戏呈分节型（有时离开，但每次持续游戏时间较长）； ③ 兴趣浓厚，游戏呈连续性	同上	同上
常规	① 不能遵守规则，行为无序或有破坏性行为； ② 有时能遵守规则，在教师提醒下能收拾整理； ③ 认真遵守游戏规则，爱护玩具并能按类收拾整理	同上	同上

资料来源：虞永平等. 幼儿园课程评价[M]. 南京：江苏教育出版社，2005（11）：161-162.

表 8.15　幼儿园角色游戏中教师指导水平评价表

评价项目	评价等级	评价方法	备注说明
游戏组织的目的性和计划性	① 无计划，指导目标不明确； ② 有计划，但目标模糊，重点不突出； ③ 计划完整，目标明确，重点突出	查阅教师游戏计划本和记录本	
游戏时间的安排	① 时间安排不合理； ② 时间安排较合理，但是效率不高； ③ 时间安排合理，并能根据情况作灵活的调整	查看活动时间安排表；观察游戏	

续表

评价项目	评价等级	评价方法	备注说明
游戏材料的准备	① 游戏材料很少； ② 有较丰富的游戏材料，但针对性不够； ③ 游戏材料类型多样、储备充足、摆放合理，符合本班幼儿的实际需要	观察游戏	
指导方式及效果	① 无指导或指导方式单一，对促进幼儿的发展不起作用； ② 有一定的指导，但是干预时机把握得不够好，对幼儿游戏水平有一定的了解，指导效果一般； ③ 指导方式多样，有针对性并能把握好时机，对幼儿游戏水平有深入具体的了解，指导效果好	观察教师的行为；教师的自我反思	可举例说明

资料来源：王坚红. 学前教育评价[M]. 北京：人民教育出版社，2010：285.

（2）对幼儿园结构游戏活动的评价。结构游戏是指幼儿通过操作各种结构材料，来构造物体的一种游戏活动，这些材料有专门设计生产的材料，如积木、积塑、插片、花片、胶粒等；有自然材料，如沙子、石子、水和泥土等；有旧物品和半成品材料，如纸盒、挂历、塑料瓶等。此类游戏也是幼儿园中较为常见的一类游戏。对该类游戏活动进行评价，也主要考察结构游戏中幼儿的游戏水平和教师的组织或指导水平两方面。其具体评价项目如表 8.16 和表 8.17 所示。

表 8.16 幼儿园结构游戏水平评价表

评价项目	评价等级	评价方法	备注说明
游戏主题的目的性	① 无目的、无主题； ② 有一定的目的，但不稳定； ③ 有明确的主题，并能坚持	观察游戏	详细记录幼儿行为，并举出典型事例
建构的技能	① 会简单地排列、拼接与堆高； ② 能根据材料特点进行建构，技能较熟练； ③ 建构技能熟练，速度快，完成的建筑物结构匀称、协调、美观	观察游戏、分析作品	同上
专注程度	① 缺乏兴趣，不专注； ② 有一定的兴趣，情绪较好，比较专注； ③ 有浓厚兴趣，情绪积极，神情专注，能坚持到底	观察游戏	同上
语言能力	① 语言表达能力弱； ② 有一定的语言表达能力； ③ 有很好的语言表达能力，语言流畅自然	观察游戏	同上
社会性水平	① 无同伴交往； ② 有少量的同伴交往； ③ 有很好的同伴交往能力	观察游戏	同上
创造力表现	① 独自游戏多； ② 有一定的交往意识与技能； ③ 能与他人合作进行游戏，并能灵活地协调与他人的关系	观察游戏	同上
规则意识	① 缺乏参与的热情； ② 能参与游戏； ③ 能积极参与游戏，富有热情和感染力	观察游戏	同上

资料来源：王坚红. 学前教育评价[M]. 北京：人民教育出版社，2010：281.

145

表8.17 幼儿园结构游戏中教师指导水平评价表

评价项目	评价等级	评价方法	备注说明
对结构材料的了解	① 不了解班级结构材料的数量及特点； ② 基本了解班级结构材料的数量及特点； ③ 熟悉班级结构游戏材料的数量及特点	实地调查	
对结构材料操作技能的了解	① 不知道如何操作； ② 能操作，但不熟悉； ③ 完全掌握了解操作的技能和方法	观察教师的操作	
对结构游戏阶段的把握	① 不清楚幼儿处于结构游戏的何种阶段； ② 基本了解幼儿处于结构游戏的何种阶段； ③ 完全了解幼儿处于结构游戏的何种阶段	实地调查	
指导策略和效果	① 无指导或指导方法错误； ② 有一定的指导，但效果一般； ③ 能有针对性地进行指导，形式多样，效果良好	实地调查	

资料来源：王坚红. 学前教育评价[M]. 北京：人民教育出版社，2010：286.

（二）区域活动评价

区域活动又称区角活动、活动区活动、兴趣区活动等。区域活动是教师通过有目的、有计划地投放各种材料，创设活动环境，让幼儿在宽松、和谐的氛围里，按自己的能力和意愿，自主选择学习内容和活动伙伴，主动地进行探索和交往的一种活动方式。按活动得以展开的地点来划分，区域活动通常可分为室外区域活动和室内区域活动两大类。比较常见的区域活动区有户外大型器械活动区、玩沙玩水区、种植园、美工区、语言角、音乐角、图书区、科学角等。

1. 对区域活动中教师的观察和个别指导的评价

区域活动本身是一种小组活动、个别活动，教师在区域活动过程中对幼儿的观察和指导就带有很强的评价性质，所以对区域活动中教师的观察和个别指导的评价，就具有"对评价的评价"的特殊性质，这对科学评价幼儿园区域活动具有重要的意义。表8.18所示是一个对美工区进行观察的记录表。

表8.18 美工区观察记录表

项目		评价标准	儿童表现	教师是否了解	教师是否有相应指导？
兴趣	绘画	兴趣浓，积极主动参与，自己进行选择			
	粘贴	兴趣浓，积极主动参与，自己进行选择			
	泥工	兴趣浓，积极主动参与，自己进行选择			
能力	绘画 造型	是否有可被别人理解的形象？形象可理解程度？			
	绘画 用色	是否有目的地用色？用色是否丰富？			
	绘画 创造	构思是否有独特之处？是否有新意？是否有自己的思想？			
	粘贴	粘出的画面是否有相应的形象？是否有美感？有无目的？			
	泥工	能借助工具捏出简单物体，还是只是简单地玩泥巴？			

续表

项目	评价标准		儿童表现	教师是否了解	教师是否有相应指导？
品质	遵守规则	能否自觉遵守规则?是否需要成人提醒?			
	合作性	有无合作行为？是共同使用材料还是独自操作？是否与人交流？			
	持久性	是否持久？遇到困难是否坚持？是否频繁更换活动？			

资料来源：鄢超云. 学前教育评价[M]. 北京：高等教育出版社，2011（8）：213.

2. 对区域活动规划和设置的评价

在评价幼儿园教师的区域活动规划和设置时，应主要考察以下几个方面。

（1）是否围绕活动目标设置和规划区域，是否考虑到本班幼儿的实际情况。

（2）是否处理好了区域间的分隔问题。

（3）是否根据活动空间或幼儿的实际人数，处理好了区域的数量问题。

（4）区域活动的规划和设置是否调动了幼儿的积极性和参与性。

（5）区域材料的投放是否恰当、适宜，材料及其投放方式是否考虑到了幼儿的实际情况。

（6）是否根据区域特性或特殊需要等，有针对性地规划和设置了区域。

3. 对区域活动材料的评价

在对幼儿园区域活动材料进行评价时，应遵循以下原则。

（1）所提供的材料的安全性和卫生性。

（2）所提供的材料的趣味性。

（3）所提供的材料的可操作性或可玩性。

（4）所提供的材料的教育性。

（5）所提供的材料的简易性和廉价性。

（三）教学活动评价

1. 幼儿园教学活动概述

《幼儿园教育指导纲要（试行）》（以下简称《纲要》）中明确指出："幼儿园的教育活动，是教师以多种形式有目的、有计划地引导幼儿生动、活泼、主动活动的教育过程。"这与传统意义上的上课是有很大差别的，把"课"改为"教育活动"，既不是简单的更名，也绝不是玩文字游戏，而是教育观念的转变，它强调了活动中要以"儿童"为中心，强调了教学是一种师生互动的双边活动。

总之，幼儿园的教学活动应该在尊重幼儿身心发展规律和学习特点的基础上，关注幼儿的个别差异；在幼儿已有经验的基础上，选择适合幼儿的教育教学内容和方法，以促进每一个幼儿健康、和谐和富有创造性的发展。

幼儿园中教学活动的评价原则是人们对教学活动评价的客观规律的认识，对教学活动的评价具有指导意义，是指导人们进行教学活动评价的行为准则。所以，在对幼儿园教学活动进行评价时应遵循以下几个原则。[①]

---

① 虞永平，张辉娟，钱雨，蔡红梅. 幼儿园课程评价. 南京：江苏教育出版社，2005（11）：113.

（1）教学活动应该以幼儿为中心，注重活动的体验性。

（2）教学活动应该体现活动主题的交互主体性，充分发挥教师的积极作用。

（3）教学计划的实施应该具有灵活性和开放性。

（4）教学活动中应该有效开发和利用各种课程资源和环境。

2. 教学活动评价的方法

对幼儿园教学活动进行评价的方法有很多，如观察法、问卷法等。由于这些方法在本书的第三章已作详细介绍，这里就不一一介绍了，接下来主要提供两种量化的教学活动观察评价表，如表 8.19 和表 8.20 所示。

表 8.19　教学活动评价表 1

期望评语（优等标准）	优	良	中	差	得分
教育活动目标明确具体，并能落实	4	3	2	1	
教育内容符合本班幼儿实际	4	3	2	1	
注重活动过程，运用多种教育形式和手段，引导幼儿的主要活动	4	3	2	1	
根据幼儿的不同发展水平给予分类指导	4	3	2	1	
幼儿积极性高，思维活跃，有浓厚的学习兴趣	4	3	2	1	
总分					
评语					

资料来源：霍力岩，《学前教育评价》，北京：北京师范大学出版社，2000：60.

表 8.20　教学活动评价 2

	评价要点	评价等级		
		A	B	C
目标	目标的年龄适宜性			
	目标的可落实性			
	目标的和谐性			
	目标实际的达成度			
内容	内容的年龄适宜性			
	内容与目标的一致性			
	内容的科学性			
	相关环境材料的适宜性			
	内容的实际完成情况			
教师	教师讲解的适宜性			
	教师教学策略的适宜性			
	教师对幼儿的关注			
	教师评价的适宜性			
幼儿	幼儿的投入程度			
	幼儿的互动机会			
	幼儿面临的挑战			
	幼儿的学习习惯			

资料来源：虞永平，《幼儿园教学活动的评价》，《早期教育》，2005（2）.

（四）日常生活评价

广义的幼儿园生活活动指的是幼儿在幼儿园的一切活动，这里所说的幼儿园生活活动是指幼儿园一日活动中除游戏、教学活动以外的一切日常活动。由于在上一节中已经就幼儿园日常生活活动的内容及评价标准进行了介绍，所以本节主要就幼儿园生活活动评价的方法及评价中应注意的问题进行阐述。

1. 评价的方法

《纲要》中指出，评价应自然地伴随着整个教育过程而进行。对生活活动组织的评价应通过对教师一日生活活动组织行为的观察、分析，来了解生活活动中教师的教育观念、活动成效、儿童的发展状况等，所以，一般采取以下几种评价方法。

（1）情境性评价。情境性评价指的是评价者根据生活活动组织的指导思想、原则，并遵循《纲要》在自然、真实的生活情境中评价的要求，通过描述、实录等方法记录和分析教师、幼儿在特定情境中的行为的方法。评价既注重结果也注重过程。因此，情境性评价多采用定性的方法，如观察记录、教育反思笔记、个体案例等。

例如，对幼儿园中幼儿的就餐情况进行观察和评价就属于情境性评价。教师可利用真实的生活情景，来对幼儿的生活习惯进行考察，每次可观察几名幼儿，对全班幼儿的观察应尽可能在两周内完成。表8.21所示是就餐评价表。

表8.21 就餐评价表

项目\姓名	卫生习惯			饮食习惯			就餐技能			交往行为		
	A	B	C	A	B	C	A	B	C	A	B	C

资料来源：虞永平等. 幼儿园课程评价[M]. 南京：江苏教育出版社，2005（11）：99.

（2）过程性评价。过程性评价就是依据一定的指导思想和评价标准，在自然状态下，对教师在一日活动中的组织和实施行为进行评价的方法。一般可采取过程评价表、音像实录、文字等具体方法，如表8.22所示。

表8.22 教师半日生活活动组织评价表

_____幼儿园 _____班 在场教师数_____
班级人数_____ 主班教师_____ 观察者_____
室内_____平方米 室外_____平方米 时间_____

评价内容与项目		评价效果		
		好	较好	一般
空间、时间	有保证一日生活活动的空间和室内外设施，场地安排基本合理，满足本班儿童的需要			
	有适合季节、本班级的，与使用课程相配套的生活作息制度			
	生活活动的安排与其他活动的衔接自然，交替合理，保证幼儿有一定的自由活动时间			

续表

评价内容与项目		评价效果		
		好	较好	一般
空间、时间	各项活动材料的提供与配置符合年龄特点，数量满足全体幼儿活动的需要，便于取放			
	幼儿生活活动的管理，生活用具的提供、摆放等符合国家卫生保健的要求			
	有保证幼儿开展户外活动的场地和器械，且安全，无事故隐患			
教师指导	有计划、有组织地执行生活作息制度			
	教师间职责明确，主动协调，配合默契			
	注意引导幼儿在生活活动中建立各项必要的常规，并帮助幼儿努力遵守			
	活动的安排、材料的提供能激发幼儿的兴趣，利于幼儿自主选择，避免消极等待			
	营造宽松的氛围，采取形式多样、丰富有趣的手段，帮助幼儿掌握力所能及的生活技能，并注意因材施教			
	善于抓住偶发事件，渗透生活教育的要求，在关注全体的同时，特别重视个别幼儿的需要与帮助			
幼儿活动	活动中，幼儿情绪饱满，注意力集中，对教师发出的信息能做出呼应			
	80%的幼儿能遵守生活常规，生活、卫生习惯良好			
	80%的幼儿能按照教师的指令，参加户外活动，有一定的安全意识			
	80%的幼儿能学会自我管理，自主支配自己的自由活动时间			
	幼儿有较多的机会与同伴交流，自选材料和活动内容			

说明：此表采用等级评价的方法对各项目做出符合实际的评价，其中每项指标中有两条内容不符即评价为一般，一条目标不符即评价为较好，三个等级可赋值算出总分，进行总体评价。

资料来源：虞永平等. 幼儿园课程评价[M]. 南京：江苏教育出版社，2005（11）：95-97.

（3）档案评价。档案评价即通过对教师在生活活动组织和实施中所撰写的有关文本计划、整理收集的有关资料信息进行评价，了解教师如何从关注文本计划到关注幼儿在活动中的真实表现，以达到评价幼儿的发展状况、教师的发展状况的评价方法。例如，某幼儿园幼儿个体档案的主要内容如下。

① 将孩子在幼儿的各种活动和各领域的发展状况全面呈现，主要以照片附文字的形式反映活动中的情景，包括在一日生活活动中幼儿的表现。

② 表现幼儿具有个性发展的内容，不同年龄有不同的小栏目，如小班的"我的第一次"、大班的"我最骄傲的"和"我需努力的"等，以孩子的照片、作品等形式反映。

③ 搜集反映孩子获得某项技能的过程资料，记录教师的分析。

④ 根据活动实施的内容，对幼儿进行月评或学期的综合评价，在对孩子某阶段的发展进行分析的基础上，了解活动实施的效果及幼儿发展的现状与问题。

表 8.23 所示为某幼儿园小班下学期综合评价中的健康部分。

表8.23　某幼儿园小班下学期综合评价（健康部分）

项目	内容	评价标准	发展状况			
			★	★★	★★★	★★★★
健康	盥洗	餐前便后知道洗手				
	进餐	正确使用小勺，独立进餐				
	午睡	能安静入睡，姿势正确				

续表

项目	内容	评价标准	发展状况			
			★	★★	★★★	★★★★
健康	自我保护	不将异物塞入自己或他人的耳、鼻、口内				
	自我服务	会使用自己的毛巾擦手、擦嘴				
	动作发展	在各种活动中身体灵活、动作敏捷				
	协调性	在活动中身体各部分的动作协调				

资料来源：虞永平等. 幼儿园课程评价[M]. 南京：江苏教育出版社，2005（11）：102-103.

2. 评价中应注意的问题

在对幼儿的日常生活活动进行评价时应注意以下几点。

（1）在重视文本计划的同时应更关注过程的实施。

（2）关注幼儿的全面发展与尊重幼儿的个体特点并重。

（3）要明确活动目标，也要关注活动情景。

（4）注意在评价中结合质性与量化的评价方法。

 案例与实践

（1）以下是一个幼儿进行美术活动的情景。

一节美术课上，我请小朋友们画《春天的花圃》。在小朋友们都聚精会神地画画的时候，我发现牛牛小朋友在画纸上画了很多小竖线。于是，我轻轻地走到他身边，但他却连忙用胳膊把画纸捂住了，并且狠狠地低下了头。很明显，他知道自己"画得不好"。就在这时，坐在他旁边的小女孩抢着告诉我："老师，老师，他什么也不会画，他画得乱七八糟。"牛牛听后，很不好意思地红着脸，一脸羞愧地看着我。当时，我看着他的表情，心里像打翻了五味瓶一样。是呀，孩子的心是多么脆弱，当众出丑让他觉得很难堪。而我，既不能很虚假地去表扬"你画得不错"，也不能完全否定，继续伤害他，我只是很随意地说了一句："不会画花，可以画一些其他的东西，比如小草……"牛牛听我这么一说，捂着的手才慢慢地放开了。他看着自己的画，若有所思地说："老师，老师，我画的是冬天的花！你看，这就是小雪花。"你瞧，他想得多好！我趁机表扬了他，并告诉他："春天来了，冬天已经过去了，你也画一些春天的花，好吗？"牛牛想了之后，点了点头，又继续画了起来。待活动结束时，我发现牛牛的画纸上果然多出了许多小花，我会心地笑了。

针对以上案例，请对老师的教学活动理念、临场处理方式及孩子的活动学习效果作出合理的评价。并设想你是幼儿老师，遇到类似情况时你会如何处理？

（2）以下是株洲市某幼儿园的一堂音乐活动教学实录。

幼儿园教学活动实录

活动内容： 小班音乐游戏——有趣的报纸

执教者： 陈老师

设计意图： 孩子们对报纸非常熟悉，但如何处理越来越多的旧报纸呢？很多孩子只知道一个方法，就是卖掉。其实把旧报纸卖掉很可惜，旧报纸还有很多用途。设计本活动旨在引导孩子在游戏中发现报纸的许多玩法。让孩子动手、动脑、大胆想象，使幼儿在玩中学，在乐中学，培养他们的动手能力和创造能力。加之废物利用还可以让教师走出"在一节活动中绞尽脑汁，花心思去找许多器材和新奇玩具"

的误区。

活动准备:

① 废旧报纸若干、泡沫垫子若干。

② 欢快的音乐、轻柔的音乐。

③ 场地布置: 在地上贴蒙氏线。

活动目标:

① 积极参与游戏活动, 愿意与同伴共同游戏。

② 发展身体动作的平衡协调能力。

③ 培养幼儿的动手能力, 让幼儿发挥想象力与创造力。

活动过程实录:

一、预备活动

听音乐走线。

二、集体活动

1. 教师出示一张废旧报纸, 提问, 激发幼儿对报纸的兴趣, 引入主题

师: 今天, 陈老师带来了一样东西, 请小朋友们看一看, 这是什么?

幼: 是报纸。

师: 那它可以用来做什么呢?

幼: 折飞机、撕面条……

师: 小朋友们都说得非常好。报纸呀, 除了这些用处外, 还可以和我们做游戏呢, 那小朋友们想不想跟老师一起和报纸做游戏?

幼: 想!

2. 游戏:《快乐拥抱》

师: 我们用这些报纸和小朋友们一起来做 "快乐拥抱" 的游戏。

(1) 请幼儿两人一组选择一张报纸, 将报纸平铺在地上。

(2) 教师播放欢快的音乐, 请幼儿和好朋友手拉手围着报纸跟随教师的口令 "跑跑, 跑跑跑" 而自由跑动。音乐停止时, 两个人马上站到报纸上拥抱在一起, 要求脚必须踩在报纸上。

(3) 继续放音乐, 幼儿马上离开报纸听教师的口令 "跳跳, 跳跳跳"、"爬爬, 爬爬爬" 等进行活动。再次停止音乐时, 两个人要合作把报纸折叠一次, 再站到报纸上, 拥抱在一起。不断进行游戏, 报纸要越折越小, 两个人要越抱越紧, 并保证双方的脚都不踩到地上。

师: 刚才每两个小朋友一组玩 "快乐拥抱" 的游戏, 配合得非常好, 现在请小朋友把报纸打开, 两个人合作把报纸撕成两半, 一人一半, 用小手将报纸揉成纸球, 一起玩扔球游戏, 小朋友想不想玩?

① 请所有小朋友站成一排, 比赛看谁扔得远。

② 幼儿各捡起一个纸球, 再来一轮比赛。

3. 创作游戏:《报纸变变变》

师: 报纸真是神奇, 利用它, 我们玩了这么多好玩的游戏。其实呀, 报纸还有很多玩法, 只要我们动动脑筋, 报纸就可以变成许多东西。先看老师变一变, 能变成什么呢?

幼: 火腿肠!

师: 那小朋友们愿不愿意试一试, 看你能变出什么?

幼儿自由发挥, 变出了面条、米粉、蛋糕、毛毛虫等很多东西。

三、结束部分

师: 我们的小手真能干, 用报纸变出了这么多东西, 那小朋友们愿不愿意把自己的作品说出来和大家分享呢 (鼓励幼儿大胆地说)?

孩子们热烈讨论、积极分享。

请针对以上教育活动实录，用所学的相关评价方法，分别从活动的引入、教师对教育活动的掌控情况、教师对幼儿探究的积极性和主动性的调动情况及教育活动目标的达成情况等方面对本次教育活动进行评价。

 拓展阅读推荐

（1）李艳. 幼儿园教育活动评价初探[J]. 四川教育学院学报，2004（4）：7-8.

（2）邵小佩. 美国幼儿教师专业准备标准述评[J]. 学前教育研究，2012（1）：39-43.

第九章 幼儿园保育工作评价

目标导航

知识目标

（1）了解保育工作评价的内容。

（2）熟悉保育工作的评价指标和标准。

（3）掌握保育工作评价的具体方法。

能力目标

（1）能构建保育工作评价的方案。

（2）能对保育工作评价的内容与结果进行分析。

随着社会、经济的日益发展，人们的生活水平日渐提高，幼儿的保育也越来越受到重视，从过去的"保姆式"逐渐向科学的保育方式转变。因此，幼儿园应积极迎接这一挑战，其保育不能仅仅囿于保护好幼儿的身体使其不受伤害，更重要的是要为幼儿提供一个安全、健康且适宜其生存和发展的生活和心理环境，让幼儿的身、心都得到最佳的发展。幼儿园保育的重要性是无可替代的，而对幼儿园的保育工作进行评价，可以及时、准确地发现其保育工作中所存在的问题，以便在最有效的时间里对所存在的问题进行调整和处理，使保育工作得到最有效的发挥，更好地促进幼儿的健康发展。幼儿园保育工作评价的内容包括对幼儿园卫生制度的评价、对幼儿身体生长发育状况的评价、对幼儿园健康制度的评价、对幼儿园生活制度的评价、对保育人员工作的评价等。

第一节 幼儿园保育目标评价

一、幼儿园保育及其保育目标

幼儿园保育目标的内涵随着人们对健康概念认识的不断丰富与发展，也在不断地得到新的认识与丰富。对健康的理解也从传统的概念向科学的概念转变。何为健康？传统意义上的健康就是能吃能喝，能跑能跳，没有缺陷，没病没灾。但是，健康不只是意味着没有疾病与缺陷，生理机能正常。世界卫生组织（WHO）于 1948 年，在其宪章中首先为健康下了这样的定义："健康是指身体、心理和社会适应的健全状态，而不只是没有疾病和虚弱现象。"人们对健康概念认识的转变，也导致了幼儿园保育不再局限于让幼儿不受到外来伤害。"保育由只注重身体健康逐步发展为身心的全面要求。"[①]但总的来说，幼儿园保育要"服务于年幼儿童'此时此地'的生活空间"。[②]我国著名幼儿教育家陈鹤琴先生提出，儿童离不开生活，生活离不开健康教育，幼儿园第一要注意的事情是儿童的健康。

---

① 阎岩. 幼儿园保育. 北京：北京师范大学出版社，2001：180.

② 冈尼拉·达尔伯格，彼得·莫斯，艾伦·彭斯著，朱家雄，王铮等译. 超越早期教育保育质量——后现代视角. 上海：华东师范大学出版社，2006：83.

要准确地把握幼儿园保育目标的内涵，就必须将其与幼儿教育相结合起来，正确把握幼儿教育目的、幼儿教育目标及幼儿教育任务三者之间的区别与联系。此外，也不能将保育与教育分裂开来看待，否则，容易将幼儿园保育理解为对幼儿消极、被动的保护。只有本着保教一体的思想，才能从更高的层面去看待保育工作自身的价值，才能明确保育真正的目标。保育作为促进幼儿发展的基础和重要手段，其目标就是依托幼教机构自身的特点，在保教一体化思想的指导下，根据幼儿的年龄特征制定的一系列具体的保育措施以达到幼儿培养要求。

《幼儿园工作规程》指出，幼儿园保育和教育的主要目标是促进幼儿身体的正常发育和机能的协调发展，增强体质，培养良好的生活习惯、卫生习惯和参加体育活动的兴趣。随着幼儿园保育目标的具体化、幼儿发展需求的多样化和幼儿入园的低龄化等，幼儿园保育的重要性及服务性日益凸显，这也就需要保教人员从保育自身的功能出发，树立正确的幼儿保育观。随着人们对保育的日益重视，幼儿园保育质量的好坏也成为家长择园、幼儿园生存的重要影响因素，因此，这也进一步影响了幼儿园自身管理职责的发挥及其发展的最大空间。

二、幼儿园保育目标评价的内涵

幼儿园保育评价是指依据一定的标准和程序，有目的、有计划、有组织地对幼儿园保育工作现状进行调研，在占有事实材料的基础上作出价值判断，并有助于保育工作不断改进的活动。[①]幼儿园保育评价是整个幼儿园管理的重要组成部分，各幼儿园的保育内容或多或少会存在一定的不同，但是，其保育的目的都是一致的。因此，对幼儿园保育目标进行评价，旨在及早地发现问题，防患于未然，对不符合幼儿生存与发展的保育目标进行修改与完善，使其在最大限度上满足幼儿发展的需求，促进幼儿更好地发展。

第二节 幼儿园保育内容评价

从我国当前的实际出发，幼儿园保育的内容主要包含卫生、健康和生活三个方面。幼儿园要为幼儿提供安全、卫生的学习和活动场所，改善幼儿健康发展的物质环境；同时要加强对幼儿的体育锻炼，促进幼儿健康成长；此外，要帮助幼儿养成良好的生活习惯和生活方式，促进幼儿身心和谐、健康地发展。

卫生部于 1985 年 8 月颁发的《托儿所、幼儿园卫生保育制度》，从饮食、体格锻炼、健康检查、卫生消毒及隔离、预防疾病、安全、卫生保育登记和统计、家长联系 9 个方面对幼儿园的各项卫生保育工作做出了明确的规定。国家教育委员会于 1996 年 6 月颁布并施行的《幼儿园工作规程》明确提出，幼儿园必须切实做好幼儿生理和心理卫生保健工作，实行保育与教育相结合的原则，对幼儿实施体、智、德、美诸方面全面发展的教育，促进其身心和谐发展。近年来，随着幼儿园保育评价的进一步发展与改进，针对幼儿园各项保育内容与不同的保育评价要求，对保育内容的评价主要从卫生消毒隔离制度、健康检查制度、生活制度、安全健康制度、保育设施和保育人员 6 个方面进行。

一、卫生消毒隔离制度评价

对卫生消毒隔离制度的评价主要从疾病预防制度、预防接种制度、消毒制度和隔离制度进行。

---

① 胡惠闵，郭良菁. 幼儿园教育评价. 上海：华东师范大学出版社，2009：161.

（一）疾病预防制度评价

疾病预防制度是为了及时了解疫情，早做预防，最大限度地使正处于生长发育期的幼儿免受疾病的侵害，提高幼儿对外界环境的适应能力以及对疾病的抵抗能力。对疾病预防制度的评价内容涉及常见传染病的预防和非传染性常见疾病的预防两个方面[1]。由于幼儿正处于生长发育期，自身抵抗力较弱，因此，需要幼儿园保教人员掌握相关的幼儿疾病知识，懂得相应的预防措施。

（二）预防接种制度评价

预防接种制度是为了提高幼儿的免疫力，是预防和消灭传染病综合措施的重要组成部分。幼儿园的预防接种制度要严格按照接种的种类、剂量、接种次数、间隔时间等进行，并防止漏种、错种或重复接种，以有效地预防幼儿疾病。[2]对预防接种制度的评价主要是针对接种过程中的执行情况而进行的。

（三）消毒制度评价

幼儿一天的生活几乎都是在幼儿园度过的，因此，对幼儿园内的器皿、用具等进行定期消毒，是保证幼儿远离疾病的一项重要举措。在消毒的同时，可以切断疾病的传播途径。对消毒制度的评价主要是关注其内容是否全面、是否采用正确的消毒方法、是否使用安全的消毒用品；此外还要对消毒的周期、时间进行评价；最后，还要对消毒过后使用物品的适应时间进行评价。

（四）隔离制度评价

隔离制度是为了控制传染病的传播和蔓延，幼儿园对患病的幼儿进行检疫、隔离，在观察、检疫期间要做好一些防范、隔离工作。

二、健康检查制度评价

健康检查是指对幼儿和幼儿园工作人员进行定期或不定期的体格检查，并以此了解幼儿的生长发育和营养状况是否符合幼儿生长发展标准，以便尽早发现幼儿的疾病和生理缺陷，及时采取干预、矫治措施。

对幼儿的健康检查包括新生入园体检，即所有新生或转学生必须持当地妇幼保健机构入园体检表按项目进行健康检查，体检合格后方可入园。幼儿定期体检，即建立全园每位幼儿的健康档案（包括体检表、预防接种证），定期对幼儿进行体检，看幼儿各方面是否正常发展。每日晨检和全日观察制度，即每天按要求对幼儿进行晨间检查，认真做好一摸（有无发烧）、二看（精神、皮肤和五官）、三问（饮食、睡眠、大小便和患病情况）、四查（有无携带不安全物品），发现问题后及时处理。

在对健康检查制度进行评价时，必须关注各种检查内容是否全面，落实检查是否到位，检查的时间与方法是否合理，还要看检查的结果是否得到了及时的处理。

三、生活制度评价

《幼儿园工作规程》第十三条明确指出，幼儿园应制定合理的幼儿一日生活作息制度，同时还规定了幼儿一日两餐的间隔时间及户外活动时间。因此，幼儿园可根据自身的实际情况（如幼儿园自身条件和幼儿的具体情况、本地区的气候、环境等）对幼儿的一日生活作息制度作出相应的安排。对生活作息制度的评价主要是对幼儿一日的具体生活作息制度进行评价，包括晨检、进餐、睡眠、盥洗、如厕、游戏、户外活动及集体教学活动等。

---

① 胡惠闵，郭良菁. 幼儿园教育评价. 上海：华东师范大学出版社，2009：163.
② 胡惠闵，郭良菁. 幼儿园教育评价. 上海：华东师范大学出版社，2009：164.

四、安全健康制度评价

幼儿园的安全制度防护检查，主要包括园舍设施、物品放置、食品及药物管理、消防安全、户外活动、用电安全、交通安全等方面。

幼儿园的园舍设施包括房屋建筑、园舍环境等。幼儿园要定期对这些设施进行检查，实行责任制，并做好记录，及时发现漏洞，及时做好检修工作；另外，还要注意户外活动场地是否安全，用电设施是否安全以及防火措施是否到位。幼儿园可在专人责任制下设立安全检查小组，落实好幼儿园的安全管理制度。

幼儿园的食品配置应合理，应符合幼儿一日膳食营养所需。幼儿园可根据具体情况，成立营养健康搭配小组，聘请资深营养师对幼儿园的工作人员就幼儿膳食搭配进行不定期的培训，使其了解合理、营养的膳食搭配方法。幼儿在幼儿园难免会生病或发生意外以致受伤，只有保证药品的安全才能保证给予幼儿良好的治疗，进而保证幼儿的健康。

除了上述内容外，幼儿接送也关乎幼儿安全的问题，因此，幼儿园要完善幼儿接送管理制度。

幼儿安全健康制落实是否到位，主要取决于幼儿园工作人员之间的交接及其责任心的有无。而要让幼儿了解到安全的重要性，对其进行安全教育是必不可少的。幼儿园可采取讲座、宣传栏、演习等生动活泼的形式帮助幼儿掌握一些自我防护知识与方法，培养幼儿的自我防护意识和能力；在一日活动的各个环节，应事先向幼儿说明具体的、有针对性的安全要求，并做好相关准备工作。幼儿园应通过各种安全教育方法让幼儿了解并懂得如何避开危险，避免意外事故的发生。

在幼儿的安全健康教育中，加强园所、家庭与社区三者之间的协作，采用诸如游戏、歌谣、角色扮演、讨论会、家访等方式对幼儿进行教育。

 ## 五、保育设施评价

幼儿园的保育设施涉及以下四个方面。

（1）幼儿园应设有活动室、厕所、盥洗室、保健室、办公用房和厨房等；有条件的幼儿园可单独设音乐室、游戏室、体育活动室和家长接待室等；寄宿制幼儿园应设寝室、隔离室、浴室、洗衣间和教职工值班室等。

（2）幼儿园应有与其规模相适应的户外活动场地，配备必要的游戏和体育活动设施，创造条件开辟沙地、动物饲养角和种植园地，并根据幼儿园的特点对其进行绿化和美化。

（3）幼儿园应配备适合幼儿特点的桌椅、玩具架、盥洗卫生用具，以及必要的教具、玩具、图书和乐器等，这些玩具和教具应具有教育意义并符合安全、卫生的要求；寄宿制幼儿园还应配备儿童单人床。

（4）幼儿园建筑规划面积定额、建筑设计要求和教具玩具配备应参照国家有关部门的规定执行。

对幼儿园保育设施进行评价，主要是关注其保育设施是否完善、安全，设施的功能是否发挥出来以满足幼儿多方面的需求，服务于幼儿，其设施是否是按照相应的规定进行完善的。保育设施条件的好坏不仅影响保育的效果，还"与教育效果、与幼儿身心发展都有密切的关系"[1]。幼儿在一日活动中，无时无刻不在与幼儿园的保育设施相接触，因此，要格外重视对幼儿园保育设施的评价，使保育设施在绝对健康、安全的状态下为幼儿所用。

 ## 六、保育人员评价

在幼儿的一日活动中，保育员的身影无处不在，其工作贯穿于幼儿一日活动的各个环节。《幼儿园工作规程》中对保育员的职责规定如下。

---

① 李季湄，肖湘宁. 幼儿园教育. 北京：北京师范大学出版社，1997：100.

（1）负责本班房舍、设备、环境的清洁卫生工作。

（2）在教师指导下，管理幼儿生活，并配合本班教师组织教育活动。

（3）在义务人员和本班教师指导下，严格执行幼儿园安全、卫生保健制度。

（4）妥善保管幼儿衣物和本班的设备、用具。

这些是对专职幼儿保育员的具体要求，而在幼儿园的一日活动中，除了专职保育员外，幼儿教师、厨师、医务人员、门卫、清洁工人等，凡是与幼儿有接触（不管是直接接触还是间接接触）的工作人员，都要不同程度地担负起幼儿保育的职责。因此，对保育员的评价，不能只囿于对专职保育员的评价，而是要把范围扩展到所有的工作人员。

对保育人员的评价，不仅要评价其任职的资格，还要评价其是否掌握了幼儿生长发育的规律及幼儿身心发展阶段的需求，并以此为依据制定适合幼儿生长需求的保育方案，提高幼儿的生活自理能力。

随着保教一体化趋势的逐渐深入发展，过去"重教轻保"的现象得到了一定的改善。人们对保育需求的增大也使得幼儿园在处理保育与教育的关系时较之以前更为完善。

第三节　幼儿园保育评价相关内容示例

本节搜集了与幼儿保育有关的内容示例，希望以此作为借鉴，帮助广大幼儿教育工作者学会结合自身园所的实际情况，制定符合各地方幼儿园保育评价的具体方案。

一、幼儿园保育工作标准

（一）卫生消毒工作

（1）班级卫生工作在保健医生的指导下，由各班教师负责，具体范围包括：活动室、卧室、盥洗室的地面、门窗、桌椅、灯、电扇、空调、橱柜、游戏区、自然角、便池、水池、杯子架、壶、盆、桶、消毒柜等的清洁卫生。班级室内环境应每天一小扫，每周一大扫；要求班级整体卫生清洁，物品摆放归类整齐有序；要会正确配兑 1：200 的消毒液。

（2）保持班级室内空气流通，要求每天早晨早班老师入园时开窗通风 2~3 次，每次 10~15 分钟；启用空调时应注意室内外温差不宜过大，夏季室温不低于 27~28℃，冬季暖气开放，室温在 15~18℃，幼儿进出房间应及时增减衣服。

（3）盥洗室内所有盆、桶、壶应洗净晾干后放入橱柜，以免柜内产生潮气和霉菌。

（4）每天下班时晚班教师负责关闭饮水机电源、门窗等。

（5）注意培养幼儿良好的生活卫生习惯，及时纠正幼儿不良的卫生习惯（如咬指甲、吮手指、挖鼻孔、揉眼睛等）；每周检查幼儿指甲一次。

（6）保护幼儿视力，读写采光不宜过强或过弱；看电视距离为电视机对角线的 5~7 倍，每次看电视时间不超过 30 分钟，电视机的高度与视线平行。

（7）每餐餐前应规范消毒餐桌（包括幼儿餐桌、开饭桌、垫子及餐车）：先用清水擦一遍，再用消毒液擦一遍，最后再用清水擦一遍。每擦一张桌子，抹布要冲洗一次（消毒液按 1：200 配兑）。

（8）每天用消毒水对盥洗室、厕所地面及拖把消毒一次。

（9）每天中午用消毒水消毒便池；特殊情况（如遇幼儿腹泻、呕吐）应随时用消毒水消毒。

（10）每天对幼儿擦手毛巾进行消毒。将毛巾清洗干净后，放入专用毛巾袋内，用高温蒸气消毒后晾干，保证幼儿每天用干毛巾（最好准备两套毛巾）。

（11）每周用消毒液对水杯架、毛巾架、水龙头、门把手等进行消毒。

（12）每周用紫外线消毒灯对活动室空气消毒一次，每次 30 分钟；传染病高发季节每天消毒。

（13）每周清洗塑料玩具并对其进行消毒，可利用双休日将其放在室内朝阳的窗台上沥水晒干；对不宜用消毒水消毒的物品（如图书、被褥等）可放在太阳下暴晒或放在消毒灯下消毒，注意要摊开消毒。

（14）每月晒被褥一次；每两周将床单、枕套、被套换洗一次；特殊情况（如遇幼儿尿床、呕吐等）应随时清洗。

以下为班级各种物品防止消毒后再污染的措施。

① 杯子。教师取拿已消毒好的水杯前，应首先用流水和肥皂清洁双手；取拿时手握水杯把手，切忌拿杯口；将杯子杯口向上放入清洁的杯子架上。

② 擦手毛巾。各班按规定时间将擦手毛巾清洗、高温消毒后，教师用清洁的双手将擦手毛巾挂在班内专用的毛巾晾晒架上，放在太阳下晒干备用。

③ 点心盘。每次吃完点心后清洗点心盘，并用消毒柜高温消毒，然后将其放在餐桶中保洁；使用前，教师用清洁的双手从餐桶中将点心盘取出，取拿时注意手托盘底、拿盘边缘，切忌将大拇指伸入盘中。

（二）幼儿饮水工作

（1）幼儿新陈代谢旺盛，教师应提供幼儿随时饮水的条件。早晨幼儿入园前，教师应将杯子及时从消毒柜中取出放在杯子架中。

（2）饮水机应保证随时有水，以方便幼儿随时饮水。

（3）掌握好杯子消毒时间，保证幼儿随时饮水都有杯子用。

（4）特殊情况下（如体育锻炼后、冬季暖气开放时、呼吸道疾病高发季节等），保教人员应提醒并鼓励幼儿适量饮水。

（三）洗手如厕工作

（1）幼儿集中洗手时，盥洗室内一定要有教师。此时，教师的职责如下。

① 防止幼儿意外事故的发生。

② 帮助幼儿提裤子、卷袖子。

③ 督促幼儿正确洗手、擦手和使用毛巾。

在盥洗室的教师必须等最后一位幼儿洗完手后方可离开。

（2）幼儿洗手时间如下。

① 入园时。

② 饭前便后。

③ 使用蜡笔、油泥或进行玩沙等活动后。

④ 体育锻炼后，尤其是使用或接触过体育器械后。

⑤ 传染病高发期，应适当增加洗手次数。

（3）幼儿洗手步骤如下。

① 卷袖子（小班幼儿及中、大班部分衣袖难卷的幼儿由教师帮助卷袖子）。

② 流水洗手，从手指洗到手腕，双手必须搓出泡沫后再用流水冲洗干净。应提醒幼儿在打肥皂的时候节约用水。

③ 洗完后双手在水池内甩三下，防止水滴在地上。

④ 擦手时应打开自己的毛巾将手心手背都擦干。

⑤ 教师帮助洗完手的幼儿拉下袖子。

（四）幼儿加餐工作

（1）餐桌常规消毒，幼儿餐前洗手。

（2）教师将加餐放到桌上，中、大班幼儿自己倒取；小班幼儿围坐在桌边，教师将加餐分到他们的盘（杯）中。

（3）喝完牛奶后，幼儿直接将餐具放到指定位置，教师及时将餐具送往厨房冲洗干净，并放入消毒柜中消毒，以备午餐时使用。

（4）提醒幼儿用口杯漱口。

（五）幼儿进餐工作

1. 老师开饭要求

（1）餐前首先规范擦餐桌（包括幼儿餐桌、放饭菜的桌子、垫子及班级餐车）；先用清水擦一遍，再用消毒液擦一遍，最后再用清水擦一遍；每擦一张桌子，抹布要冲洗一次；特殊活动（如在桌面用油泥、水彩等）后，首先用肥皂水擦洗餐桌，再用清水擦，最后用消毒水擦；餐桌消毒后，要防止再污染（如幼儿趴在桌子上乱摸等）。

（2）教师取拿饭菜前，要用流水和肥皂洗净双手。

（3）所有餐具应放在开饭桌或餐车上，不要直接放在地上；饭菜及餐具进班后，老师可先将餐盘及筷子（勺）分放在每组餐桌上，然后再组织幼儿分组洗手。

（4）盛菜顺序：老师推餐车分组盛饭菜，先盛正在洗手的这组幼儿的饭菜，保证进餐不等待；冬天饭菜不宜过早盛出；小班第一学期盛饭菜应一半饭、一半菜，不应将菜盖在饭上；遇到有刺、骨头的菜时，不应将这类菜与其他菜混放在一起，应分开盛放，以免发生意外。

（5）幼儿进餐时，老师帮助幼儿添饭，在幼儿中间巡视，帮助进餐困难的幼儿，观察并督促幼儿的进餐情况，尽量避免吃饭慢的幼儿吃凉饭。

（6）餐后，教师应督促幼儿将碗盘内的残羹倒入垃圾桶内，将所有的筷子（勺）干净、整齐地放在餐桶内，便于食堂清洗。

（7）餐后，教师用洗洁精或肥皂水擦桌子，然后用清水擦干净；地面先扫后拖（建议用半湿拖把）。

2. 幼儿进餐要求

（1）饭菜、餐具进班后由老师组织幼儿洗手；幼儿先将自己的椅子搬到餐桌前，椅子不要放进餐桌内；体弱和吃饭慢的幼儿先洗手。

（2）幼儿洗完手后直接上位进餐，保证洗手后进餐不等待。

（3）培养幼儿良好的饮食习惯；让幼儿学会细嚼慢咽，进餐时间控制在 20~30 分钟；鼓励幼儿不挑食、不洒饭菜、不剩饭菜。

（4）餐后，教会幼儿正确使用餐巾擦嘴，用温开水漱口。

（5）午餐后，组织幼儿散步，散步时不宜做剧烈运动。

（六）幼儿午睡工作

（1）提前将幼儿床铺整理好。

（2）幼儿午睡时必须脱外衣裤，并将其叠放整齐。

（3）午睡房间保持适宜光线，既利于幼儿睡眠，又利于观察护理幼儿。

（4）值班老师应加强对幼儿午睡的护理和观察，及时发现异常情况。任何老师不睡、靠或坐在幼儿床上，更不能使用孩子的寝具。

（5）认真做好午睡记录。

（七）安全工作

（1）保教人员工作时要坚守岗位，全神贯注，不聊天，不串班，不开手机，不做与工作无关的事。

（2）对幼儿态度要和蔼，严禁体罚和变相体罚幼儿。

（3）各种物品应放在固定、安全的位置。

① 各种消毒液、洗涤清洁用品，必须妥善保管，放在相应的橱柜里。如果橱柜低，幼儿易拿到，应上锁。

② 教师教学用的剪刀、裁纸刀、大头针、别针、药品等危险用品应放在幼儿够不着的地方，用后应及时收起来。

③ 较烫的食物（如牛奶、汤、面条、稀饭等）应放在幼儿不能触及处。天气炎热时，最好在伙房待食物温度适宜后再进班。

（4）不给幼儿玩体积小、锐利、带有毒性物质的玩具及物品；自然角不放带刺的植物（如仙人掌、仙人球等）；自然角的玻璃缸有破损要及时处理；角色游戏区不用玻璃制品；表演区幼儿自带的各种瓶罐（如化妆品、药品的瓶子）要清洗干净，确保安全、无污染；随时检查活动区域有无安全隐患（如地面不平、木制品有刺、电源线暴露等），发现问题及时向安全员报告，并及时采取处理措施。

（5）进餐时，保持安静，不催促、硬塞；幼儿哭闹、咳嗽时勿喂食；分菜时，应注意不要将有骨头（特别是碎骨）或带刺的食品与其他菜放在一起；吃加餐时，带皮的水果建议削皮，带皮的香蕉不能与糕点同放在一个点心盘内；餐后散步不做剧烈运动。

（6）午睡前，应检查幼儿口中是否含有食物；值班人员应加强幼儿午睡巡视，及时发现幼儿异常情况。

（7）不安排幼儿端饭盆、汤桶及碗桶；不让幼儿进入伙房、开水房、洗衣房；不安排幼儿做力所不能及或有安全隐患的事情。

（8）幼儿上下楼梯尽量靠右走；外出活动排队时，队伍前、中、后最好均有老师；带队老师应时刻留意队伍中的每一位幼儿；户外活动时（包括散步），保教人员应随时监护幼儿，保障幼儿安全。

（9）保教人员不携带私人的危险物品（如尖锐棱角、金属物品、有壳核食物、外用化学药水等）进班；私人药品应妥善保管、不乱放；个人装饰应简单，不佩带长耳环，不留长指甲，不穿高跟鞋。

（10）严格执行交接班制度，交接班时要清点人数，交代安全情况；下班后要关好门窗，拔掉电源插头，关好水龙头、电灯及空调等。

（11）药物管理。

① 由晨检医生亲自登记、管理。

② 配合医生做好晨检和全日观察，服药时值班老师配合医生做到"三对"，即对药名、对姓名和对口杯，幼儿服药后协助医生对其观察3~5分钟后方可离开。

③ 服药后由值班老师、值班医生签字。

（八）做好登记工作

（1）每天应注意观察患病幼儿、肥胖儿和体弱儿的精神、食欲、睡眠等情况，每天下班前及时、准确地填写"全日观察记录"。

（2）按要求对玩具、擦手毛巾、被褥、床单、茶杯架、毛巾架等物品进行消毒，每天下班前按要求填写"物品消毒记录表"。

🍃 二、幼儿园保育目标

（1）制定合理的幼儿一日休息制度，保证幼儿有两小时以上的户外活动时间，促进幼儿身体的正常发育和机能的协调发展。

（2）建立幼儿健康检查制度和档案，对幼儿身体健康发展状况定期进行分析评价。

（3）建立卫生消毒、病幼隔离制度，积极做好计划免疫和疾病防治工作。

（4）建立安全防护和检查制度以及食品、药物的管理和幼儿接送制度，加强幼儿的安全保障。

（5）为幼儿提供合理的膳食，每周制定营养均衡的幼儿食谱，保证供应幼儿开水；教给幼儿生活方面的一些简单的卫生知识，培养他们良好的生活、卫生习惯和独立的生活自理能力。

三、保育员工作评价表

保育员工作评价表如表 9.1 所示。

表 9.1　保育员工作评价表

保育员职责	评价要点	等级					备注
		5	4	3	2	1	
生活管理	妥善保管班上幼儿衣物及本班设备、用品						
	负责领取和保管本班所需物品						
	每天幼儿起床后整理清洁好睡房，周末整理好幼儿离园的衣服和背包						
	午睡和夜间睡眠时多加巡视，注意纠正幼儿的不良睡姿，及时接尿、抹汗和盖被						
医疗保健	经常观察幼儿的情绪、食欲、睡眠及大小便情况并做好记录，发现病情应及时报告医务人员						
	发现有传染病时要及时对玩具、被褥、用具进行消毒，对体弱幼儿要做特殊照顾						
	做好日常消毒工作						
	能处理几种幼儿常见的意外损伤及简单护理，能鉴别幼儿常见病（传染病）						
卫生保洁	做好卫生包干区的卫生工作和保洁工作，每天下班前必须清倒垃圾						
	定期换洗被褥、枕套、桌布、窗帘等物品						
	保持班内环境和设备的清洁、整齐，做好餐前、餐后的准备和收拾，负责指导幼儿值日生工作						
	指导幼儿洗脸、刷牙，帮助幼儿洗头、洗澡、剪指甲，负责幼儿的个人卫生						
安全管理	每天及时统计幼儿人数						
	下班前要关好门窗，切断电源，保证水电等处于安全状态						
	定期检测园内设施，定期维护						
	有一定的防火救急知识及相应的应对措施						
教学活动	关心幼儿，耐心、细心、热心地对待幼儿，配合正副班主任教师，全面、细致地照顾幼儿每日的生活；做好保健、教育工作						
	熟悉本班教育计划，做好活动前的准备和收拾工作						
	根据教育要求自制玩具并协助教师搞好环境布置						
	协助教师组织各项活动和游戏						
	教师因公外出时负责本班的代办工作						

四、安全检查制度评价表

安全检查制度评价表如表 9.2 所示。

表9.2　安全检查制度评价表

评价项目	评价要点	等级					备注
		5	4	3	2	1	
检查制度	注意房屋、场地、家具、用具、玩具、活动器械、电器设备的安全使用，每月检查一次，大型体育器械、电器每周检查一次，并作好检查记录。避免触电、砸伤和摔伤等事故的发生						
	上班人员交接时一定要认真清点幼儿人数，户外活动外出返回时均要认真清点人数，家长来接孩子一定要按学校的接送程序进行，不能违反						
	经常检查幼儿的口袋，不让幼儿玩玻璃、硬币或有尖角的危险品，以防其受到伤害						
	妥善保管药物，喂药时要仔细核对，有毒物品由专人管理，严谨在班上存放，药物的保管和服用由医务人员负责						
	任何人不得私自留人在幼儿园住宿，如有亲属要暂时留宿，必须先报告给园长，经其审批同意后方可						
	值午睡班时，工作人员应勤巡视，细心观察，防止幼儿在被窝内发生意外						
	活动前做好"三检查"（检查场地、设备、幼儿情绪和衣着）、"一交代"（向幼儿交代纪律和玩法）；活动时注意观察幼儿的活动内容和方式；活动后清点幼儿人数并讲评						
	下班前要仔细核对幼儿人数；关好门窗；关掉电器开关；锁好贵重物品						
防火制度	幼儿园的全体教职员工要认真学习安全防火知识，学会消防栓、灭火器的操作方法，学会保护孩子						
	幼儿园安全检查小组每周检查一次幼儿园电路、电器、防火设备情况，做好记录，消除隐患						
	幼儿园所有电器在用完之后要马上拔掉插头并放置在干燥的地方，以保安全						
	各班寝室、活动室之间的门口，通道要保持畅通，孩子在室内时不准将门上锁，发生火灾事故时，教师、保育员要沉着冷静，迅速从安全通道疏散幼儿						
	常对幼儿进行防火安全教育，使幼儿懂得不能玩电插头，发现情况要及时报告大人						
	保育员下班前要关好所有电器，每天晚上要切断电热水器电源，不能开着过夜						
日常安全制度	对幼儿进行"五不"的安全教育：不触摸各种电器开关、刀器、滚水和火；不乱吃花、草、种子、药物、食品；不把小物件含在口中；不放脏东西和危险品在口袋里；不离开老师						

续表

评价项目	评价要点	等级					备注
		5	4	3	2	1	
日常安全制度	每天召开一次全园安全工作会议，由各部门的负责人组成安全小组，加强防护措施，消除事故隐患						
	带班时间不得与人聊天；不得离开幼儿；不允许幼儿离开老师的视野；一般情况下，不接电话和会见客人						
	发生人身安全事故后，必须将受伤幼儿交医务人员处理，由医务室诊断伤势；事故责任人必须在一天内写出事故报告；园内召开事故分析会，做好事故的善后工作						
	药品和洗涤水的保管：写好品名（幼儿的药品要写好药名和人名，洗衣粉和洗厕精要写好品名并放置在幼儿拿不到的地方）；成人的无论什么药品都不能放到外面						
	幼儿烧伤后，当班老师要冷静沉着，耐心询问幼儿，仔细查看伤口；如果是烫伤，要令幼儿迅速离开热源，是骨折则要固定好伤口位置再迅速护送其到医务室处理并立即通知园长						
	保温瓶等要加锁，热汤、热粥要加盖，防止发生烫伤和中毒事故						

 五、卫生保健制度评价表

卫生保健制度评价表如表9.3所示。

表9.3　卫生保健制度评价表

评价项目	评价要点	等级					备注
		1	2	3	4	5	
幼儿卫生	夏季注意为幼儿抹汗、换衣；冬季注意为幼儿防寒						
	注意饮食卫生，幼儿饭前便后要用肥皂洗手；开饭前要抹桌子						
	幼儿的玩具每天用0.3%的消毒水泡15分钟，书籍在阳光下晒1小时						
公共卫生	每周五大扫除1次，彻底搞好班级和包干区卫生						
	保持室内外清洁、空气流通，每日早晨、下午起床后开窗通风						
	枕巾每周洗1次，毛巾被、被套、床单每月洗1次；夏天每天换衣服1~2次						
	班上厕所每天冲洗5次，周五用洁厕精洗1次						
	每天用紫外线消毒灯消毒1次睡室，每次30~40分钟（幼儿不在场时）；班上睡室每天扫地1次，每周拖地2次						
	班上活动室每天拖地1次，周五用消毒水拖地1次；桌椅柜每天抹1次，电风扇每月抹1次						

续表

评价项目	评价要点	等级					备注
		1	2	3	4	5	
保健制度	每学期全面体检 1 次，每 2 个月测量身高体重 1 次，每学期测视力 1 次，对弱视幼儿每 2 个月测视力 1 次；每学期验血色素 1 次；每 2 个月对幼儿身体健康发展状况进行分析；建立幼儿健康档案等级、统计制度；配合卫生部门做好预防接种工作						
	制定合理的一日生活制度，两餐间隔时间不少于 3 小时；每日体育活动时间不少于 1 小时；每日户外活动时间不少于 3 小时						
	坚持晨检、午检、晚检制度，发现疾病及时处理并做好记录						
	新生入园和新工作人员到岗均要先做体检，以后每半年验血复查 1 次，发现肝炎和其他传染病应立即离校隔离和治疗						
	为幼儿提供合理膳食，每周制定定量食谱，定期计算营养摄取量，每月召开膳食委员会议						
	每天保证供应充足的温度适中的开水；每天起床后、课间、运动后提醒幼儿饮水，培养幼儿自觉饮水的习惯						
	建立体弱幼儿档案，定期对体弱儿进行检查和分析，提出保健措施						

案例与实践

（1）经调查，目前有很多幼儿园班里只配备教师，不配备保育员，保育工作由教师轮流来做，称为"两教轮保"或"三教轮保"。教师在做保育工作时，总觉得孩子上幼儿园只要玩得开心，在活动中能养成良好的学习习惯，就是幼儿教师的最大成功了。于是，她们在带领孩子进行活动时，重点关注孩子学习习惯的养成。

请评价这类幼儿教师的观念和做法问题所在。

（2）某镇中心幼儿园中班的孩子正在午睡，值班保育员徐婧婧由于疲倦，就在一张空的幼儿床上睡着了。幼儿小花想起床上厕所，由于看不到保育员，憋着不敢起来，后来憋不住了，只好自己急急忙忙下床去上厕所。结果一不小心，小花从床上摔下，被窗边的椅子碰破了头。徐婧婧听到小花的哭声，急忙将她送到医院医治。检查发现，由于憋尿太久后摔倒在地，造成小花膀胱受损。两个月后，小花痊愈出院，其家长同时将幼儿园和保育员告上法庭，要求赔偿经济损失。

请结合保育员的工作职责，评价徐婧婧保育工作的失误之处。设想你是一名幼儿园保育员，在实际保育工作中该怎么做，才能避免类似事情的发生？

拓展阅读推荐

（1）康丽珍. 农村新建幼儿园保育工作调查研究[J]. 文学教育，2012（12）：142-143.

（2）陈素. 浅议如何做好幼儿园保育工作[J]. 中国校外教育，2013（2）：146.

第十章 学前教育环境评价

 目标导航

知识目标

（1）了解国内外关于学前教育环境的评价模式。

（2）熟悉相关托幼机构环境的评价内容。

（3）深刻领悟教育环境的评价意义。

能力目标

（1）能构建园所教育环境评价指标体系和评价标准。

（2）能构建家庭教育环境评价指标体系。

（3）能对幼儿园和家庭教育环境实施评价。

如何评价学前教育环境质量，一直是教育学家、心理学家、卫生工作者所关心的课题。过去人们往往把环境评价理解为狭义的对环境卫生状况、学校的环境质量包括教室的采光照明、课桌椅的尺寸标准以及卫生大扫除制度等的评价，而忽略人际关系、行为等因素对环境产生的影响。从广义上讲，环境应包括生理、心理与社会的环境，对其质量的评价，也应该从多方面考虑，进行综合评价，才能得出正确而全面的结果。这方面，托幼机构环境评价量表的制定给了我们很大的启示。托幼机构环境评价量表中涉及托幼机构中直接影响幼儿和成人的各种空间特征、活动安排特征和人际关系特征。该量表从日常生活护理、空间与设备、语言/推理经验、活动、社会性发展与互动、作息制度、成人的需要及家长和教师8个方面全面考察托幼机构环境的质量，这对现代学前教育环境评价具有重要的参考价值和意义。以下将重点介绍刘焱等老师对托幼机构环境评价量表的述评。

第一节 园所教育环境评价

一、托幼机构环境评价量表

我国自20世纪80年代末以来，一些地方政府陆续制订颁发了托幼机构教育质量评价量表，即分级分类验收标准，不仅促进了园所管理工作的规范化，促进了托幼机构教育质量的提高，而且也展开了我国幼儿教育质量的评价工作。但是，在我国托幼机构教育质量评价工作中，还存在着一些需要加以改进的地方。因此，吸收、借鉴国外一些有益的评价工作经验，将有益于改善和提高我国评价工作的质量。

（一）环境评价量表的结构与内容

环境评价量表包括8大类56个项目，每个项目都标明了不适宜的、一般的、好的、优秀的这4个等级的评价标准。[①]

[①] 刘焱，何梦炎，李苏，胡娟. "托幼机构环境评价量表"述评. 学前教育研究，1998（3）.

1. 日常生活护理

（1）来园/离园。教师是否做专门的幼儿来园/离园活动计划，把来园、离园时间作为与家长交流信息的时间。（教师是否热情地问候幼儿及家长；教师是否做离园准备。）

（2）进餐/点心。饮食是否有规律（进餐/点心时间安排是否合理），食物营养是否均衡；进餐氛围如何（教师是否将进餐/点心时间作为令人愉快的社会性交往的时间）；是否注意幼儿的自我服务及幼儿自理能力的培养（是否将进餐/点心时间用以培养幼儿的自理能力的时间）；是否把进餐与点心活动用作非正式的学习经验（是否把进餐/点心时间作为交谈的时间）。

（3）午睡/体息。午睡/体息的时间（午睡/休息的时间安排是否适合大多数幼儿，是否考虑到幼儿的个别需要）、场所是否适宜（条件是否卫生），是否有足够的管理（是否有成人的照看），对提前起床的幼儿和不睡觉的幼儿是否另有特殊安排。

（4）换尿布/如厕。便具是否适合儿童（是否有必要的设备；便具是否适合幼儿的身材），是否清洁卫生；教师是否注意培养幼儿的自理能力；盥洗时，教师与幼儿之间是否有令人愉快的社会交往。

（5）个人清洁卫生。一日生活中是否有固定的盥洗时间，如饭后刷牙、饭前便后洗手；教师是否提供适宜的照顾并培养幼儿的独立性。

（6）健康保健措施。是否采取措施减少细菌的传播；户内、户外是否及时给幼儿添换衣服；是否做好幼儿健康保健的示范；是否让幼儿掌握健康知识并独立采取简单的健康措施。

（7）安全保障措施。户内或户外是否有安全隐患；是否有充分的措施保证幼儿的安全；是否有处理紧急事件的必要设施；幼儿是否遵守安全制度。

2. 空间与设备

（1）室内空间。幼儿、教师使用的空间及摆放家具设备的空间是否足够（家具和设备数量是否充足）；房间照明、通风、温度控制以及隔音条件如何；房间的维修及清洁状况如何（地板、墙壁是否整洁）。

（2）家具和设备的舒适度。教师是否认识到幼儿需要柔软的环境（为幼儿提供柔软的家具、设备或专门创设柔软舒适的区域）；柔软的家具设备是否清洁且维修良好。

（3）空间安排。是否设置了多个活动区，活动区的空间安排、材料摆放是否合理（是否有利于幼儿独立使用）；是否及时添加材料或更换活动区；教师能否观察到活动区的活动；是否为幼儿留出小的不受他人干扰的私人空间；幼儿是否可以使用私人空间；是否在私人空间为幼儿提供远离集体的活动。

（4）学习活动所需的家具和设备。家具和设备是否充足完备（日常保育、游戏和学习所需的基本家具是否充足）；家具是否牢固结实且维修良好，是否得到定期的检查修理；教师是否鼓励幼儿独立地使用材料。

（5）与幼儿相关的环境布置。是否以儿童的作品陈设为主；幼儿作品是否多样且具有个性；陈列的材料是否适宜幼儿年龄特点；环境布置与当前活动的关系是否密切；是否由幼儿完成部分环境布置；家具尺寸是否符合幼儿身材，是否便于幼儿使用。

（6）大肌肉活动场地。户外大肌肉活动场地是否充足、安全、类型多样；场地安排是否合理；是否有保护措施。

（7）大肌肉活动设施。大肌肉活动设施是否充足、结实牢固且适合幼儿的年龄和能力；是否能促进幼儿各种技能的发展。

3. 语言/推理经验

（1）对语言的理解。学习材料是否丰富，是否可以让幼儿经常地、自由地使用学习材料；是否给幼儿提供图书材料；图书、语言材料和活动是否适宜幼儿年龄；是否有与当前的教室活动或主题相关的图书；图书是否摆放在某个阅读区内；是否轮换图书和语言材料；是否有教师的指导，教师是否设计专门的活动（是否给幼儿读书等）。

（2）对语言的表达（鼓励幼儿交流）。是否为幼儿运用语言安排了专门的活动；是否提供个体语言发展的机会，教师在一天之中是否鼓励幼儿说话（是否有鼓励幼儿交流的材料和活动；教师是否均衡安排适宜幼儿年龄和能力的听和说；教师是否将幼儿的口头交流与书面语言相结合）。

（3）运用语言发展幼儿的推理技能。教师是否经常地、有计划地为幼儿提供内容丰富的游戏材料，是否通过谈话和提问来帮助幼儿发展概念、激发思维（教师是否与幼儿谈论逻辑关系或概念；教师是否鼓励幼儿在解决问题的过程中谈论或解释幼儿自己的推理；教师能否根据幼儿解决问题的兴趣或需要介绍相应概念）。

（4）语言的非正规运用。教师是否经常和幼儿交谈，是否调动幼儿说话的积极性，是否丰富幼儿说话的内容；是否向幼儿提出问题以鼓励幼儿做出较长的和更加复杂的回答；是否鼓励幼儿之间相互交谈。

4．活动

（1）美工活动。是否有可供幼儿自由选择的多种美工材料（美工材料是否充足多样）；幼儿在使用美工材料时是否有个性化表现（教师是否鼓励幼儿表现自己的思想）；教师是否设法将美工活动与幼儿的其他经验联系起来（是否有与教室中的其他活动相关的美工活动）。

（2）音乐/律动活动。是否为幼儿进行音乐和律动活动提供设备和材料（音乐材料和音乐是否充足多样）；是否安排专门的场地和时间；每天是否有自选音乐活动和集体音乐活动；音乐活动中是否鼓励幼儿发挥创造性。

（3）积木活动。是否提供充足的积木和辅助材料；是否设有专门的积木区；每天是否有积木区活动时间；积木的取放是否有利于培养幼儿的独立活动能力（材料摆放和场地安排是否合理）。

（4）沙/水活动。户内和户外是否有沙水游戏的材料、设备和玩具；是否每天都安排有沙/水活动；是否有各种不同的沙/水活动。

（5）角色游戏。是否为幼儿开展角色游戏提供各种材料；户内和户外是否有角色游戏场地；教师是否鼓励幼儿积极主动地参加游戏并丰富其游戏内容。

（6）表演游戏。表演游戏材料和设备是否充足多样；是否有明确的表演游戏活动区；是否根据不同的主题轮换材料；教师是否通过图片、故事和远足活动来丰富表演游戏。

（7）小肌肉活动。小肌肉活动材料是否充足多样，是否与幼儿发展水平相适宜（可供幼儿日常使用）；材料安排是否合理；是否轮换材料并能循环使用这些材料；是否注意培养幼儿自理能力；教师是否在必要时，为幼儿提供适宜的帮助和鼓励；是否为促进幼儿小肌肉活动能力的发展，有计划地安排学习活动的顺序。

（8）大肌肉活动。是否有充足安全、多样舒适的专门的户外、户内大肌肉活动场地；大肌肉活动的设施是否结实牢固、便于幼儿使用并能促进幼儿各种技能的发展；设施、器械是否具有想象性、灵活性的特点；教师是否每天安排固定的体育活动时间；是否专门设计与幼儿年龄相适宜的体育活动；教师是否在场并注意幼儿的安全；是否指导幼儿的活动以丰富幼儿的游戏内容；是否注意在活动中培养幼儿的交往技能并适时渗透相关的概念。

（9）自然/科学活动。自然/科学材料是否充足多样；是否摆放合理且保养得当；日常是否安排有自然/科学活动。

（10）数学/数字活动。数学/数字材料是否充足多样，是否适宜幼儿发展水平；是否摆放合理且保养得当；教师是否通过日常活动促进数学/数字学习；是否轮换材料。

（11）电视机、录像机和计算机的使用。材料是否适宜幼儿发展水平；教师是否鼓励幼儿积极参与并发挥创造性；是否积极参与使用电视机、录像机和电脑；所使用的材料能否支持并扩展教室中的各种主题和活动。

（12）促进对多样性的认同。提供的书籍、图片和材料是否表现了相同种族、文化、年龄、能力和性别；日常活动和游戏活动是否体现了多样性；活动是否有助于幼儿理解和接受多样性。

（13）常规活动。一日生活安排是否既有计划性又有灵活性，并考虑到幼儿的个别需要；除了生活活动之外，一日活动是否还包括专门设计的户内、户外活动；活动与活动之间的过渡是否顺利、自然。

（14）创造性活动的指导。教师是否注意安全、秩序和材料的使用方法；是否与幼儿交流想法，让幼儿独立探究并及时把握时机来促进幼儿的学习。

5. 社会性发展与互动

（1）对大肌肉活动的指导。教师的管理是否足以保证幼儿的健康和安全；教师是否帮助幼儿掌握使用设备所需的技能；师幼之间的交往是否愉快且有益；教师是否帮助幼儿进行积极的社会交往。

（2）对幼儿的一般性指导（包括大肌肉活动）。教师对幼儿的指导是否足以保证幼儿的安全；能否针对幼儿不同的年龄和能力，细心地管理所有幼儿；教师是否在必要时给予幼儿帮助和鼓励；与单个幼儿或一个小组的幼儿一起活动时，教师是否表现出对整个班级的关注；教师是否和幼儿讨论与游戏相关的看法，提出问题并增加信息以扩展幼儿的思维。

（3）纪律。教师能否有效地使用不带惩罚性的约束方法；不同教师对幼儿的行为反应是否一致；教师是否引导幼儿积极参与解决冲突和问题；教师是否通过活动帮助幼儿掌握社会性技能。

（4）师幼互动。教师是否通过适宜的身体接触来表达对幼儿的关爱；是否尊重幼儿；是否回应那些难过、受伤或生气的幼儿；是否鼓励幼儿与成人之间互相尊重。

（5）幼儿与幼儿之间的互动。教师是否为幼儿示范良好的社会性技能；是否帮助幼儿发展与同伴之间适宜的社会行为；幼儿之间的互动是否积极；教师是否为幼儿提供一些共同完成任务的机会。

（6）对特殊儿童的帮助。工作人员是否对环境、教育活动和时间安排作出调整以适应特殊儿童的需要；特殊儿童是否与正常儿童一起参与班级大多数活动；教师是否与家长一起分享信息、制定目标，并对活动情况给予反馈；父母和专业人员是否参与对儿童的教育和帮助。

（7）幼儿独处的空间。教师是否为幼儿独自游戏设置专门的空间；是否把独自游戏作为课程的一部分来培养幼儿的注意力和独立性。

（8）班级气氛（交往质量的总体印象）。教师与幼儿是否情绪愉快、互相尊重；教师是否用身体接触来表达对幼儿的关爱；教师能否通过仔细观察和有技巧的干预来避免问题的发生；课程是否包括专门设计的旨在发展幼儿社会性交往技能的活动。

（9）多元文化意识。是否有大量反映多元文化和无性别歧视的说明及图片等材料；教师是否将多元文化意识的培养作为课程的一部分。

6. 作息制度

（1）日程安排。是否有幼儿熟悉的基本日程安排；是否每天都安排有大肌肉活动和相对静态的游戏；是否每天都安排有教师指导和幼儿发起的游戏活动；日常活动过渡是否顺利；是否变动日程安排以满足幼儿的个别需要。

（2）自由游戏。是否每天都有户内和户外的自由游戏；是否为幼儿的自由游戏提供玩具和游戏设备；是否把对幼儿自由游戏的指导作为一种教育性互动；是否定期给幼儿的自由游戏增加新材料。

（3）集体活动时间。集体活动的时间是否较短并适宜幼儿的年龄和个别需要；活动是否多以小组或个别活动的形式进行；一天当中，教师能否根据幼儿不同的学习速度进行不同的分组活动；教师是否既参与集体活动，也参与同小组和个别幼儿的教育性互动。

7. 成人的需要

（1）成人个人活动的场所。成人是否有单独的卫生间及休息处且配有舒适的成人家具；班级中是否有教师存放个人物品的地方并有安全措施。

（2）进修的机会。是否有充足的、近期的专业资料；是否定期进行教研活动；是否有新职工上岗培训计划；是否支持教师的在职培训；在社区范围内是否经常举办讲习班、系列讲座。

（3）成人会议场所。是否有单独的会议场所。

（4）对家长的帮助。是否定期举行家长-教师交流信息的活动；是否能在育儿或卫生保健方面为家长提供一些帮助；家长是否能参与教育活动的设计与评估以及幼儿园重大问题的决策。

8. 家长和教师

（1）对家长的帮助。家长是否了解托幼机构的教育理念和教育方法；教师是否和家长分享与幼儿有关的信息；是否运用各种方法鼓励家长参与幼儿在机构中的活动；家长能否参与对托幼机构的评价以及托幼机构重大问题的决策。

（2）对教师个人需要的帮助。教师是否有单独的卫生间及休息处；教师是否有方便、安全的个人物品存放处；教师是否有休息时间；是否为教师提供烹调食物、点心的设备。

（3）对教师专业需要的帮助。资料是否充足；是否有地方存放教师的材料；是否有单独的、用于托幼机构管理的办公场所；是否举办有研讨活动和成人会议的场所；办公室设备是否齐全。

（4）教师之间的互动与合作。教师之间是否每天都交流与幼儿有关的信息；教师之间的互动是否积极；托幼机构是否促进教师之间的积极互动；教师的职责界定是否清晰；教师是否分担职责以便顺利安排保育和游戏活动。

（5）对教师的指导与评价。教师是否进行自我评价；托幼机构是否经常观察教师的表现并提供反馈；是否以一种有益的、支持性的方式给予教师指导反馈。

（6）教师专业成长的机会。是否为新教师提供全面的指导；托幼机构是否定期为教师提供在职培训；是否支持教师参加机构内不能提供的课程、会议或研讨活动；专业资料是否健全。

（二）评价实施细则和注意事项

运用该评估标准来评估早教机构，需要一个评估小组来完成；观察时间最好在 3 小时以上（每观察 3 小时可提问 45 分钟）；观察对象为 2.5~5 岁的幼儿；观察时按顺序填写量表，每个维度需要观察足够数量的被测对象，切忌打扰或者随便参与到活动中去，不要询问教师不相关的问题和量表上没有要求提问的问题，时刻保持中立的态度，并用铅笔记录所观察到的事实和打分，给你的评分一个比较详尽的解释和注释，以便他人理解。另外，参与评估的人员应提前进入场地熟悉环境，进入角色，并注意记录典型的案例和事件，搜寻具有代表性的作品、图片等。

 ## 二、对环境评价量表的分析评价

（一）环境评价量表的特色

环境评价量表的 8 大类 56 个项目实际上可概括为幼儿园教育工作的 4 大方面的内容，对每一方面工作的评价在理论上体现了以下特色。

1. 日常生活护理（第 1 类）

量表从健康安全、社会性交往质量和幼儿的学习经验三个维度来考察日常生活的护理工作，不是仅仅把生活活动当做生活照料的时间，还将它视为成人与幼儿个别交往的时间和丰富幼儿学习经验的时间，注重保育和教育相结合，在保育工作中注重教育工作。

2. 空间和设备（第2类）

在空间和设备上，既注重提供设备与物质材料，又注重教师对这些设备与物质材料的使用。除了具备基本的安全、健康、适用的要求以外，主要将环境视为幼儿主动学习、发展的环境。环境应是与教育要求相适应的环境，这一观点在量表中有清楚的体现。

3. 教育活动（第3~6类）

在促进幼儿认知、身体运动、创造性、社会性等方面发展的教育活动过程中，既反对盲目追随幼儿自发性的自由放任，又反对不尊重幼儿的兴趣与需要的过度控制，应注重教师对幼儿活动的指导。正是这一点，环境量表被认为是建立在直接教学的哲学观基础上，反映的是以行为主义理论为指导的以教师为中心的有计划的教学和有结构的课程模式。这一观点与美国幼儿教育协会（National Association for the Education of Young Children，NAEYC）和英国Playgroups等的倡导者的观点是相悖的。后者主张让幼儿通过自由游戏和自发的活动来学习，成人的作用在于扩充幼儿的活动。

4. 园所管理和家园联系（第7、8类）

在园所管理工作方面，注重突出园所管理为"人"服务的宗旨，注重为教师创设良好的工作条件，满足教师的各种合理需要，从而激发教师工作的积极性。一个有利于儿童发展的地方，一定首先是有利于成人发展的地方。也应注重家长在整个教育过程中的重要作用，注重家长对幼儿园教育工作的参与和支持，注重幼儿园为家长提供服务。

（二）环境评价量表的特点

1. 以儿童的发展适应性为基本原则

不论是日常保育还是小组活动、户外游戏，所有的内容都明确规定要符合幼儿的兴趣和需要，根据幼儿的年龄和能力设定目标、进行交流、提供帮助，这样类似的要求贯穿在每一个评估标准之中。这体现了该评价体系背后的理念和价值取向，即关注幼儿的发展水平和需求。

2. 物理环境的安全性要求明确

在评估标准中，幼儿睡眠时床与床之间的距离、高度，中间有无屏障，室内有没有充足的阳光，有多少可以通风的窗户，窗户设置的高度，这些在量表中都做了明确的界定。倘若观察者没有观察到，要注明原因，打出分数后，还要写清楚观察到的内容，对评价做出合理客观的解释。这样的评价结果，有数据图片考证，是客观真实的，也是让人信服的。这也从一个侧面反映了该评价量表的信度和效度。环境评价要让不合格的机构知道问题所在，让优质的机构脱颖而出。

3. 重视发展全纳教育

在评价表中，每一个具体的标准下面，都提到了对特殊儿童的保育和管理，在全纳教育的基础上，给予特殊儿童足够的关爱和照顾。全纳教育希望特殊儿童能够融入社会、融入群体，使自身得到最大的发展。全纳教育不仅仅有利于特殊儿童发展，在对普通儿童社会性、情绪情感的发展上，也有不可替代的作用。

4. 对教师的专业素质和职业敏感度要求高

评估中多处提到教师的职责，既要对幼儿进行监管、适时介入，又要让幼儿充分自主地选择自由活动的空间。如此一来，何时介入、怎样介入、介入的程度如何，都能体现教师的专业素质。实行这样的评价标准对教师的专业素质和职业敏感度是一个巨大的挑战。通过不断的尝试和反思，把理论与实践巧妙结合起来，可以取得良好的效果。

5. 以班级为单位，注重对过程变量尤其是教师行为的评价

研究表明，以教师行为为核心的班级教育活动是体现托幼机构教育质量的核心因素。托幼机构环境评价量表（修订版）以班级为单位，突出了对各种过程变量尤其对教师行为的评价。空间和设备、日常生活护理、语言与推理、活动、互动以及作息制度中的各项标准都体现了对教师行为的评价，尽管教师和家长中的评价指标中没有明确指出，但其内容也是指向于教师行为的。例如，在空间和设备的具体评价指标中，强调教师对室内外物质环境的安排与利用；在语言与推理及活动的各项具体评价指标中，强调教师通过各种教育活动与幼儿进行积极的社会性交往，支持幼儿的学习和发展等。这些都说明教师行为在该量表中的地位，它不仅占较大比重，而且贯穿于各方面的标准之中。这样，就形成一个以教师行为为核心的，相互衔接、相互联系的有机评价体系。

6. 以托幼机构教育满足幼儿、家长和教师需要的程度为评价核心

总体看来，整个量表充满了人文关怀色彩，突出托幼机构教育为"人"服务的宗旨，以托幼机构教育满足幼儿、家长和教师需要的程度为评价核心。

托幼机构环境评价量表（修订版）的焦点是幼儿的各种需要，以及当前我们对如何最大限度地满足幼儿的这些需要的理解。该量表的相关评价指标都突出强调了托幼机构教育要兼顾幼儿的年龄适宜性和个别适宜性。例如，空间和设备的评价指标中要求托幼机构提供的家具、设备及环境布置要适合幼儿的年龄特点；语言与推理和活动中的评价指标中要求托幼机构提供的材料和活动要适合该年龄阶段的幼儿使用等。除了要求托幼机构教育要满足幼儿的年龄特点外，该量表还强调托幼机构要充分尊重幼儿作为一个独立的"人"的权利，要注重幼儿的个别差异。例如，在"午睡/休息"项目的要求中提出"午睡/休息的时间安排要考虑到幼儿的个别需要"，"对提前起床的幼儿和不睡觉的幼儿另有安排（如允许提前起床的幼儿看书或安静地游戏，为不睡觉的幼儿安排空间和活动）"等。

该量表除了强调托幼机构教育要满足幼儿的需要外，也充分顾及家长和教师的需要，注重家长和教师在托幼机构教育中的重要作用。该量表单列出"对家长的帮助"一项作为考察托幼机构教育质量的依据。在该项中，明确提出"给家长提供与托幼机构管理有关的书面信息（如费用、开放时间、幼儿来园的健康制度）"，"教师和家长分享许多与幼儿有关的信息（如经常进行非正式交流，举办针对所有幼儿的定期会议、家长会，实时通信，提供有用的教育资料）"，"运用各种方法鼓励家长参与幼儿在托幼机构中的活动"等。在教师方面，则从对教师专业需要的帮助、教师之间的互动与合作、对教师的指导与评价和教师专业成长的机会 4 个方面提出了相应的评价标准，注重为教师创设良好的工作条件，让教师找到职业归属感，激发教师工作的积极性。

7. 反映了世界学前教育领域中的最新变化

自 20 世纪 80 年代以来，随着全美幼儿教育协会认证制度的发展以及各种早期教育评价工具的出版，质量评价本身越来越多地受到人们的关注。很多评价工具都强调文化多元性、家庭所关心的事务以及儿童的个别需要。此外，残疾儿童教育以及对多元文化的敏感性都已经成为托幼机构质量评价的重要问题。该量表渗透了全纳教育的思想，重视对多元文化的接纳，明确提出对随班就读残疾儿童的教育问题。例

如，在"空间与设备"中提出"残疾儿童拥有适合他们需要的、改装过的家具"，"为残疾儿童改装大肌肉活动设施或提供特殊的设施"；在"语言与推理"中提出"教师鼓励幼儿包括残疾儿童之间交谈（如提醒幼儿倾听对方的谈话；如果有幼儿使用手语，则鼓励其他幼儿学习手语）"等。此外，该量表单列了"促进对多样性的认同"一项，提出"给幼儿提供许多表现不同种族、文化、年龄、能力和性别的书籍、图片和材料"，"日常活动和游戏活动中体现多样性"，"活动有助于幼儿理解和接受多样性"等，注重培养幼儿对多元文化的理解和认同。

8. 评价指标具体，具有可操作性

该环境量表中的多数指标都是极为具体的。例如，在"日常生活护理"中，提出"教师在来园时要热情地问候幼儿（如教师微笑，表现出高兴见到孩子，用愉悦的语调和孩子说话）"；"教师是幼儿健康保健的好榜样（如在幼儿面前只吃健康食品，检查并冲洗厕所）"。在"语言与推理"中，提出"教师要向幼儿提出问题以鼓励他们做出比较长和更加复杂的回答（如向年幼的孩子提出'什么'或'哪儿'的问题；向年长些的孩子提出'为什么'或'怎么样'的问题）"。在"互动"中提出"教师要表现对幼儿的尊重（如注意倾听幼儿谈话，和幼儿进行视线的接触，公平地对待幼儿，不歧视幼儿）"，"同伴之间的互动基本上是积极的（如年长的幼儿经常与同伴合作、分享"，"幼儿经常友好地在一起玩游戏而不会打架）"等。这样，凭借具体、操作性强的评价指标，评价者可以对托幼机构方方面面的工作作出比较客观的观察与判断，避免了评价的主观随意性。我国有些地方的分级分类验收标准简单套用《幼儿园工作规程》中的教育原则作为评价幼儿园教育工作的标准，导致评价标准抽象笼统，造成实际评价过程中出现歧义，影响评价工作的信度与效度以及客观公正性。据此，我们在制定或者修订原有的评价工具时，应吸收与借鉴他国的成功经验，注重评价标准的可操作性。

（三）环境评价量表的不足之处

（1）环境评价量表从 8 个方面对托幼机构环境进行评价，每一方面又分成若干个项目，这些项目有些指向设备与物质材料（如盥洗设备），有些指向人际关系与利用情况。因此，如果在不同设备条件的幼儿园之间进行横向比较，可能会出现内部一致性差的问题。例如，两个幼儿园同样得 18 分，但 18 分的具体构成不一样。有些幼儿园可能在设备与物资材料上得分高，而在人际关系或利用情况上得分低，但最后算出各领域总分之后，就会掩盖这些问题。

（2）环境评价量表中关于人际关系方面的内容较单薄。作者的初衷是打算在环境评价量表之外再制定一个单独的量表来考察工作人员与儿童之间的关系。但是他们发现，完全把"人际关系"从环境中排除出去是不可能的，所以在量表中仍然列出了成人与儿童的关系、儿童伙伴之间关系的内容。但是，对于这方面的内容，缺乏详细的质量评价标准。所以，美国的幼教工作者用这一量表时，往往还用其他一些评价工具作为补充。例如，根据教师与儿童之间的言语交往次数、教师的敏感性等的观察记录作为人际关系质量评价的补充。

（3）英国研究人员认为，环境评价量表对于家长参与这一点未给予足够的关注，因此有必要创造另外一个量表来评价家长参与的情况。关于"多元文化意识"培养的评价方面，该评价指标也不够详细。

（4）某些评价指标是用模糊数量、频率概念来表述的，意义笼统，不易把握，如户外器械的使用率等。

信息链接

日本富士幼儿园

日本富士幼儿园是日本建筑师手冢贵晴与手冢由比于 2007 年在日本立川设计的。其建筑设计理念是：人、自然与建筑和谐相处。幼儿园的建筑主体平面是一个椭圆环形，大型集中活动场地布置在椭圆环之中。建设师利用建筑及植物为幼儿创造天然的游戏场

信息链接

所，让幼儿回归自然。

1. 内外一体化

内外融合是这所幼儿园教室设计的亮点之一。建筑外围护墙均为通透的玻璃以及拖拉门，室内外高差很小，根据需要，教室的门可以完全敞开把室外引入室内成为一个整体。同一年级的幼儿处在一个大教室内，每个班之间用家具隔开，班与班之间可以根据需要合并或分开。

2. 与自然融合

在幼儿园建设用地上，有 4 棵树刚好处在建筑的中间。建筑师运用了建筑与树木共处的方式来解决这一问题。树木从教室里的走道上拔地而起，建筑为其主干留出足够大的空间生长，建筑和树木宛若一体。

3. 玩具式建筑

幼儿园室外的游戏器具不多，因为建筑自身就是一个大的游戏器具。屋顶是单坡内斜屋顶，建筑内屋檐高 2.1 米、外屋檐高 3.6 米 向内倾斜的屋面，给在屋顶上奔跑的幼儿带来重心倾斜的奇妙感觉。时而冒出屋面的树冠为屋顶这个游戏场所带来生趣。同时，幼儿可以借助屋顶的高度毫不费力地爬上树杈，从屋顶的天窗偷窥其他幼儿上课的情景，体会一种刺激的感受。设计者巧妙地利用了采光天窗，为幼儿打造了一次奇妙的探险之旅。

丹麦哥本哈根 Murergaarden 学校

Murergaarden 学校是一所包括幼儿园与小学的学校。在校的学生年龄从 1～14 岁不等。学生们的所有活动都集中在操场上。操场是一个存在着 2 米高差的台地。游戏场地被分为托儿所学步区、游戏区与集会区三部分。游戏区包含了有台地的高差部分，设计者放置了大台阶及一架滑梯来连接两块场地。游戏区域里除了滑梯便无其他常规游戏设施。该游戏场地精心地组织着场地中的每一种自然材料，力求创造出一个生态游乐园。

1. 丰富的场地表情

游戏场地对竖向高差的处理包含树木碎屑堆成的坡圆木梯段、用木板做踢脚的素土大梯段以及滑梯。在对地面材料的处理上，设计者根据所处地点及游戏区域的不同分别采用了圆木截面、红砖石面以及砂等。这些材料或单个存在，或两三组合拼花，使整个地面看起来色彩斑斓、丰富多样。

2. 生态的游戏环境

在设计游戏场地时，设计者不忘利用现有的材料为幼儿提供复合型生态游戏场地。在沙坑里横放两个枯木，利用枯木的树枝及树干的曲度，给幼儿提供一个冒险之地。利用地势高差，在沙坑上空放置一张爬行网。放置在沙坑外边缘的抽象的景观小品，可以激发幼儿的想象力及兴趣。一条浅溪从操场边的喷泉顺势蜿蜒而下，溪床由碎石及卵石铺设而成，小溪的两边栽种了各种植物。在夏天时，水流将顺着溪道欢腾而来，幼儿既可以在这里玩水又可以捕虫看花；在冬天或是初春无水时，小溪的卵石河床又可以成为孩子们的另一玩耍圣地。

3. 自然多样的游戏场边界

在游戏场地的边界处理上，设计者采用圆木桩、低矮木栅栏、高木栅栏、灌木丛、大石块等对场地进行围合及分隔。另一种空间限制是利用下沉式的处理方法来限定游戏区域。绿色植物主要种植在每种游戏区域的分隔地带，在路的交汇处也会出现矮小的灌木丛来丰富空间。

信息来源：胡蕾. 以自然为导向的幼儿园游戏环境——浅析外国幼儿园室外活动场地[J]. 四川建筑，2013（01）.

第二节 家庭教育环境评价

一提到学前教育环境评价，可能很多人马上会想到幼儿园的环境，而很少想到家庭教育的环境。事实上，家庭教育这个不常被想到的方面却也是必不可少和十分重要的方面。据调查，学前儿童家庭教育环境比幼儿园教育环境要重要得多，也就是说，家庭教育比幼儿园教育对孩子身心发展的影响要大得多。

一、家庭教育环境的评价指标

（一）良好的家庭教养态度和行为

1. 尊重儿童，爱护儿童

家长要给孩子发言的机会，不要一味要求孩子顺从大人的决定；家长不同意孩子的要求或想法时，应该向孩子说明（这个过程是对孩子的引导），不要简单地否定孩子的要求甚至斥责孩子；了解孩子，包括了解孩子的一般心理过程和孩子的个性特征。

2. 帮助孩子学会思考

家长要让孩子知道如何控制自己的欲望；向孩子说明他们得到的满足与父母劳动的关系；对孩子的要求要认真分析，耐心开导；当孩子学会思考时，可以逐渐减少或避免各种不合适的要求。

3. 鼓励儿童

家长要经常鼓励孩子；鼓励孩子的同时，对孩子提出新的、可以达到的要求，并耐心地辅导孩子达到这个要求；让孩子学会正确地评价自己。

4. 父母的教养方式保持一致

父母之间要经常交换对子女教育的意见，要以平和的心态和语气进行沟通，不能在孩子面前激烈争执甚至吵架。

5. 遵守《家长教育行为规范》

国家教育委员会和全国妇女联合会颁发的《家长教育行为规范》中倡导家长要树立正确的教子观念，掌握科学的教育方法，提高教育水平。

> **信息链接**
>
> **家长教育行为规范（修订版）**
>
> （1）树立为国教子的思想，自觉履行教育子女的职责。
>
> （2）重在教子做人，提高子女的思想道德水平，教育其遵守社会公德，增强其法律意识和社会责任感。
>
> （3）关心子女的智力开发和文化知识的学习，培养良好的学习习惯，要求要适当，方法要正确。
>
> （4）让子女养成良好的生活习惯，鼓励子女参加文娱、体育和社会交往活动，促进子女身心健康的发展。

（5）引导子女参加力所能及的家务劳动，支持子女参加社会公益劳动，培养子女的自理能力及劳动习惯。

（6）爱护、关心、严格要求子女，不溺爱、不打骂、不歧视子女，保障子女的合法权益。

（7）要举止文明，情趣健康，言行一致，敬业进取，从各方面为子女做榜样。

（8）保持家庭和睦，创建民主、平等、和谐的家庭关系，形成良好的家庭教育环境。

（9）学习和掌握教育子女的科学知识及方法，针对子女的年龄特征、个性特点实施教育。

（10）要与学校、社会密切联系，互相配合，保持教育的一致性。

6. 树立正确的儿童发展观，选择正确、科学的教育观念

重视幼儿的全面发展，对幼儿幸福感的培养不要过早定向、盲目跟风，不能过多地偏重于一个项目；父母自身要明确自己要培养"什么样"的孩子，"怎样"进行培养，"为什么"要如此培养；热爱儿童，尊重孩子，对孩子进行身体的、智力的、道德的、情感的、审美的全面发展教育；教育必须考虑儿童身心发展的水平，依据儿童身心发展的水平来进行教育，又能进一步促进儿童的身心发展；教育要考虑具体幼儿的特点，不能忽视儿童的个别差异；儿童是学习的主体，教育者的指导要和发展儿童的主动性、独立性、创造性相结合；要尊重儿童的发展水平，不能拔苗助长。

7. 了解孩子的心理

了解孩子的特点，知道如何满足孩子的需要，知道孩子的哪些表现是正常的；不一厢情愿地去要求孩子；让孩子知道自己的优缺点，这有助于培养孩子自信和谦虚的个性；正确对待孩子的缺点，不为满足自己的虚荣心而责骂孩子，使他们丧失自信。

8. 制定的目标要符合现实

制定的目标要符合现实，不能为了家长的面子而教育孩子。

9. 不断学习教育理论

父母要不断学习教育理论，注意观察孩子的发展。

（二）家庭中的学习环境

1. 家庭成员的交流能促进儿童语言的发展

（1）重视提供刺激的环境。家长应随时注意孩子语言的训练，在运用文学语言的过程中，要生动活泼，声音要有大有小，声调要有高有低，停顿要有长有短，恰当运用语言技巧，用不同的声音来表现不同的人物形象和思想感情。

（2）通过儿童谜语、快板、故事来培养孩子的文学兴趣。讲故事时，家长有时不必讲完，在故事发展的高潮处或在情节转折处停下来，请孩子自由想象来完成剩下的故事内容（也可编幼儿生活中的故事），还可以根据故事中不同的人物形象、心情、环境、语气让孩子表演故事，以帮助孩子理解内容。

（3）家庭成员之间的交流对孩子发展的影响。家长越注意与孩子的交流，孩子的言语能力发展越好。

2. 为儿童提供学习机会与指导

（1）精心装扮居室，力求体现童话环境。孩子的居室应精心布置，如墙壁上可张挂一些动物图片及幼儿活动图片，室内可放置一些动植物工艺品，家具应选择小巧、别致、活泼、亲切的样式，颜色宜丰富多彩，忌用单调压抑的色彩，要根据孩子的心理特点，体现大自然欢畅、明丽的风格。孩子的床单、被面、枕头、窗帘、衣裤、鞋帽等生活用品均可伴以童话图案。

（2）有目的、有选择地购买儿童玩具。购买玩具应有个循序渐进的过程，从孩子的不同年龄特征出发，由浅入深，由简到繁。父母最好边让孩子玩边诱导，启发、训练孩子的思考能力。

（3）用童话寓言熏陶孩子。家长应多用童话语言表述，然后让孩子跟着重复。例如，看到牛、羊等动物，就不断地鼓励孩子描述它的外貌、神态、动作、心理，并推测它家在哪，去干什么等，让孩子逐渐养成观察、探索大自然的兴趣和习惯。

（4）用童话书籍、童话磁带、动画片启迪孩子。父母应有步骤地购买童话书籍，并在一旁作必要的讲解指导，让孩子头脑里不断积累童话故事；多给孩子听童话故事磁带；安排一些时间让孩子听轻音乐，用优美的旋律来让孩子产生一种和谐、愉快的情感。

（5）父母应常带孩子去郊外或农村观察各种家禽动物，观赏迷人的自然风光；经常讲一些童话故事，做一些童话游戏，逐渐培养孩子对生活的感受和领悟，培养孩子良好的意志和道德。

3. 家庭中的游戏

父母应与孩子一起做游戏和远足；进行大肌肉游戏（大动作及体质的锻炼），如球类运动、追逐游戏、托气球游戏、飞盘游戏等；进行益智游戏，如言语游戏、计算游戏、运用情境数字的方法学唱带数字的童谣、儿歌；学习美工，如画画、做手工、涂色、剪贴等；学习音乐，如唱歌、听音乐、跳舞、模仿等；学习科学，如玩沙、玩水、观察天气等；进行社会性互动，如安全教育，邀请小朋友一起玩，学习处理人际关系等；进行象征性游戏，如过家家等；进行结构游戏，如堆积木等。

4. 儿童学习习惯的培养

教育家叶圣陶说过：什么是教育，简单一句话，就是养成良好的习惯。学前教育阶段是培养良好学习习惯的最佳时段，家庭是培养良好学习习惯的最好地方，家长是培养良好学习习惯的最重要引路人。家长可以通过平时的引导及做好榜样，要培养孩子专心听讲、不懂就问的习惯；可以引导孩子形成固定的学习时间，在规定时间内完成功课，培养注重学习效率的习惯；可以通过检查作业，培养孩子细心检查的习惯；也可以通过激励孩子攻克难关、克服学习困难，培养知难而进的习惯；还可以通过创办家庭图书馆及与孩子共同阅读等方式，培养孩子良好的阅读习惯。

（三）家庭中儿童的心理成长环境

1. 宽松与约束

（1）尊重。

父母应像对待大人一样尊重孩子的权利和需求，注意根据孩子的兴趣进行引导，使他们主动地、乐意地去做各种事情；当发现孩子有缺点和错误时，父母不能采取粗暴的态度给孩子施加压力或说一些伤害孩子自尊心的话，更不能在众人面前训斥孩子伤其自尊，避免孩子因此产生反感情绪和叛逆心理；父母要善于发现孩子的微小进步，及时给予肯定和表扬，使孩子树立自信心。

（2）平等。家庭成员之间要建立心理上的平等关系。父母自己心情不佳时要尽量克制，不能向孩子发泄；对孩子做了错事时，要真诚地向孩子道歉，让孩子真正感受到自己在家庭中的平等地位。

（3）开放。父母要鼓励孩子表达自己的观点，说出自己的想法，即便这些观点或想法是不全面的，甚至是错误的。

（4）民主。父母在处理家庭事务时要充分考虑到孩子的意见，让孩子也有发言权。

2. 家长的榜样作用

（1）在家里营造一种爱学习、求上进的氛围。

（2）家长对学校、教师的态度很重要。应多向孩子讲述自己小时候在学校的趣事，传达一些自己对学校的美好向往、美好记忆等信息，努力培养孩子对学校的纯真感情。

（3）给孩子提供固定的学习地点。

（4）家长要起到带头作用，有意识地将用完的东西归回原处，引导孩子养成良好的习惯。

3. 家庭关系与儿童情感的社会化

家长应有计划地、细致地培养孩子的情感；重视孩子的情感变化，培养孩子的爱心、同情心以及活泼愉快的情绪；把孩子真正放在这个年龄群体的背景上去认知他的行为表现；父母之间要好好沟通，随时注意调节自己的情绪；充分利用好有限的亲子时间；设法让孩子走进自己的生活；尽量尊重孩子的愿望。

（四）家庭中有利于幼儿社会性发展的环境

家长应在家里营造一种有利于幼儿社会性发展的环境，注重儿童自我概念的培养，主要涉及以下两个方面。

（1）自我控制与纪律性的培养。讲清楚规则的用处，让孩子养成遵守规则的习惯，培养孩子执行规则的技能，培养孩子的自律精神。

（2）自我体验与健康情绪的培养。可以和孩子一起商量制定家庭规则，设法营造愉快的自我情绪，生活在愉悦的氛围之中。

二、父母在家庭教育中的角色

（一）母亲在家庭教育中的角色

1. 母亲在家庭教育中的重要性

家庭是人生的第一所学校，也是人生永远的学校。母亲是人生的第一任教师，也是人生永远的教师。

每个人的生命直接来源于母亲，母亲素质的高低直接关系到子女素质的高低、品行的好坏，甚至事业的成败。从怀孕到婴儿的哺乳，从孩子牙牙学语到蹒跚学步，母亲直接参与了孩子的成长，对孩子的发展有深远的影响。

母亲在一定程度上决定了民族、社会和国家的希望。做好一个母亲，需要具备科学的育人与教人的理论和方法。

2. 母亲在家庭教育中的作用

（1）无微不至地照顾孩子的生活，促进孩子健康成长。

① 科学喂养孩子。对孩子进行教育，应该从母乳喂养和怀抱婴儿开始。母乳喂养对于安定孩子的情绪有很大作用。现在有的女性由于工作原因或担心母乳喂养影响体形，而不肯喂自己的孩子吃母乳而让其改吃牛奶等，对婴儿的生长发育与心理发展极为不利。

在孩子进食问题上，有的家长担心孩子吃不够而营养不良，强迫孩子尽量多吃；有的家长则不管孩子的饮食，放任自流，由着孩子想吃什么就吃什么。为孩子的健康着想，母亲要做一位好厨师，要照顾好孩子的饮食。首先，要保证食物的营养丰富；其次，要保证食物品种的丰富多样。采购食物要尽量保证新鲜，烹调要适合孩子的胃口。吃饭要做到定时定量：三餐定时，饭前孩子就已经有了食欲，必然吃得好；定量，要根据每个孩子的实际情况提供适量饭菜，要求他们吃完。不能顺着孩子，爱吃多少就吃多少，喜欢吃就吃得多，不喜欢吃就不吃，这样会影响孩子的消化、吸收功能。不能让孩子边吃边玩，要让他们养成良好的吃饭习惯。尽量避免给孩子吃垃圾食品，以保证孩子拥有健康的身体。

② 制定合理的作息制度。家长要根据孩子的发育情况和年龄制定一个合理的作息制度。吃、睡、玩定时，孩子自然就形成了一个有规律的生物钟，形成有规律的生活。这样能促进孩子体内各器官有节奏地活动，防止神经细胞疲劳，提高一日生活各环节的效率，使孩子学习时精力集中，吃饭时食欲旺盛，游戏时精力充沛、心情愉快，睡眠时能按时入睡，有利于幼儿的身体健康和心理健康。

（2）纠正孩子的不良行为。孩子在成长过程中会有不少坏习惯，如不讲卫生、乱花钱等，母亲需要细心、耐心地对其进行教育。

① 养成讲卫生的习惯。家长可以利用故事、诗歌向孩子讲述这些习惯的重要性，然后给孩子示范怎么洗手、刷牙，采用表扬和鼓励的方式，督促孩子练习。父母也要起到模范带头作用，言传身教，这样才有利于孩子养成良好的卫生习惯。

② 改掉孩子乱花钱的习惯。现在大多数家庭经济条件比较好，很多孩子都是独生子女，所以家长对孩子的物质需求经常是有求必应，给孩子买高级玩具、时髦衣服、学习用品、零食等。孩子不了解钱的价值，不懂得钱的来之不易，在大人的宠爱下，容易养成乱花钱的习惯，以至于过度重视物质享受。如果每次找父母要钱都能得到满足，就会给孩子造成家里的钱用之不竭的印象，这对孩子将来的成长和生活不利。因此，母亲要帮助孩子从小培养正确用钱的习惯，树立正确的金钱观念。

③ 避免孩子迷恋电视和电子游戏。孩子迷恋电视和电子游戏一般有以下原因：无同伴一起玩；来自父母的关心、照顾和交流少；有的父母本身就是电视迷、游戏迷；孩子兴趣少，控制能力差。可以从以下几个方面改掉孩子迷恋电视和电子游戏的不良习惯。

第一，父母要以身作则，少看电视，少玩游戏，引导孩子处理好玩乐与学习的关系。在做好作业、复习好功课的情况下，家长可以让孩子适度看一些有益的电视节目，但时间不能太长，以半小时至一小时为宜，注意用眼卫生。

第二，培养孩子广泛的兴趣。父母须想办法转移孩子的注意力，和孩子开展多种娱乐活动，培养孩子的业余爱好，如集邮、看书、下棋、画画及体育活动等。多种多样的活动可以防止和改正孩子迷恋电视和电子游戏的不良习惯，从而促进孩子健康、全面地发展。

（3）教育孩子养成良好的品德。

① 从小学会劳动。孩子不会家务，责任大多在母亲。大多数母亲总想让孩子吃好、穿好、学习好，很少让孩子参与家务劳动，她们总认为叫孩子做也做不好，不如自己做。于是，孩子养成了"饭来张口，衣来伸手"的习惯。此外，母亲也不能把劳动作为一种对孩子的惩罚手段。可以从以下两个方面来培养孩子的劳动习惯。

第一，让孩子明确劳动的目的。劳动可以培养孩子的自理能力、生活习惯及责任心；可以让孩子学会生活和工作技能，培养积极、专心的品质，增强社会责任感；可以给孩子带来快乐，使孩子感觉到自己是个对社会有用的人。

第二，根据孩子的能力，布置一些力所能及的劳动任务，教会他们怎样做，怎样做更好，对孩子的劳动成果给予充分的表扬和鼓励，增强孩子的自信心，提高他们对劳动的兴趣。孩子对劳动是有热情的，家长要呵护这种热情。

② 注意孩子的语言美。有些家长在家有讲粗话的习惯，孩子在学校里、社会上及电视节目中也经常会听到一些不雅的话，由于幼儿模仿能力强，有意无意就学会了。所以，母亲要注意在和人交谈时避免

使用粗话和脏话，和孩子说话时也要注意礼貌用语。孩子会从母亲那里学到礼貌用语，同样在与别人交流时也使用礼貌用语。如果孩子不经意间养成了不好的说话习惯，母亲要不断给予提示、警告，用表扬、奖赏、惩罚等方法改掉孩子的毛病。

③ 培养诚实的孩子。幼儿说谎大致有以下几点原因。

第一，分不清现实与想象。幼儿容易将想象同现实混淆，容易把渴望得到的东西当成已经得到的东西，也容易把希望发生的事情当成已经出现的事情来描述。例如，一个小孩说"我有一屋子的好吃的"，就是这样的情况。

第二，夸耀式的说谎。有的幼儿为了增强自己的自信心、提高自己在群体中的地位，会说一些极度夸张的事。例如，一个小孩为了表现自己会说："我每次舞蹈比赛都得第一名"，而事实上并非如此。

第三，掩盖式的说谎。成人在教育过程中不恰当的态度，也可能造成幼儿的不诚实。例如，幼儿无意中做错了事，但是平时发现这种情况时家长会很严厉地批评和惩罚他，所以他就不讲实话了。

第四，模仿式的说谎。由于成人当着幼儿的面无意中说出一些不切实际的话，或者曾经对幼儿说过谎，致使幼儿在潜移默化中学会了说谎。

对待孩子的有意说谎，家长要认真分析原因，根据具体情况区别对待。如果是妈妈对幼儿过于严厉造成的，妈妈要纠正自己的做法；如果是孩子的坏习惯使然，则应及时给他讲清道理，帮助、督促他纠正不良行为。注意事项如下。

首先，不强迫孩子承认说谎，要先调查清楚事实的真相。当孩子确实说谎时，先不要谈这件事，而是谈说谎的害处，让孩子知道妈妈已经知道他说谎，从而下次不再说谎。

其次，给孩子讲关于说谎的故事，如《狼来了》，让孩子知道说谎的不良后果。

再次，不要因为孩子说真话而惩罚他，否则孩子就会总结经验：上次我做错事说真话受到打骂，而说谎反而没被打骂。于是，说谎就变成了习惯。如果孩子有了过失或成绩不理想，妈妈应该耐心地分析原因，帮助孩子。

最后，父母要以身作则，不要说谎。

④ 千万不要让孩子养成偷窃的习惯。对于幼儿来说，有时去小朋友家里，会把别人的东西（特别是喜欢的玩具）拿回家，他们只是出于对那个玩具的喜欢，却并不知道这样做不对。如果妈妈看见孩子拿了别人的东西也不过问，时间长了，孩子就会形成爱拿别人东西的坏习惯，将来就有可能发展为小偷小摸的坏行为。幼儿最初出现这种行为，心中并没有"偷"的概念，只是出于喜欢，妈妈应该寻找出现这种现象的原因和幼儿的动机，从而耐心地引导幼儿认识到这种行为是不对的，告诉他应把东西还给别人。事后，应该对孩子给予适当的赞扬和奖赏。

针对孩子的这种不良行为，妈妈要注意以下三点。

第一，满足孩子合理的要求，消除偷窃动机。

第二，不允许孩子拿别人的物品。如果孩子不小心拿了别人的东西，家长要对其讲明道理，劝导孩子把物品送回去。

第三，对孩子进行道德和法制教育，利用法律的威严让孩子懂得违法必究，提高孩子的法律和道德意识。

⑤ 培养孩子的爱心和同情心。妈妈要以满腔的爱心爱孩子，还要教孩子去爱别人；要培养孩子爱其他人的情感，给孩子表达自己的机会，还要教孩子如何表达这种情感，并为他们做一些力所能及的事。培养孩子的爱心和同情心，可以从以下几个方面着手。

第一，父母要以身作则，乐于助人，富有同情心。例如，在公共汽车上给有需要的人让座，给一些伤残人士捐款，让孩子从小受到乐善好施良好行为的影响。

第二，鼓励孩子多参与社区活动，帮助社会上需要帮助的群体，学会关怀他人。例如，带孩子参观老人院、孤儿院、盲人学校、聋哑学校、弱智学校，带领孩子亲自去做一些服务与照顾工作。

第三，引导孩子从各种新闻媒体上了解有关残疾人士的生活状况，了解他们的痛苦，让孩子学会珍惜自己所拥有的一切。

（4）关心孩子的心理健康，培养其良好的心理素质。心理健康是塑造健康人格、开发智力及潜能、培养个人正常情感的有效手段。

（5）培养孩子对学习的兴趣。

① 让孩子感到学到的知识很有用。

② 妈妈与孩子共同开展学习活动。

③ 使孩子有成功的体验。

（二）父亲在家庭教育中的角色

父亲同母亲一样，也承担着培养孩子的重要责任。父亲跟孩子的关系、为孩子的教育所付出的精力与心血，是影响孩子素质的重要因素。

1. 父亲在家庭教育中的作用

（1）培养孩子的自信心。父亲作为男性角色，是不怕困难、无所畏惧、勇往直前的代表，要有意识地用这种品质去影响孩子。

（2）适当的奖励和惩罚。当孩子有良好的行为表现时，给予适当奖赏等于告诉孩子这样做是对的，应该继续发扬，渐渐地，孩子无需奖赏也能坚持下去了。反之，当孩子表现较差时，有必要对其施加一定的惩罚。当然，惩罚不是目的，而是解决问题的手段。所以，在惩罚孩子的时候要注意以下几点。

① 了解事实经过。

② 倾听孩子的解释。

③ 告诉孩子惩罚的原因。

④ 给孩子改过的机会。

（3）帮助孩子学会战胜挫折。作为父亲，应该做到以下几点。

① 认识挫折。

② 鼓励孩子跌倒后自己爬起来，告诉他们只有靠实力去竞争，才能争取到自己想要的东西。

③ 要承认孩子的失败，切忌无理施加压力。

④ 在生活中对孩子进行挫折教育。

（4）帮助孩子走向社会。

① 与孩子一起走进自然。

② 与孩子一起学习。

③ 鼓励孩子交朋友。

（三）家庭教育过程中父母教育一致性的问题

由于教育观念的差异或为了争夺孩子的感情等原因，父母在子女教育过程中可能会相互冲突甚至互拆墙脚。这种教育的不一致对孩子的成长会造成许多消极的影响，主要表现在以下几方面。

（1）父母教育要求的不同，容易导致孩子形成双重人格。

（2）孩子缺乏一个可以认同的行为标准，有碍于其社会性的发展。

（3）父母教育观念不一致，极大地削弱了父母的教育权威，降低了家庭教育的效果。

提高父母家庭教育的一致性，可以参照以下做法。

（1）建立明确的家规。

（2）当对同一问题的处理意见不一致的时候，父母要尽可能避免孩子在场时起争执。

（3）父母双方要增加对儿童发展规律的认识和理解。

（4）如果父母一方过分宠爱小孩，要让宠爱小孩的一方自己去体会这种教育方法造成的后果。[①]

案例与实践

（1）经考察发现：某市 A 幼儿园拥有富有吸引力的活动角、室外造型优美的戏水池，但不让孩子去接触和玩耍；B 幼儿园在环境创设活动中，为了保证孩子的安全，所有活动任务都由教师和家长共同完成。请对上述两所幼儿园的环境创设进行客观的评价。

（2）某幼儿园的孩子们好像生活在 19 世纪，他们不使用熟料材质玩具或物品，而采用贝壳、石头、木块及棉布等天然素材；不使用电脑或电视播放音乐，而使用真人的乐器与人声歌唱；不食用化学调味料和色素饮食，而食用有机食材。请评价这所幼儿园的环境创设理念及其对孩子的影响。

（3）童童的父母在收拾屋子的时候，总是让他在一边玩耍。童童喜欢将各种玩具从抽屉、茶几、架子上拿出来，一件一件地玩，并将它们乱丢到地板上，弄得地上乱七八糟。童童的父母在旁边制止他让他不要乱扔，但童童不听话，继续乱扔玩具。父母没有办法，只能等到他玩腻之后，跟在后面进行整理和收拾。请谈谈你对童童的父母处理方式的看法。换成你，你将如何对付如此"顽皮"的孩子？

拓展阅读推荐

（1）胡碧颖. 幼儿园学习环境质量评估对全纳教育的启示[J]. 中国特殊教育，2010（9）.

（2）郭礼智，李小兰. 试论建构我国家庭教育评价体系的紧迫性[J]. 井冈山大学学报（社会科学版），2013（6）.

---

① 郑福明. 幼儿教育与家庭教育. 长春：东北师范大学出版社，2003.

参 考 文 献

[1] 霍力岩. 学前教育评价. 北京：北京师范大学出版社，2010.

[2] 鄢超云. 学前教育评价. 北京：高等教育出版社，2010.

[3] 王坚红. 学前教育评价. 北京：人民教育出版社，2010.

[4] 麦少美，高秀欣. 学前卫生学. 上海：复旦大学出版社，2010.

[5] 胡惠闵，郭良菁. 幼儿园教育评价. 上海：华东师范大学出版社，2009.

[6] 张向众. 中国基础教育评价的积弊与更新. 北京：教育科学出版社，2009.

[7] 顾荣芳. 学前儿童卫生学. 南京：江苏教育出版社，2009.

[8] 涂国艳. 教育评价. 北京：高等教育出版社，2007.

[9] 郦燕君. 学前儿童卫生保健. 北京：高等教育出版社，2007.

[10] 单志艳. 如何进行教育评价. 北京：华语教学出版社，2007.

[11] 杨世诚. 学前教育科研方法. 北京：科学出版社，2007.

[12] 朱家雄. 学前儿童卫生学. 上海：华东师范大学出版社，2006.

[13] 朱家雄. 幼儿园课程. 上海：华东师范大学出版社，2003.

[14] 陈玉琨. 教育评价学. 北京：人民教育出版社，2006.

[15] 刘晶波. 学前教育研究方法. 北京：人民教育出版社，2006.

[16] 冈尼拉·达尔伯格，彼得·莫斯，艾伦·彭斯. 超越早期教育保育质量——后现代视角. 朱家雄，王铮等译校. 上海：华东师范大学出版社，2006.

[17] 虞永平，张辉娟，钱雨，蔡红梅. 幼儿园课程评价. 南京：江苏教育出版社，2005.

[18] 李雁冰. 课程评价论. 上海：上海教育出版社，2004.

[19] 程书肖. 教育评价方法技术. 北京：北京师范大学出版社，2004.

[20] 郑福明. 幼儿教育与家庭教育. 长春：东北师范大学出版社，2003.

[21] 王景英. 教育评价理论与实践. 长春：东北师范大学出版社，2002.

[22] 金娣. 教育评价与测量. 北京：教育科学出版社，2002.

[23] 白爱宝. 幼儿发展评价手册. 北京：教育科学出版社，2002.

[24] 玛拉·克瑞克维斯基. 多元智能理论与学前儿童能力评价. 李季湄，方钧君译. 北京：北京师范大学出版社，2002.

[25] 阎岩. 幼儿园保育. 北京：北京师范大学出版社，2001.

[26] 陈向明. 质的研究方法与社会科学研究. 北京：教育科学出版社，2000.

[27] 谢秀丽. 幼儿园工作管理. 广州：广东高等教育出版社，2000.

[28] 刘焱. 幼儿园游戏教学论. 北京：中国社会出版社，1999.

[29] 王斌华. 发展性教师评价制度. 上海：华东师范大学出版社，1998.

[30] 袁振国. 当代教育学. 北京：高等教育出版社，1988.

[31] 李季湄，肖湘宁. 幼儿园教育. 北京：北京师范大学出版社，1997.

[32] 陈帼眉. 学前儿童发展与教育评价手册. 北京：北京师范大学出版社，1994.

[33] 陈素. 浅议如何做好幼儿园保育工作. 中国校外教育，2013（2）：146.

[34] 邵小佩. 美国幼儿教师专业准备标准述评. 学前教育研究，2012（1）：39-43.

[35] 罗蓓，崔玉平. 幼儿教师评价指标体系的构建. 当代教育理论与实践，2011（4）：15-18.

[36] 康丽珍. 农村新建幼儿园保育工作调查研究. 文学教育，2012（12）：142-143.

[37] 杜瑛. 西方教育评价理论发展的社会文化基础探析. 教育测量与评价，2012.（10）：22-27.

[38] 钱雨. 美国学前教育课程评价研究项目的背景、内容、实施及其启示. 学前教育研究，2011（7）：20-25.

[39] 罗华玲. 西方主要教育评价模式之新解. 昆明学院学报，2011（1）：108-110.

[40] 李凌艳，李勉. 从西方教育评价理论发展的视角看我国学校评估研究. 教育理论与实践，2010（2）：25-29.

[41] 吴钢. 论发展性目标评价模式. 教育测量与评价，2008（9）：4-6.

[42] 郭良菁. 上海市幼儿园教师专业发展自我评价体系研制简介——构建幼儿园教师专业标准的尝试. 学前教育研究，2007（7）：10-13.

[43] 葛敬豪，肖欣伟，刘立新. 论我国的教育评价模式. 长春理工大学学报，2006（4）：72-75.

[44] 宋红卫. 为教师创造成长的空间. 早期教育，2005（4）.

[45] 李艳. 幼儿园教育活动评价初探. 四川教育学院学报，2004（4）：7-8.

[46] 杨瑾若. 幼儿同伴间支配—服从型互动行为研究. 南京师范大学教育科学学院硕士学位论文，2004.

[47] 陈国强. 从野营活动的组织看教师从观念到行为的转化. 早期教育，2003（11）.

[48] 李洪曾. 怎样进行数据登录与整理. 山东教育，2002（3）：10-11.

[49] 戚瑞丰，李意君. 家长眼中的好老师—— 一次质的研究方法应用的尝试. 学前教育研究，2002（3）：37-39.

[50] 韩平花. 北京市宣武区 0～6 岁幼儿家庭的调查研究. 教育科学研究，2001（7）：31-33.

[51] 方钧君. 学前儿童个体差异的再认识——应用多彩光谱评估系统的一次实证研究. 华东师范大学硕士学位论文，2001.

[52] 刘焱，何梦炎，李苏，胡娟. "托幼机构环境评价量表"述评. 学前教育研究，1998（3）.

[53] 杨佐荣，廖先之. 协同自评模式的研究报告. 科学教育，1995（4）：1-3.

[54] 达维. 学前儿童争执事件 200 例分析. 儿童发展杂志，1934（5）：139-157.

附表 1　世界卫生组织最新儿童身高体重标准（男孩）

月份	体重 L	体重 M	体重 S	体重 SD3 neg	体重 SD2 neg	体重 SD1 neg	体重 SD0	体重 SD1	体重 SD2	体重 SD3	身高 M	身高 S	身高 SD	身高 SD3 neg	身高 SD2 neg	身高 SD1 neg	身高 SD0	身高 SD1	身高 SD2	身高 SD3
0	0.3487	3.3464	0.14602	2.1	2.5	2.9	3.3	3.9	4.4	5.0	49.8842	0.03795	1.8931	44.2	46.1	48.0	49.9	51.8	53.7	55.6
1	0.2297	4.4709	0.13395	2.9	3.4	3.9	4.5	5.1	5.8	6.6	54.7244	0.03557	1.9465	48.9	50.8	52.8	54.7	56.7	58.6	60.6
2	0.1970	5.5675	0.12385	3.8	4.3	4.9	5.6	6.3	7.1	8.0	58.4249	0.03424	2.0005	52.4	54.4	56.4	58.4	60.4	62.4	64.4
3	0.1738	6.3762	0.11727	4.4	5.0	5.7	6.4	7.2	8.0	9.0	61.4292	0.03328	2.0444	55.3	57.3	59.4	61.4	63.5	65.5	67.6
4	0.1553	7.0023	0.11316	4.9	5.6	6.2	7.0	7.8	8.7	9.7	63.8860	0.03257	2.0808	57.6	59.7	61.8	63.9	66.0	68.0	70.1
5	0.1395	7.5105	0.11080	5.3	6.0	6.7	7.5	8.4	9.3	10.4	65.9026	0.03204	2.1115	59.6	61.7	63.8	65.9	68.0	70.1	72.2
6	0.1257	7.9340	0.10958	5.7	6.4	7.1	7.9	8.8	9.8	10.9	67.6236	0.03165	2.1403	61.2	63.3	65.5	67.6	69.8	71.9	74.0
7	0.1134	8.2970	0.10902	5.9	6.7	7.4	8.3	9.2	10.3	11.4	69.1645	0.03139	2.1711	62.7	64.8	67.0	69.2	71.3	73.5	75.7
8	0.1021	8.6151	0.10882	6.2	6.9	7.7	8.6	9.6	10.7	11.9	70.5994	0.03124	2.2055	64.0	66.2	68.4	70.6	72.8	75.0	77.2
9	0.0917	8.9014	0.10881	6.4	7.1	8.0	8.9	9.9	11.0	12.3	71.9687	0.03117	2.2433	65.2	67.5	69.7	72.0	74.2	76.5	78.7
10	0.0820	9.1649	0.10891	6.6	7.4	8.2	9.2	10.2	11.4	12.7	73.2812	0.03118	2.2849	66.4	68.7	71.0	73.3	75.6	77.9	80.1
11	0.0730	9.4122	0.10906	6.8	7.6	8.4	9.4	10.5	11.7	13.0	74.5388	0.03125	2.3293	67.6	69.9	72.2	74.5	76.9	79.2	81.5
12	0.0644	9.6479	0.10925	6.9	7.7	8.6	9.6	10.8	12.0	13.3	75.7488	0.03137	2.3762	68.6	71.0	73.4	75.7	78.1	80.5	82.9
13	0.0563	9.8749	0.10949	7.1	7.9	8.8	9.9	11.0	12.3	13.7	76.9186	0.03154	2.4260	69.6	72.1	74.5	76.9	79.3	81.8	84.2
14	0.0487	10.0953	0.10976	7.2	8.1	9.0	10.1	11.3	12.6	14.0	78.0497	0.03174	2.4773	70.6	73.1	75.6	78.0	80.5	83.0	85.5
15	0.0413	10.3108	0.11007	7.4	8.3	9.2	10.3	11.5	12.8	14.3	79.1458	0.03197	2.5303	71.6	74.1	76.6	79.1	81.7	84.2	86.7
16	0.0343	10.5228	0.11041	7.5	8.4	9.4	10.5	11.7	13.1	14.6	80.2113	0.03222	2.5844	72.5	75.0	77.6	80.2	82.8	85.4	88.0
17	0.0275	10.7319	0.11079	7.7	8.6	9.6	10.7	12.0	13.4	14.9	81.2487	0.03250	2.6406	73.3	76.0	78.6	81.2	83.9	86.5	89.2

男　孩

附表 1 — 世界卫生组织最新儿童身高体重标准（男孩）

续表

男 孩

月份	体重										身高									
	L	M	S	SD3 neg	SD2 neg	SD1 neg	SD0	SD1	SD2	SD3	M	S	SD	SD3 neg	SD2 neg	SD1 neg	SD0	SD1	SD2	SD3
18	0.0211	10.9385	0.11119	7.8	8.8	9.8	10.9	12.2	13.7	15.3	82.2587	0.03279	2.6973	74.2	76.9	79.6	82.3	85.0	87.7	90.4
19	0.0148	11.1430	0.11164	8.0	8.9	10.0	11.1	12.5	13.9	15.6	83.2418	0.03310	2.7553	75.0	77.7	80.5	83.2	86.0	88.8	91.5
20	0.0087	11.3462	0.11211	8.1	9.1	10.1	11.3	12.7	14.2	15.9	84.1996	0.03342	2.8140	75.8	78.6	81.4	84.2	87.0	89.8	92.6
21	0.0029	11.5486	0.11261	8.2	9.2	10.3	11.5	12.9	14.5	16.2	85.1348	0.03376	2.8742	76.5	79.4	82.3	85.1	88.0	90.9	93.8
22	-0.0028	11.7504	0.11314	8.4	9.4	10.5	11.8	13.2	14.7	16.5	86.0477	0.03410	2.9342	77.2	80.2	83.1	86.0	89.0	91.9	94.9
23	-0.0083	11.9514	0.11369	8.5	9.5	10.7	12.0	13.4	15.0	16.8	86.9410	0.03445	2.9951	78.0	81.0	83.9	86.9	89.9	92.9	95.9
24	-0.0137	12.1515	0.11426	8.6	9.7	10.8	12.2	13.6	15.3	17.1	87.8161	0.03479	3.0551	78.7	81.7	84.8	87.8	90.9	93.9	97.
25	-0.0189	12.3502	0.11485	8.8	9.8	11.0	12.4	13.9	15.5	17.5										
26	-0.0240	12.5466	0.11544	8.9	10.0	11.2	12.5	14.1	15.8	17.8										
27	-0.0289	12.7401	0.11604	9.0	10.1	11.3	12.7	14.3	16.1	18.1										
28	-0.0337	12.9303	0.11664	9.1	10.2	11.5	12.9	14.5	16.3	18.4										
29	-0.0385	13.1169	0.11723	9.2	10.4	11.7	13.1	14.8	16.6	18.7										
30	-0.0431	13.3000	0.11781	9.4	10.5	11.8	13.3	15.0	16.9	19.0										
31	-0.0476	13.4798	0.11839	9.5	10.7	12.0	13.5	15.2	17.1	19.3										
32	-0.0520	13.6567	0.11896	9.6	10.8	12.1	13.7	15.4	17.4	19.6										
33	-0.0564	13.8309	0.11953	9.7	10.9	12.3	13.8	15.6	17.6	19.9										
34	-0.0606	14.0031	0.12008	9.8	11.0	12.4	14.0	15.8	17.8	20.2										
35	-0.0648	14.1736	0.12062	9.9	11.2	12.6	14.2	16.0	18.1	20.4										
36	-0.0689	14.3429	0.12116	10.0	11.3	12.7	14.3	16.2	18.3	20.7										
37	-0.0729	14.5113	0.12168	10.1	11.4	12.9	14.5	16.4	18.6	21.0										
38	-0.0769	14.6791	0.12220	10.2	11.5	13.0	14.7	16.6	18.8	21.3										

续表

附表 1 — 世界卫生组织最新儿童身高体重标准（男孩）

男 孩

月份	体重										身高									
---	L	M	S	SD3 neg	SD2 neg	SD1 neg	SD0	SD1	SD2	SD3	M	S	SD	SD3 neg	SD2 neg	SD1 neg	SD0	SD1	SD2	SD3
39	-0.0808	14.8466	0.12271	10.3	11.6	13.1	14.8	16.8	19.0	21.6										
40	-0.0846	15.0140	0.12322	10.4	11.8	13.3	15.0	17.0	19.3	21.9										
41	-0.0883	15.1813	0.12373	10.5	11.9	13.4	15.2	17.2	19.5	22.1										
42	-0.0920	15.3486	0.12425	10.6	12.0	13.6	15.3	17.4	19.7	22.4										
43	-0.0957	15.5158	0.12478	10.7	12.1	13.7	15.5	17.6	20.0	22.7										
44	-0.0993	15.6828	0.12531	10.8	12.2	13.8	15.7	17.8	20.2	23.0										
45	-0.1028	15.8497	0.12586	10.9	12.4	14.0	15.8	18.0	20.5	23.3										
46	-0.1063	16.0163	0.12643	11.0	12.5	14.1	16.0	18.2	20.7	23.6										
47	-0.1097	16.1827	0.12700	11.1	12.6	14.3	16.2	18.4	20.9	23.9										
48	-0.1131	16.3489	0.12759	11.2	12.7	14.4	16.3	18.6	21.2	24.2										
49	-0.1165	16.5150	0.12819	11.3	12.8	14.5	16.5	18.8	21.4	24.5										
50	-0.1198	16.6811	0.12880	11.4	12.9	14.7	16.7	19.0	21.7	24.8										
51	-0.1230	16.8471	0.12943	11.5	13.1	14.8	16.8	19.2	21.9	25.1										
52	-0.1262	17.0132	0.13005	11.6	13.2	15.0	17.0	19.4	22.2	25.4										
53	-0.1294	17.1792	0.13069	11.7	13.3	15.1	17.2	19.6	22.4	25.7										
54	-0.1325	17.3452	0.13133	11.8	13.4	15.2	17.3	19.8	22.7	26.0										
55	-0.1356	17.5111	0.13197	11.9	13.5	15.4	17.5	20.0	22.9	26.3										
56	-0.1387	17.6768	0.13261	12.0	13.6	15.5	17.7	20.2	23.2	26.6										
57	-0.1417	17.8422	0.13325	12.1	13.7	15.6	17.8	20.4	23.4	26.9										
58	-0.1447	18.0073	0.13389	12.2	13.8	15.8	18.0	20.6	23.7	27.2										
59	-0.1477	18.1722	0.13453	12.3	14.0	15.9	18.2	20.8	23.9	27.6										
60	-0.1506	18.3366	0.13517	12.4	14.1	16.0	18.3	21.0	24.2	27.9										

附表2 世界卫生组织最新儿童身高体重标准（女孩）

体重（女孩）

月份	L	M	S	SD3neg	SD2neg	SD1neg	SD0	SD1	SD2	SD3
0	0.3809	3.2322	0.14171	2.0	2.4	2.8	3.2	3.7	4.2	4.8
1	0.1714	4.1873	0.13724	2.7	3.2	3.6	4.2	4.8	5.5	6.2
2	0.0962	5.1282	0.13000	3.4	3.9	4.5	5.1	5.8	6.6	7.5
3	0.0402	5.8458	0.12619	4.0	4.5	5.2	5.8	6.6	7.5	8.5
4	-0.0050	6.4237	0.12402	4.4	5.0	5.7	6.4	7.3	8.2	9.3
5	-0.0430	6.8985	0.12274	4.8	5.4	6.1	6.9	7.8	8.8	10.0
6	-0.0756	7.2970	0.12204	5.1	5.7	6.5	7.3	8.2	9.3	10.6
7	-0.1039	7.6422	0.12178	5.3	6.0	6.8	7.6	8.6	9.8	11.1
8	-0.1288	7.9487	0.12181	5.6	6.3	7.0	7.9	9.0	10.2	11.6
9	-0.1507	8.2254	0.12199	5.8	6.5	7.3	8.2	9.3	10.5	12.0
10	-0.1700	8.4800	0.12223	5.9	6.7	7.5	8.5	9.6	10.9	12.4
11	-0.1872	8.7192	0.12247	6.1	6.9	7.7	8.7	9.9	11.2	12.8
12	-0.2024	8.9481	0.12268	6.3	7.0	7.9	8.9	10.1	11.5	13.1
13	-0.2158	9.1699	0.12283	6.4	7.2	8.1	9.2	10.4	11.8	13.5
14	-0.2278	9.3870	0.12294	6.6	7.4	8.3	9.4	10.6	12.1	13.8
15	-0.2384	9.6008	0.12299	6.7	7.6	8.5	9.6	10.9	12.4	14.1
16	-0.2478	9.8124	0.12303	6.9	7.7	8.7	9.8	11.1	12.6	14.5
17	-0.2562	10.0226	0.12306	7.0	7.9	8.9	10.0	11.4	12.9	14.8
18	-0.2637	10.2315	0.12309	7.2	8.1	9.1	10.2	11.6	13.2	15.1

身高（女孩）

月份	M	S	SD	SD3neg	SD2neg	SD1neg	SD0	SD1	SD2	SD3
0	49.1477	0.03790	1.8627	43.6	45.4	47.3	49.1	51.0	52.9	54.7
1	53.6872	0.03640	1.9542	47.8	49.8	51.7	53.7	55.6	57.6	59.5
2	57.0673	0.03568	2.0362	51.0	53.0	55.0	57.1	59.1	61.1	63.2
3	59.8029	0.03520	2.1051	53.5	55.6	57.7	59.8	61.9	64.0	66.1
4	62.0899	0.03486	2.1645	55.6	57.8	59.9	62.1	64.3	66.4	68.6
5	64.0301	0.03463	2.2174	57.4	59.6	61.8	64.0	66.2	68.5	70.7
6	65.7311	0.03448	2.2664	58.9	61.2	63.5	65.7	68.0	70.3	72.5
7	67.2873	0.03441	2.3154	60.3	62.7	65.0	67.3	69.6	71.9	74.2
8	68.7498	0.03440	2.3650	61.7	64.0	66.4	68.7	71.1	73.5	75.8
9	70.1435	0.03444	2.4157	62.9	65.3	67.7	70.1	72.6	75.0	77.4
10	71.4818	0.03452	2.4676	64.1	66.5	69.0	71.5	73.9	76.4	78.9
11	72.7710	0.03464	2.5208	65.2	67.7	70.3	72.8	75.3	77.8	80.3
12	74.0150	0.03479	2.5750	66.3	68.9	71.4	74.0	76.6	79.2	81.7
13	75.2176	0.03496	2.6296	67.3	70.0	72.6	75.2	77.8	80.5	83.1
14	76.3817	0.03514	2.6841	68.3	71.0	73.7	76.4	79.1	81.7	84.4
15	77.5099	0.03534	2.7392	69.3	72.0	74.8	77.5	80.2	83.0	85.7
16	78.6055	0.03555	2.7944	70.2	73.0	75.8	78.6	81.4	84.2	87.0
17	79.6710	0.03576	2.8490	71.1	74.0	76.8	79.7	82.5	85.4	88.2
18	80.7079	0.03598	2.9039	72.0	74.9	77.8	80.7	83.6	86.5	89.4

女 孩

月份	体重										身高									
	L	M	S	SD3 neg	SD2 neg	SD1 neg	SD0	SD1	SD2	SD3	M	S	SD	SD3 neg	SD2 neg	SD1 neg	SD0	SD1	SD2	SD3
19	-0.2703	10.4393	0.12315	7.3	8.2	9.2	10.4	11.8	13.5	15.4	81.7182	0.03620	2.9582	72.8	75.8	78.8	81.7	84.7	87.6	90.6
20	-0.2762	10.6464	0.12323	7.5	8.4	9.4	10.6	12.1	13.7	15.7	82.7036	0.03643	3.0129	73.7	76.7	79.7	82.7	85.7	88.7	91.7
21	-0.2815	10.8534	0.12335	7.6	8.6	9.6	10.9	12.3	14.0	16.0	83.6654	0.03666	3.0672	74.5	77.5	80.6	83.7	86.7	89.8	92.9
22	-0.2862	11.0608	0.12350	7.8	8.7	9.8	11.1	12.5	14.3	16.4	84.6040	0.03688	3.1202	75.2	78.4	81.5	84.6	87.7	90.8	94.0
23	-0.2903	11.2688	0.12369	7.9	8.9	10.0	11.3	12.8	14.6	16.7	85.5202	0.03711	3.1737	76.0	79.2	82.3	85.5	88.7	91.9	95.0
24	-0.2941	11.4775	0.12390	8.1	9.0	10.2	11.5	13.0	14.8	17.0	86.4153	0.03734	3.2267	76.7	80.0	83.2	86.4	89.6	92.9	96.
25	-0.2975	11.6864	0.12414	8.2	9.2	10.3	11.7	13.3	15.1	17.3										
26	-0.3005	11.8947	0.12441	8.4	9.4	10.5	11.9	13.5	15.4	17.7										
27	-0.3032	12.1015	0.12472	8.5	9.5	10.7	12.1	13.7	15.7	18.0										
28	-0.3057	12.3059	0.12506	8.6	9.7	10.9	12.3	14.0	16.0	18.3										
29	-0.3080	12.5073	0.12545	8.8	9.8	11.1	12.5	14.2	16.2	18.7										
30	-0.3101	12.7055	0.12587	8.9	10.0	11.2	12.7	14.4	16.5	19.0										
31	-0.3120	12.9006	0.12633	9.0	10.1	11.4	12.9	14.7	16.8	19.3										
32	-0.3138	13.0930	0.12683	9.1	10.3	11.6	13.1	14.9	17.1	19.6										
33	-0.3155	13.2837	0.12737	9.3	10.4	11.7	13.3	15.1	17.3	20.0										
34	-0.3171	13.4731	0.12794	9.4	10.5	11.9	13.5	15.4	17.6	20.3										
35	-0.3186	13.6618	0.12855	9.5	10.7	12.0	13.7	15.6	17.9	20.6										
36	-0.3201	13.8503	0.12919	9.6	10.8	12.2	13.9	15.8	18.1	20.9										
37	-0.3216	14.0385	0.12988	9.7	10.9	12.4	14.0	16.0	18.4	21.3										
38	-0.3230	14.2265	0.13059	9.8	11.1	12.5	14.2	16.3	18.7	21.6										
39	-0.3243	14.4140	0.13135	9.9	11.2	12.7	14.4	16.5	19.0	22.0										

续表

月份	女孩 体重										女孩 身高									
	L	M	S	SD3 neg	SD2 neg	SD1 neg	SD0	SD1	SD2	SD3	M	S	SD	SD3 neg	SD2 neg	SD1 neg	SD0	SD1	SD2	SD3
40	-0.3257	14.6010	0.13213	10.1	11.3	12.8	14.6	16.7	19.2	22.3										
41	-0.3270	14.7873	0.13293	10.2	11.5	13.0	14.8	16.9	19.5	22.7										
42	-0.3283	14.9727	0.13376	10.3	11.6	13.1	15.0	17.2	19.8	23.0										
43	-0.3296	15.1573	0.13460	10.4	11.7	13.3	15.2	17.4	20.1	23.4										
44	-0.3309	15.3410	0.13545	10.5	11.8	13.4	15.3	17.6	20.4	23.7										
45	-0.3322	15.5240	0.13630	10.6	12.0	13.6	15.5	17.8	20.7	24.1										
46	-0.3335	15.7064	0.13716	10.7	12.1	13.7	15.7	18.1	20.9	24.5										
47	-0.3348	15.8882	0.13800	10.8	12.2	13.9	15.9	18.3	21.2	24.8										
48	-0.3361	16.0697	0.13884	10.9	12.3	14.0	16.1	18.5	21.5	25.2										
49	-0.3374	16.2511	0.13968	11.0	12.4	14.2	16.3	18.8	21.8	25.5										
50	-0.3387	16.4322	0.14051	11.1	12.6	14.3	16.4	19.0	22.1	25.9										
51	-0.3400	16.6133	0.14132	11.2	12.7	14.5	16.6	19.2	22.4	26.3										
52	-0.3414	16.7942	0.14213	11.3	12.8	14.6	16.8	19.4	22.6	26.6										
53	-0.3427	16.9748	0.14293	11.4	12.9	14.8	17.0	19.7	22.9	27.0										
54	-0.3440	17.1551	0.14371	11.5	13.0	14.9	17.2	19.9	23.2	27.4										
55	-0.3453	17.3347	0.14448	11.6	13.2	15.1	17.3	20.1	23.5	27.7										
56	-0.3466	17.5136	0.14525	11.7	13.3	15.2	17.5	20.3	23.8	28.1										
57	-0.3479	17.6916	0.14600	11.8	13.4	15.3	17.7	20.6	24.1	28.5										
58	-0.3492	17.8686	0.14675	11.9	13.5	15.5	17.9	20.8	24.4	28.8										
59	-0.3505	18.0445	0.14748	12.0	13.6	15.6	18.0	21.0	24.6	29.2										
60	-0.3518	18.2193	0.14821	12.1	13.7	15.8	18.2	21.2	24.9	29.5